spot

context is all

SPOT 33

硝煙中的雅努斯：烏克蘭

作　　者：聞一
責任編輯：李清瑞
美術設計：許慈力
內頁排版：宸遠彩藝
出　　版：英屬蓋曼群島商網路與書股份有限公司臺灣分公司
發　　行：大塊文化出版股份有限公司
105022 台北市松山區南京東路四段 25 號 11 樓
www.locuspublishing.com
locus@locuspublishing.com
讀者服務專線：0800-006-689
電話：02-87123898
傳真：02-87123897
郵政劃撥帳號：18955675
戶名：大塊文化出版股份有限公司
法律顧問：董安丹律師、顧慕堯律師

總 經 銷：大和書報圖書股份有限公司
新北市新莊區五工五路 2 號
電話：02-89902588
傳真：02-22901658

初版一刷：2022 年 12 月
定　　價：520 元
I S B N：978-626-7063-22-4

國家圖書館出版品預行編目 (CIP) 資料

烏克蘭：硝煙中的雅努斯 / 聞一著 . -- 初版 . -- 臺北市 : 英屬蓋曼群島商網路與書股份有限公司臺灣分公司出版 : 大塊文化出版股份有限公司發行 , 2022.12
面；　公分 . -- (Spot ; 33)
ISBN 978-626-7063-22-4（平裝）

1. 烏克蘭史　2. 國際關係

748.752　111016702

硝煙中的
雅努斯

烏克蘭

УКРАЇНА

聞一
——著——

目次

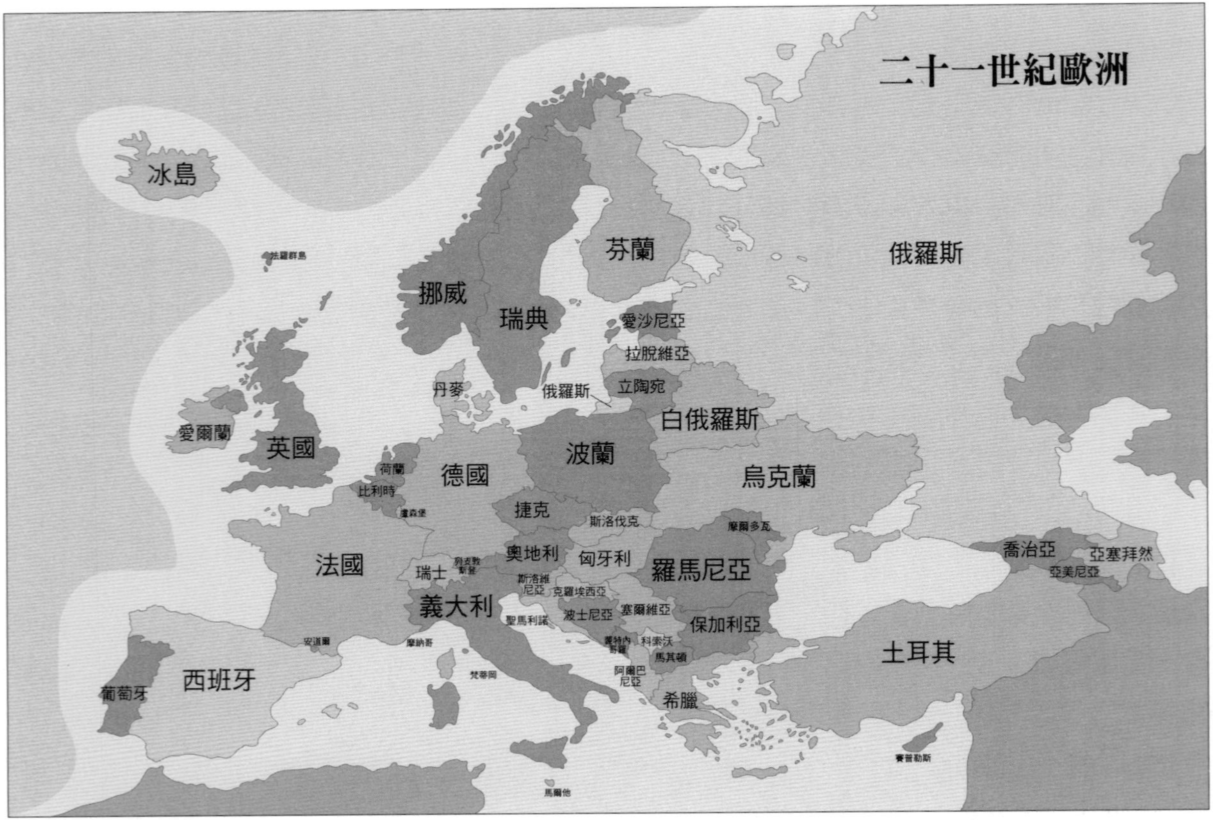
二十一世紀歐洲
冰島
法羅群島
挪威
瑞典
芬蘭
俄羅斯
愛沙尼亞
拉脫維亞
立陶宛
俄羅斯
丹麥
白俄羅斯
愛爾蘭
英國
荷蘭
比利時
盧森堡
德國
波蘭
烏克蘭
捷克
斯洛伐克
摩爾多瓦
法國
瑞士
列支敦斯登
奧地利
匈牙利
羅馬尼亞
喬治亞
亞塞拜然
亞美尼亞
斯洛維尼亞
克羅埃西亞
義大利
聖馬利諾
波士尼亞
塞爾維亞
保加利亞
安道爾
摩納哥
蒙特內哥羅
科索沃
馬其頓
土耳其
阿爾巴尼亞
梵蒂岡
葡萄牙
西班牙
希臘
賽普勒斯
馬爾他

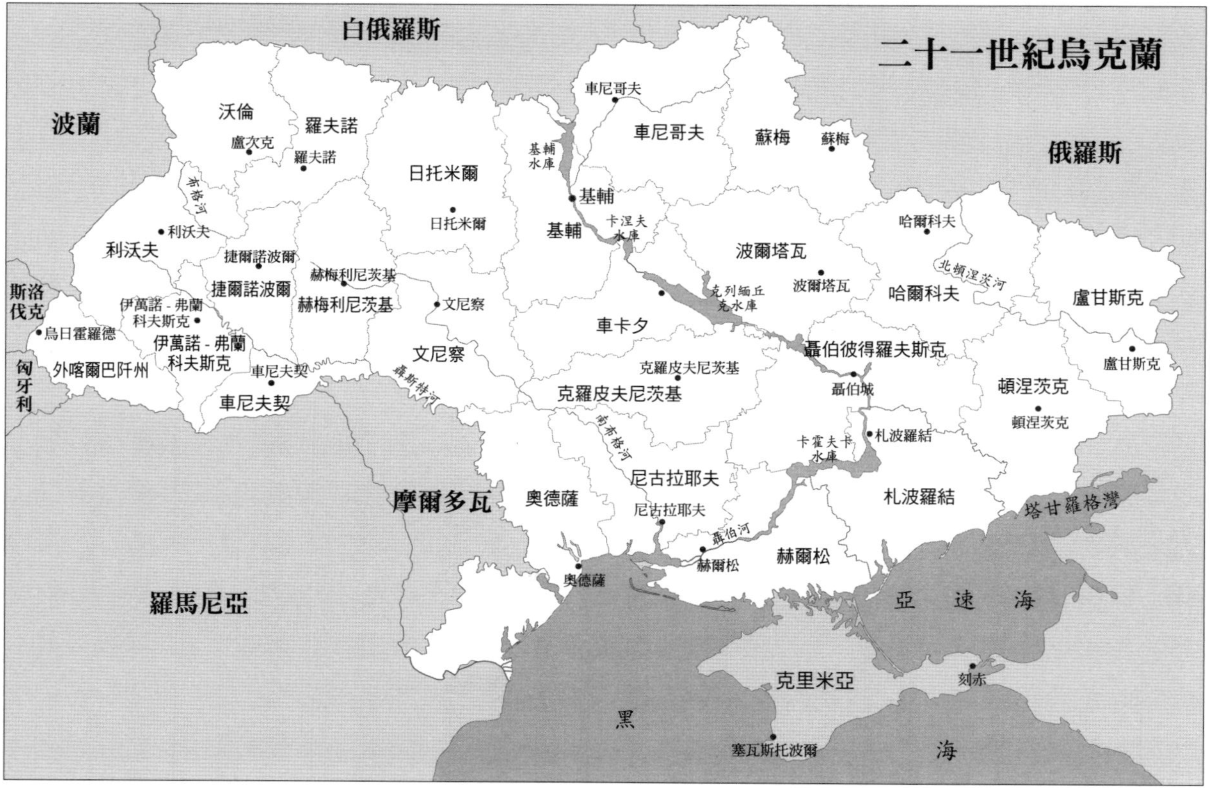
二十一世紀烏克蘭
白俄羅斯
俄羅斯
波蘭
斯洛伐克
匈牙利
羅馬尼亞
摩爾多瓦
沃倫
盧次克
羅夫諾
羅夫諾
布格河
利沃夫
利沃夫
捷爾諾波爾
捷爾諾波爾
伊萬諾 - 弗蘭科夫斯克
伊萬諾 - 弗蘭科夫斯克
烏日霍羅德
外喀爾巴阡州
車尼夫契
車尼夫契
赫梅利尼茨基
赫梅利尼茨基
日托米爾
日托米爾
文尼察
文尼察
聶斯特河
基輔水庫
基輔
基輔
車尼哥夫
車尼哥夫
卡涅夫水庫
蘇梅
蘇梅
波爾塔瓦
波爾塔瓦
克列緬丘克水庫
車卡夕
哈爾科夫
哈爾科夫
北頓涅茨河
盧甘斯克
盧甘斯克
聶伯彼得羅夫斯克
聶伯城
克羅皮夫尼茨基
克羅皮夫尼茨基
頓涅茨克
頓涅茨克
南布格河
卡霍夫卡水庫
札波羅結
札波羅結
尼古拉耶夫
尼古拉耶夫
奧德薩
奧德薩
聶伯河
赫爾松
赫爾松
塔甘羅格灣
亞速海
克里米亞
刻赤
黑海
塞瓦斯托波爾

出版序

郝明義

《硝煙中的雅努斯：烏克蘭》不是烏克蘭的通史，但是在了解烏克蘭和俄羅斯的恩怨情仇上，有不同於其他書籍的獨特剖析。

這本書的開始，是從一九一七年，羅曼諾夫王朝結束的時空說起。烏克蘭如何在俄羅斯帝國解體的權力真空的局勢中獨立，又如何在十月革命之後，在列寧、托洛斯基、史達林等人不同立場的錯綜拉扯中終究成為蘇聯的一員、俄羅斯蘇維埃的附庸國。

一四八〇年莫斯科大公國反抗金帳帝國成功之後，得到了擴張領土的信心，以及繼承蒙古帝國版圖的雄圖，從此膨脹帝國的野心幾乎沒有止境。一九一七年，布爾什維克十月革命之後，列寧本來說要尊重各民族平等及自決，連芬蘭都承認其獨立，但是對烏克蘭卻只是虛晃一招，結果沒有。光是這中間的轉折及其背景分析，就可以讓讀者對烏克蘭歷史多一個維度的認識。

也由此出發，本書的第一部「蘇聯聯邦制結構裡的烏克蘭」分析蘇聯時期如何控制、分配烏克蘭的資源，一直到蘇聯解體過程中的歷史背景和後續影響；再進入第二部「沙皇專制制度下的烏克蘭」，回頭點出之前帝俄時期烏克蘭歷史需要注意的一些關鍵重點；最後再以第三部「俄烏與周邊地區的地緣政治關係脈絡」，綜合歸納烏克蘭和俄羅斯的歷史糾結，並分析二〇一四年俄國吞併克里米亞至今年全面戰前的重要事件。作者聞一先生自謙他的專長是俄羅斯史，對烏克蘭研究不多，但正因為他深入鑽研蘇聯檔案，所以從近代關鍵時期切入，對想要認識烏克蘭的讀者提供了深度和廣度不同於他人的解釋。

今年俄羅斯全面入侵烏克蘭後，我經由北京萬聖書園劉蘇里先生引介，得知這本最早於八年前俄羅斯吞併克里米亞後陸續寫成，於二〇一六年出版的書。我們和聞一先生聯絡討論後，他決定就之前版本的內容進行修訂，並且新增加了許多內容，於是現在有了新版的《硝煙中的雅努斯：烏克蘭》。

聞一先生在完稿之後過世，沒能看到他最後投入心力的著作出版。相信他會很高興現在終於和讀者見面。

歡迎大家進入《硝煙中的雅努斯：烏克蘭》。

台灣版序
血色之春談俄烏關係

俄烏關係有幾個死結。第一個死結：俄羅斯說，烏克蘭自古就不是個國家，就是附屬於基輔羅斯的；烏克蘭說，烏克蘭土地上最早的國家是烏克蘭而不是俄羅斯。雙方對土地和國家的各自認定導致了目前不可緩解和消失的對抗與衝突。

第二個死結：雙方對各自民族的形成都自成一說並堅持己說。俄羅斯認為是先有俄羅斯民族，隨後才派生出小俄羅斯人、白俄羅斯人。烏克蘭認為，他們是最早居住於此地的人、部族，因此是先有烏克蘭民族，俄羅斯民族是外來的，是入侵到聶伯河沿岸來的，極盡殺伐之事。

第三個死結：雙方對各自文化文明的看法嚴重對立。俄羅斯認為他們的文化基於在克里米亞接受洗禮的東正教。而烏克蘭認為他們的文化文明要早於俄羅斯人，東正教是最早屬於他們的。

第四個死結：雙方對各自國家的發展、歷史進程持有相向而立的立場。俄羅斯認為，烏克蘭是「荒原」、是「貧瘠之鄉」，它的發展、進化都是俄羅斯傾注全力的結果，基輔羅斯、俄羅斯帝國、蘇聯，俄羅斯是烏克蘭的「恩主」，是解放者、拯救者。而烏克蘭認為烏克蘭的發展、發達是烏克蘭人自己創造的，俄羅斯是剝削者、剝奪者、災難製造者。

第五個死結：雙方在政治和戰略決策上分歧不可彌合。俄羅斯認為美國和北約是非正義的，掠奪者，要消滅俄羅斯國家的。而烏克蘭認為，俄羅斯是要兼併自己的，是要恢復俄羅斯帝國、蘇聯對烏克蘭的壓榨和統治的。俄羅斯堅持要烏克蘭成為自己的領土，因此把烏克蘭選擇北約和美國等西方國家作為盟友視為背叛俄羅斯的大孽不道；而烏克蘭不再選擇俄羅斯為盟友和依靠，轉而選擇北約和美國等就當作了自己生存和發展的唯一希望。

第六個死結：俄烏雙方在黑海和「大黑海戰略區」上的決策完全對立。俄羅斯自認為應對黑海有控制權，這是祖先遺留下來的建國遺產，而要控制黑海，建立「大黑海戰略區」，沒有對烏克蘭土地的占有和對烏克蘭國家的掌控是做不到的。這是國家利益爭奪的底線。

這六個死結，冰凍三尺，非一日之寒，使俄烏成了生死冤家。它們既解不開，俄烏雙方又都不想不願不能真正解開。

死結不解，這地區動亂和對抗不會停止。若是解開，動亂和對抗也不會停息。

還有一點，烏克蘭人中的哥薩克血統很普遍，這是個歷史上桀驁不馴，又對聖彼得堡時歸順時反抗的居民。烏克蘭的哥薩克不會屈於武力。

在二〇二二年春暖花開之時，儘管烏俄關係日趨緊張，北約、歐盟和美國與俄羅斯在烏克蘭的對峙也不祥之兆頻發。當時，極少有人預測烏俄之間會發生一次嚴重軍事衝突，我的看法也是打不起來。極大的可能是：這是俄羅斯要在烏克蘭本土重演兼併克里米亞的預警、前奏曲。這對俄羅斯來講是輕車熟路，代價不大的手段。如果如是，這次兼併不會像克里米亞那樣平靜，東南部還有大量烏克蘭人，烏克蘭其他地區也會抗議動亂不止。那時，俄羅斯將處於動蕩中的烏克蘭本土。

遺憾的是，俄羅斯在烏克蘭的堅持申請加入北約已經突破了俄羅斯國家安全底線的理由下，還是對烏克蘭發動了突然的「特別軍事行動」。

於是，一個鮮花爛漫的春天不僅在烏克蘭-俄羅斯的土地上，而且在北約、歐盟泛濫起了血色。

俄羅斯的「特別軍事行動」至今已持續了半年之久，雙方仍交織著，難解難分。烏克蘭與北約、歐盟、美國的關係日趨緊密和強度軍事化。而俄羅斯也在改變，深化對烏克蘭、對北約、歐盟和美國的政策。

本書不是寫二〇二二年這個血色春天的，它講的是歷史、故事，想為讀者揭示的是烏俄兩國千年的恩怨情仇，試圖為關心基輔問題的人提供一個歷史的標尺，一個更為廣闊的時代背景。

我不是政論家，不是國際問題專家，我只是個研究烏克蘭和俄羅斯歷史的人。

是為台灣版序。

二〇二二年八月十二日

於北京南横陋室

初版自序

我在多年的蘇聯史研究中，幾乎從沒有把烏克蘭作為一個獨立的對象來加以研究，烏克蘭只是蘇聯的一部分，對它的所有分析與綜述都是包容於對整個蘇聯的分析與綜述之中的。也就是說，忽略了烏克蘭無論是作為政治實體，還是作為地緣結構的獨特性。這種情況不僅止於我，我的同行們也大體如是。因此，我們有一系列的蘇聯史研究和蘇聯史，卻沒有獨立的烏克蘭史研究和烏克蘭史。

自二〇一四年春季起，「烏克蘭問題」，或「烏克蘭危機問題」發酵般地隆起在世界政治舞臺的中央。烏克蘭的歷史，烏克蘭民族和國家的歷史進程，烏克蘭與它千年以來所依附的俄羅斯的關係也就隨之成了一個幾乎人人關注的課題。烏克蘭的獨特性大概就在於：一，它歷來就被稱為是與俄羅斯同根同源的民族，是整個俄羅斯民族的三大組成部分之一（大俄羅斯-俄羅斯，小俄羅斯-烏克蘭，白俄羅斯）；二，它在漫長的歲月中並不具有獨立的國家地位，它對沙皇俄國和社會主義蘇聯的依附和從屬關係決定了它的歷史進程的一系列特點；三，它處於強國、大國爭奪的地理位置上，這種情況使它身纏於難以擺脫的地緣政治結構之中，也決定了它在強國、大國之間的艱難選擇和搖擺態度；四，它的經濟不具備獨立性，這造就了它在政治上的依附狀態，左右了它的發展模式和道路的選擇。

在歷史的爭奪中，十月革命後，尤其是第二次世界大戰後出現了最為嚴重的一次爭奪。美國和以北約為組織的西方國家力圖把烏克蘭置於自己的控制之下，而蘇聯和以華約為名的社會主義陣營國家則堅決抵制這種覬覦與爭奪。這時的烏克蘭之爭，是兩種制度：社會主義制度和資本主義制度；兩個陣營：社會主義陣營和資本主義陣營、兩種意識形態：社會主義意識形態和資本主義意識形態的對抗與爭奪。

另一次嚴重的爭奪是隨著蘇聯的解體而出現的，並在二〇一四年春季發展到最激烈的程度。但是，這次的爭奪，一方仍是美國和以北約為組織的西方國家，但對手一方已經發生了實質性的變化，華約不存在了，社會主義陣營也沒有了，烏克蘭有了已被俄羅斯所承認的獨立國家地位了，只剩下了蘇聯的繼承國——俄羅斯。因此，這次的爭奪與蘇聯時期的爭奪在性質上也發生了根本的變化。當今在烏克蘭的爭奪與衝突中，已經沒有蘇聯時期的那種制度、主義之爭、陣營的較量和意識形態的水火不相容。

對於目前的烏克蘭爭奪，也許可以用一句話來概括：現在，美國、歐盟與俄羅斯在烏克蘭的衝突圍繞的是力量的較量、利益的爭奪和勢力範圍的重新瓜分。雙方的最後底線是：國家和民族的利益、對經濟發展攸關的資源重新分配以及世界政治結構改變的問題。

在我看來，「烏克蘭危機」的出現是有多重原因造成的，美國與歐盟國家的爭奪與進逼俄羅斯是個關係重大的因素，但是俄羅斯為維護和捍衛在烏克蘭的「俄羅斯國家利益」同樣是重要的因素。這不是說要雙方各打一百下板子或是責任的「平分秋色」，而是說需要從更多的方面、更客觀地、更現實地，因而也是更歷史地來看待「烏克蘭危機」的起因和發展的可能前景。

這本書裡，著重了對俄羅斯與烏克蘭關係的歷史探討，試圖說明在千年的歲月中俄羅斯與烏克蘭的關係對各自的歷史進程留下哪些磨滅不掉的痕跡和積重。我只選擇了歷史上的十四個問題來探討，由於時間和精力的關係，尚不敢稱面面俱全。[1]俗話說，拋磚引玉。我是在拋磚引玉，既拋我自己的磚引我自己的玉，也向他人拋磚，同時期待真正的玉——全景式的烏克蘭史和俄烏關係史的出現。

但願「烏克蘭危機」能以政治會談的方式、和平的方式得到解決。但願烏克蘭土地上的紛

1　編注：此書簡中版於二〇一六年二出版（中信出版社），僅含第一部、第二部內容；第三部內容為繁中版另收錄文章。

爭能夠消弭，但願俄羅斯和烏克蘭兩個民族能夠和平共處、友好發展，但願烏克蘭和俄羅斯眾多教堂的金頂能夠迸發出和平之光、巨鐘能擊打出和諧之聲！

二〇一五年初夏

於北京南橫陋室

前言
烏克蘭，俄羅斯的「雅努斯」

俄烏民族、俄烏地區、俄烏國際間的關係是縱橫交錯，異常複雜，甚至是光怪陸離的，它既有「冰凍三尺，非一日之寒」的歷史因素，也有著錯綜複雜的現實因素。

就歷史因素而言，這就是個漫長的話題。

從基輔羅斯到現在的俄羅斯聯邦，俄羅斯（這個詞的涵義包括羅斯、俄國、蘇聯和新俄羅斯聯邦）與烏克蘭的關係經過了一千多年的曲曲折折、恩怨情仇、交織難分的演變、發展進程。由於在這漫長的時期中，俄國的宗主國權益和烏克蘭的依存附屬地位以及相互難解難分的政治、社會和經濟狀態，因此在某種特定的意義上可以說，研究俄烏關係史實際上就是研究俄國史、俄羅斯史。千年以上歷史所形成的俄烏關係並不是典型意義上的兩國關係，俄烏關係具有世界歷史上少見的特殊性。這種特殊性表現為、或者決定於兩個概念：一個概念是「羅斯」，另一個概念是「烏克蘭」。

「羅斯」概念的實質問題是：哪個部族是這片土地上最早的居民，是後來所有民族的起源？哪個部族的文化是其後所有部族，甚至民族的文化之根？哪個民族是這片土地上領導所有民族的「大民族」，是做出過貢獻最卓著的民族？似乎從基輔羅斯這個概念出現起，圍繞「羅斯」的爭論就沒有停息過，並且隨著歷史舞臺上光怪陸離的變遷、國家領導人的更迭、國際關係中利益衝突的加劇，變得具有越來越強烈的和濃厚的政治色彩。如果把這場爭論的焦點聚焦到當今俄烏關係的舞臺中央，那就是：誰——是俄羅斯，還是烏克蘭——更有權承認自己就是「羅斯」、就是「羅斯」不二的繼承人？

顯然，在這個問題上有幾點是可以讓人們認真思考的。其一，「羅斯」並不就意味著，它的一出現就代表著一個新民族的出現，並不意味著在那時的聶伯河和窩瓦河兩河的流域就有了統一的語言、統一的信仰和統一的文化。其二，「羅斯」並不意味著那時出現的部族大聯盟就是一個能號令所有部族、權力覆蓋整個所謂東斯拉夫各部族居住的廣大區域的中央政權，因而，也就不存在一個統一的、不可分的、團結一致的國家。其三，從西北部來的諾曼人，或者瓦蘭人，或者所謂「北部土生土長的斯拉夫人」，在基輔地區與當地各部族的融合是一個新的過程，離最終形成俄羅斯族（大俄羅斯）、烏克蘭族（小俄羅斯）和白俄羅斯族還將經歷數百年的風雲變遷，那種俄羅斯族誕生了「羅斯」，烏克蘭族創造了「羅斯」的現實從未出現過。最後是，「羅斯」並不完全是俄羅斯族或者烏克蘭族在封閉的、與世隔絕的「聶伯河和窩瓦河地區」創造出來的，從它在這片地平線上一露頭，它就受到來自西方的政治、社會、經濟和文化影響的浸染，因此，「羅斯」不僅是這片土地上各部族的溶血，也是這片土地上各部族與海那邊山那邊的部族、民族的溶血。「羅斯」從其伊始所具有的「國際的」、「世界的」意義也許就在於此。

因此，一個總的結論似乎可以這樣來闡述：基輔羅斯出現時，尚沒有形成一個統一的民族，不管是領導的「大民族」，還是被領導的「小民族」。居住在羅斯土地上的有各個不同的部族和部落，他們說著不同的話（還談不到使用不同的語言、誰的語言是誰的語言的基礎問題），有著各異的習俗傳統（尚談不到固定的文化、一個民族的文化是另一個民族的文化之根的問題）。此外，由於環境的不同，距離的差異，他們間的交往和交通是極為困難的。《往年紀事》（The Primary Chronicle）、《伊戈爾遠征記》（The Tale of Igor's Campaign）這類編年史和大公傳記勇士歌是俄羅斯和烏克蘭都承認過並廣泛引經據典過的，它們中的「偉大的、統一的和不可分的羅斯」以及「統一的、偉大的俄羅斯人民」的文字表達與其說是當時生活的現實，不如說是編年史家及其支持者、贊助者所需求和期望的未來政治遠景。

另一個同樣重要的概念是「烏克蘭」。「烏克蘭」歷來也是個混淆不清的概念，烏克蘭和俄羅斯各方都有自己的解釋。俄羅斯認為，烏克蘭是個處於俄羅斯疆界之內的地區，雖遠離政權的中心，位於邊陲，但它是俄羅斯的邊界之地，烏克蘭認為，烏克蘭就是個獨立的地區，自古以來基輔和北部的莫斯科公國是兩個相隔離、又不盡相同的地區，因此，烏克蘭雖和俄羅斯有邊界之鄰的位置，但它卻是烏克蘭人的土地。

俄羅斯方面堅持自己觀點的理由是，基輔羅斯就是烏克蘭隸屬和應該隸屬於俄羅斯的最大證據；留里克的公是在基輔羅斯的土地上接受洗禮的，因此，烏克蘭自古就是和應該是隸屬於俄羅斯的；俄羅斯民族和文化的形成都早於烏克蘭民族和文化，因此「大俄羅斯」對「小俄羅斯」的深刻影響和左右作用是應該予以承認並確立下去的。烏克蘭方面認為，基輔羅斯不是來自北方部族的產物，而是土生土長的，因此，基輔羅斯是烏克蘭自古就不是隸屬於俄羅斯的明證；烏克蘭民族和文化的形成有一條獨立的線索，它們與俄羅斯民族和文化的形成是在平等的兩條軌道上進行的，雖在基輔羅斯後這兩條軌道曾經重疊過，但隨著基輔羅斯的瓦解，俄羅斯和烏克蘭又各自回歸到自身原先發展的軌道上去了，烏克蘭民族和俄羅斯民族其後是在南北不同的地區內各自完成的；雙方雖都信奉東正教，但烏克蘭土地上的部族接受東正教的時間要比留里克家族的俄羅斯人早得多，此外東正教最終在烏克蘭和俄羅斯的土地上定型是不完全一樣的，烏克蘭的東正教融合了更多南部草原各游牧和通商部族的禮儀習俗，來自西方的影響更深，具有開放性；而俄羅斯的東正教則融合了更多北部農耕部族的禮儀習俗，自成一統的封閉性更強。

關於這個概念的爭論、爭吵是一場打不清的官司，斬不斷，理還亂。所以，在當今的現實政治舞臺上，俄烏雙方各執己見並以此做出各自的政治決策的趨勢和實際行動，就愈益強化和強硬。普丁宣稱基輔羅斯的公是在赫爾松涅斯接受的東正教，以此來強調烏克蘭自古就是俄羅斯的土地。但烏克蘭總統波洛申科（Petro Poroshenko）[1]及其他烏克蘭領導人卻對此持有異議，他們認為，在赫爾松涅斯接受東正教，正好說明基輔羅斯是屬於烏克蘭的，因此他們聲稱「克里米亞自古就是烏克蘭的土地」，發誓一定要「收回失地」。而俄羅斯領導人也不示弱，在俄羅斯收回克里米亞之前很長的一段時間裡，普丁總統就反覆強調了「烏克蘭是俄羅斯的邊陲之地」的概念。二〇〇八年，他在布加勒斯特的北約峰會上，曾經說過這麼一番話：「烏克蘭——這是個歷史誤會，是一個建立在俄國土地上的國家。」到了二〇一四年，普丁的這句話就發展成了更響亮的政治原則和決策：「克里米亞處於俄羅斯的疆界之外是令人憤慨的歷史不公正。」

所以，當今俄烏關係複雜性和難解性並不全是由當今的現實政治爭鬥和各自領導人的決策所引起的，也許它們更深植於一千多年的歷史變遷之中。歷史因素冰凍三尺，現實恩怨一日難解。在本書中較為詳細地討論了一系列的歷史因素，歸納起來，大概就是下述十點：

1 編注：波洛申科為烏克蘭第五任總統（二〇一四年至二〇一九年）。本文寫於二〇一五年。

一、烏克蘭和俄羅斯並不是如俄羅斯所宣傳的「同根同源」、「一個民族」。

二、基輔羅斯並不是民族和平的融合，而是來自北方的留里克人通過戰爭、武力、陰謀手段兼併而成的。

三、在基輔羅斯時，烏克蘭和俄羅斯兩個民族都尚未形成。

四、在接受東正教中，聶伯河的作用要遠遠大於窩瓦河。聶伯河被稱為「從瓦良格人到希臘人」的黃金水路，而窩瓦河卻是一條通向征服和兼併的河流。

五、從地緣政治上說，烏克蘭是個更接近西方的地區，有出海口；而俄羅斯是個內陸公國，沒有出海口。因此，烏克蘭成為西方的爭奪要地，而俄羅斯則成為來自東方的草原民族的掠奪對象。

六、基輔羅斯瓦解後，烏克蘭就不是一個國家，而是因種種原因不得不臣服於俄羅斯，成為俄羅斯帝國的一個省，一個統治者稱為的「新俄羅斯」。這種現象直至十月革命。十月革命後，烏克蘭才成為一個獨立的國家。

七、克里米亞自古並不是俄羅斯的領土。克里米亞汗國存在了三百多年。克里米亞是葉卡捷琳娜二世（Catherine the Great）一七八三年征服兼併的。但克里米亞的韃靼人並沒有從這塊土地上消失，而是以各種方式繁衍子孫，保持和發展自己的民族信仰、禮儀習俗和道德準則。第二次世界大戰期間韃靼族被作為「希特勒（Adolf Hitler）的第五縱隊」，全族被遷出克里米亞的悲劇深刻地影響到了俄烏關係和俄烏領土，其後果難除，直至今日。

八、烏克蘭西部問題和「寇松線」（Curzon Line）的存在是俄國與相鄰各國以及西方大國爭奪這塊「邊陲之地」的歷史見證。無論是蘇聯與波蘭，蘇聯與希特勒的爭奪，還是蘇聯對波羅的海三國和烏克蘭及白俄羅斯西部的兼併，都有著這種歷史證據的痕跡和影響。

九、烏克蘭是蘇聯第一個和第二個五年計畫的重點地區，尤其是烏克蘭的東部和東南部被史達林（Joseph Stalin）視為保密的「三線基地」；是蘇聯最好的黑土地帶，因此也是農民起義、各種暴動以及隨之而來的軍事清剿和政治鎮壓後果十分嚴重的地區。

十、俄羅斯民族和烏克蘭民族形成的一個最重大的後果是，在這片土地上，民族有了大小之分、尊卑之別、主宰和從屬的關係。由「大俄羅斯民族」所延伸出了「大俄羅斯民族主義」、「大俄羅斯民族的利益」，自這些概念出現之日起，就左右著這片土地上的歷史進程，就縱橫捭闔著這個國家疆界內所有民族事務的決斷和發展進程及趨勢。「大俄羅斯民族」，「大俄羅斯民族主義」，進而是「俄國沙文主義」在漫長的時期裡成為一種政治風向標和處理民族間、國家間關係的準則。而所有這一切，最終彙聚成「俄羅斯的民族利益」這個時代標杆就是歷史發展的必然。

而就現實因素而言，俄烏間的關係也同樣是話中有話，弦外有音。

如果用一句話來概括，那現實因素的關鍵和核心就是美國、歐盟與俄羅斯都把烏克蘭看成是一個關係到和深刻影響到各自利益的地區。這個地區是不可退讓的，是勢在必奪的，都欲把其置於自己的勢力範圍之內。因此，美國、歐盟與俄羅斯對這一勢力範圍的爭奪，實質上就是各自利益的爭奪。

這樣的爭奪，有著幾乎是難以調和的兩面性。

其一，在經過蘇聯解體後的失控和無政府主義狀態之後，俄羅斯重新崛起成了一個不可抑制的過程。崛起中的俄羅斯所祈求和渴望的是迅速恢復已經失去的強國、霸主地位。俄羅斯迫切需要國際舞臺上的話語權和決定權，因而打起了「反對美國單極世界」的旗子。這對於一度視俄羅斯軟弱，不再是爭鋒對手的美國和歐盟來說是不可接受、也不能任其發展下去的。

於是，美國與歐盟爭奪烏克蘭的目的是遏制俄羅斯的發展，使俄羅斯不至在新的環境和條件下重新成為能與它們（尤其是美國）對抗和爭霸的國家。對烏克蘭的爭奪是美國的獨霸世界和俄羅斯的重振霸主之威的外交政策對抗。

對於美國來講，還有一個潛在的因素，那就是：在取得了對烏克蘭的控制和威逼俄羅斯的情況下，將有利於對中亞和亞洲其他國家的進逼和爭奪。

其二，美國和歐盟爭奪烏克蘭，使北約的東擴成新形勢下雙方爭奪的新標誌，結果是一系列前蘇聯加盟共和國的背離俄羅斯、倒向西方，這種現實和發展趨勢同樣是俄羅斯不可接受，也不能任其發展下去的。當曾經作為俄羅斯「前哨陣地」的一些國家逐漸成為北約和歐盟的一員時，烏克蘭就成為了俄羅斯面對美國和歐盟的最後一道防線了。

俄羅斯爭奪烏克蘭的目的是遏制歐盟、北約、美國對自己國家的進逼和圍困。在前蘇聯加盟共和國紛紛加入或要求加入北約與歐盟的情況下，在只有一個脆弱的「集體安全條約」和「歐亞經濟聯盟」防護盾下，烏克蘭是俄羅斯對抗西方爭奪的最後一道屏障。越過這道屏障，俄羅斯的自身安全、民族利益和經濟發展都將受到嚴重威脅和挫傷。

當然，對俄羅斯來講，也有一個潛在的目的，那就是它對蘇聯解體後失去的土地、資源、勞動力市場從不曾甘心過。重新將這些土地、資源、勞動力市場收集起來，使它們回歸俄羅斯，是俄羅斯當今的執政者和超過百分之五十的俄羅斯民眾的強烈願望與訴求。俄烏在這問題上的矛盾和相向而立是始於蘇聯解體之前的，歷史上被認為是俄羅斯「鐵哥們」的烏克蘭和白俄羅斯首先宣布對立，退出了蘇聯。所以，一九九一年六至八月是蘇聯實際上解體的開始。先是俄羅斯宣布獨立，退出蘇聯，後是各個加盟共和國紛紛模仿葉爾欽（Boris Yeltsin）的俄羅斯宣告獨立。烏克蘭於八月二十四日發表獨立宣言，宣布獨立。一九九一年十二月一日，克拉夫朱克（Leonid Kravchuk）在烏克蘭全民公決中當選為烏克蘭總統。十二月五日，他宣布烏克蘭退出一九二二年建立蘇聯的聯盟條約，並決定不再簽署任何新的聯盟條約。十二月七日，葉爾欽、克拉夫朱克和白俄羅斯的舒什克維奇（Stanislav Shushkevich）在白俄羅斯布列斯特附近的「別洛韋日密林」的地方舉行會晤，簽署了三國建立「獨立國家聯合體」的聲明，並表示「獨聯體」的大門對所有加盟共和國都是敞開的。「別洛韋日密林」意思是「野牛密林」，而《別洛韋日協議》（Belovezh Accords）就像是從密林中狂奔而出的一條野牛，它成了蘇聯的終結者。

烏克蘭獨立後，新的俄羅斯聯邦所遭受的損失是巨大的。俄羅斯失去了歐洲土地上最肥沃的黑土地產糧區，失去了蘇聯幾十年來在這片土地上所建造起來的工業基地、國防重鎮和戰略要衝地帶，尤其是克里米亞的失去使俄羅斯失去了黑海上的門戶，進而使曾經存在過的蘇聯海上霸權之路斷裂開來，而黑海艦隊的駐地塞瓦斯托波爾也成了受制之地。

在美國和歐盟與俄羅斯對烏克蘭的爭奪中，對俄羅斯來講，克里米亞是個特殊的因素和首當其衝要解決的問題。在俄羅斯和克里米亞的關係上，有這樣幾點是很值得關注的。第一，對克里米亞的爭奪是對烏克蘭爭奪中的核心，是俄國與歐洲國家爭奪和劃分勢力範圍的焦點地區，克里米亞的歸屬從根本上決定著烏克蘭的歸屬。歷史上對烏克蘭的爭奪都是從對克里米亞的爭奪開始的，並且以克里米亞的歸屬落定為爭奪烏克蘭的終結。第二，克里米亞面臨黑海、可通達世界各地的地理位置，以及動一點可震四方的地緣結構決定了對烏克蘭爭奪的殘酷性、長期性和不變性。第三，從古至今，圍繞克里米亞的爭奪都集中在兩個問題上，一是對黑海軍港塞瓦斯托波爾的爭奪，二是對從克里米亞開始的黑海海上之路的爭奪。這兩個問題最後都必須以它們的歸屬於誰加以解決。第四，克里米亞半島在土地上與烏克蘭緊密相連，但在歷史的國家依附關係上卻與烏克蘭作為一個獨立國家的存在沒有關係，自十五世紀上半期以來，克里米亞以汗國的形式處在土耳其、鄂圖曼帝國的影響和扶助之下，時間長達三百多年。自一七八三年至十月革命，克里米亞（和烏克蘭一樣）歸屬俄國，時間也有兩百多年。因此，對克里米亞的爭奪在歷史上就是以它的「獨立」而表現出來的。

正是在這些方面，表現出了克里米亞對於俄羅斯的重要性和不可捨棄性。

但是，在考察俄烏關係的現實因素時，應當明確兩個問題。

第一個問題：當今在烏克蘭的爭奪與衝突沒有蘇聯時期的那種制度、主義之爭，陣營的較量和意識形態的水火不相容。人們一直在說「北約的東擴」，但是目前的北約東進與二戰後的北約東擴並不是完全相同的，當年是兩種制度：社會主義制度和資本主義制度；兩個陣營：社會主義陣營和資本主義陣營；兩種意識形態：社會主義意識形態和資本主義意識形態的對抗與爭奪。

前篇自序裡提過，現在，美國、歐盟與俄羅斯在烏克蘭的衝突圍繞的是力量的較量、利益的爭奪和勢力範圍的重新瓜分。雙方的最後底線是：國家和民族的利益、對經濟發展攸關的資源的重新分配以及世界政治結構的改變的問題。

當今的烏克蘭衝突中，沒有主義和意識形態之爭，陣營和制度的較量也被各自的利益遠遠沖淡。

第二個問題：隨著俄烏衝突的加劇，西方國家對俄羅斯制裁的層層加碼，「新冷戰說」出現並隨之擴大。但是，縱觀現實的諸因素，現在的烏克蘭衝突不是什麼「新的冷戰」。二戰後的「冷戰」是有幾個特殊條件所造成的。一是，戰爭中的暫時合作令雙方都不滿意了，一度隱埋的矛盾逐漸浮出水面，爭鬥與爭奪又悄然開始，但又不便和不能立刻翻臉；二是，戰爭後的美國和整個西方世界以及蘇聯都需要進行政治、政策、戰略、人心、財力上的重新調整，而這一調整需要一個變革的時期；三是，因為二戰剛剛結束，各方都不想再訴諸武力（戰爭）手段，而希冀於其他的「和平」爭奪方式；四是，對爭奪方式的選擇是由已經相對固定的世界政治格局所決定的。最後一點是，在「冷戰」大幕的遮蔽下，雙方在進行由對地球土地的爭奪到對太空空間的爭奪，因此，軍備競賽和火箭武器的研製逐步升級便成了這一時期最大的風向標。

從戰術上講，當今的衝突，無論是烏克蘭衝突，還是伊拉克、敘利亞、以色列、巴勒斯坦的，近東的、阿拉伯世界的衝突，不是表現為「冷戰」，而是「熱戰」形式——地區武裝衝突和地區局部戰爭，是真刀真槍，是轟炸和肉搏，是流血災禍，是大量的和平居民的死亡和瀕臨死亡的深淵。當今世界的衝突，包括烏克蘭的衝突實際上是以武裝對抗、戰爭手段進行的。而從戰略上講，當年的「冷戰」是表面上不打戰，而實際上在準備有朝一日以戰爭手段來結束「冷戰」。這是形式上講。而在實質上，和第一個問題相關聯的是，「冷戰」是兩種制度的較量、兩個主義的拼搏，兩種意識形態的對壘，最終所導致的是世界的一分為二。而現在，從總格局上來看，西方國家和俄羅斯的爭奪並不表現為「冷戰」，它與二戰後的「冷戰」有著顯著的差異，一是，較之「冷戰」，當今的「熱戰」更具虛偽性、欺騙性和蠱惑人心的性質，它所導致的結果會更嚴重、更具破壞性和更無真理、正義以及人道可言。二是，這種「熱戰」所導致的最終結果，也與二戰後的「冷戰」不同，世界不會一分為二，而是會在分分合合、交織牽連中發展，在我反對你又離不開你的狀態下共同蹣跚前進。

當今的美國和歐盟與俄羅斯對烏克蘭的爭奪，或者說當今的烏克蘭衝突將會是一個漫長的、交織的、時而激烈時而緩和的，隨著局勢的變化、人心的轉向，各方都會有這樣那樣的退讓和妥協。

首先，一段時間裡，克里米亞被「收回」俄羅斯的狀態不會發生實質性的改變，但似乎「被收回」也不是克里米亞的最終歸屬。

其次，烏克蘭東南部地區的「獨立共和國」將以「不被承認的共和國」（從國際法的角度看）或者是「自行宣布獨立的共和國」（從烏克蘭政府的態度看）而存在下去。俄羅斯這個國家有著蘇聯遺留下來的「不被承認的共和國」的歷史傳統。它們的存在名義上是獨立的，但實際上必將依附於某個國家。即使作為「獨立共和國」，但東部地區也會向基輔要求更大的獨立性。烏克蘭東南部的「獨立共和國」將會成為更親俄的地區，一個名義上仍然歸屬烏克蘭，但實際上聽命於俄羅斯的地區，一個表面上的特殊州，而實際上的「獨立共和國」。就「獨立共和國」進行的談判事實上成了這些「共和國」延續生命的一種合法手段。但停火對基輔和頓巴斯、美國、歐盟和俄羅斯都有利，而其中的經濟因素起了很大的作用。

再次，烏克蘭東南部地區將成為烏克蘭和俄羅斯中間的一個「緩衝地區」。「緩衝」可對烏克蘭起到制約、牽制，甚至控制的作用。在經濟上，烏克蘭的歷史地位將重演：烏克蘭一直是俄羅斯的原料供應地和產品銷售地，沒有自己獨立的、自主的經濟體系，這造就了它對它國（尤其是俄羅斯）經濟和制度的極大依賴性以及本國經濟的極度脆弱性。烏克蘭在經濟上的依附俄羅斯將會強化。

最後，美國和歐盟不會放棄對烏克蘭的爭奪，俄羅斯更不會從烏克蘭撤走。在這塊戰略要地上的利益爭奪不會因為東南部地區的暫時停火而終止。從經濟制裁到反制裁，從歐盟快速反應部隊到普丁打的「核大國」牌將會不斷上演。烏克蘭始終是在各國、各種政治力量的爭鬥和拼搏中存在的，它生存和發展「自我因素」太弱，而外來干預因素過強。美國和歐盟仍將強調「烏克蘭」的獨立國家地位，俄羅斯也仍將強調「烏克蘭」的附屬於俄羅斯的地位，那種延續了上千年的「烏克蘭」是俄羅斯的「邊陲之地」抑或是俄羅斯之外的獨立疆土的爭執、爭奪不會停息下來。不過，「烏克蘭」一詞中的「邊陲之地」——「兵家必爭之地」確實是改變不了的。烏克蘭的地理位置具有不可替代的戰略意義。這決定了它被各國和各種力量爭奪的宿命。

在烏克蘭衝突中，烏克蘭越來越傾向於西方國家，這裡有個根本的原因，那就是西方國家的經濟狀況和生活水準要比烏克蘭本國高，同時也高出俄羅斯的水準。「要過西方國家人的那種生活」的要求並不完全是烏克蘭領導人和西方國家領導人的政治蠱惑宣傳，在某種程度上也反映了烏克蘭人的一種意向和追求。克里米亞俄羅斯人的迫切要求回歸俄羅斯在很大程度上有著經濟的因素。對於烏克蘭人的、其他前加盟共和國人渴求西方的生活，向歐盟的接近、靠攏，直至最後的加入，普丁在就對這些國家的供應天然氣提價問題時曾經說過一句狠話：「想過西方人的生活嗎？那就像西方人那樣付費吧！」所以經濟問題，或者說，烏克蘭的經濟狀況將在未來的烏克蘭危機的走向中起重大作用。西方的經濟制裁及其後果在短期內不會消失，這個作用強化的趨勢亦不會消失。

但是，需要說明的是，烏克蘭的衝突畢竟是一場大國之間利益的衝突，是一場變革世界政治結構的搏鬥，是一場衝突風向標隨時會翻轉的「熱戰」，因此，對衝突各方的支持或是反對都應保持在一個合理的範圍。

縱觀數百年的歷史進程，無論是烏克蘭國家的形成，無論是烏克蘭民族的成長，也無論是烏克蘭社會的運轉，它的一個不變的命運便是：地處「邊界之地」，千絲萬縷國家狀況；身陷「強權掌控」，錯綜複雜外交關係。大國的爭奪，強權的運作，宗教的紛爭，利益的瓜分，社會的動蕩，民心的搖擺，前進的徘徊，發展的觀望，似乎都是烏克蘭逃脫不了的宿命。它從屬於、依附於，甚至不得不在某一時刻、某一歷史階段聽命於他人他國的蹣跚養成了，或者嚴格地說，鑄就了烏克蘭人的識別風向、辨別目標、選擇機遇、隨時而動，或奮然而起，或蟄伏待機的性格和行動準則。由於烏克蘭與俄羅斯有著「立國的淵源」、「信仰的共有」、「習俗的相通」，以及自一六五四年以來的分分合合和恩怨情仇的錯綜複雜關係，因此它所承受來自俄羅斯的慣力、推力、阻力就是決定一切的。它與俄羅斯的關係與解決關係的途徑與辦法是決定烏克蘭命運最主要的東西，歷史已經證明了這一點。而在當今世界上烏克蘭依然夾在西方國家和俄羅斯之間，這塊「邊界之地」被爭奪、被利用、被發展、被推向一個已知或未知命運之途的宿命不可能不再起作用。

烏克蘭的前世今生是與俄羅斯這個國家千絲萬縷地交織在一起。斬不斷，理還亂，真可謂：隔影遙望似相識，回眸一笑陌路人。烏克蘭的前世今生與其說是一部歷史，不如說是一個傳奇，一部時而浪漫、時而刀光劍影，又時而光怪陸離的歷史舞臺大戲。這齣戲已經上演了好多世紀，而且還會繼續上演下去。歷史的進程似乎給人們某種啟迪：只要俄羅斯和烏克蘭都存在，只要這兩個國家的土地還連接在一起，只要他們的習俗和信仰還在東正教的庇護下發展，他們之間的分分合合和恩怨情仇就不會終結，這齣傳奇般的大戲就沒有落幕的時候。

西方有個門神叫「雅努斯」。這個「雅努斯」的特點就是它具有兩個面孔。當今的世界格局並沒有改變烏克蘭地處「邊陲之地」的狀況。烏克蘭既面對西方，面對美國和歐盟國家，又面對俄羅斯，面對一個數百年來它所依附和歸屬的國家。因此，烏克蘭在大國的勢力範圍爭奪中，不得不具備相背的兩面。烏克蘭的這扇門既是它試圖進入西方世界的一扇門，也是西方國家試圖通過它進入俄羅斯的一扇門。烏克蘭的這扇門，實際上也是俄羅斯面對西方的一扇門，通過這扇門，俄羅斯要進入烏克蘭和西方世界，而同時阻擋住西方的力量通過這扇門進入俄羅斯。

雅努斯，烏克蘭的門神；雅努斯，烏克蘭擺脫不了的兩面門神！雙面的雅努斯：烏克蘭問題的走向和烏克蘭的未來。

第一部

蘇聯聯邦制結構裡的烏克蘭

第一章
是聯邦，還是只有一個俄羅斯

關於俄羅斯和烏克蘭的關係說來話長，有歷史的，有現實的，有政治的，有經濟的，有社會的，有執掌最高權力者的，有無權無勢芸芸眾生的。當然，在漫長的特定意識形態下，還有控制的和被控制的，有強權的和卑躬屈膝者的。先說遙遠的過去，容易讓人糊塗，不如先從廣為人知的十月革命後的蘇維埃政權說起，再從那時的混沌歲月回到更為混沌的沙皇時代。當人們從混沌的霧霾中走出時，對於現實中的烏克蘭、俄羅斯、俄羅斯和烏克蘭的關係的看法，也許就會有撥開雲霧見青天的爽朗感覺。

現在稱之為蘇聯的這個國家伊始並不叫蘇聯，而叫蘇維埃俄國。而這個蘇維埃俄國當時也只有一家，即俄羅斯。十月革命是一場由首都聖彼得堡向各地擴展，首當其衝地是向與俄羅斯土地相連的烏克蘭的擴展進程。這時，有兩個歷史進程在烏克蘭的土地上交織著發展，一是十月革命的「凱歌行進」[1]，另一個是烏克蘭人要求成立自己國家的獨立浪潮。對於俄國布爾什維克來講，在他們的意識裡，烏克蘭和俄羅斯自古以來就是一個概念，一個國家，是一個神聖的羅斯。這正如俄羅斯東正教一位有影響的領袖——聖車尼哥夫的拉夫連季所說的那樣：「就像不能將聖父、聖子和聖靈三位一體分開一樣，也絕不能將俄羅斯、烏克蘭和白俄羅斯分開，三者一體這就是神聖的羅斯。」所以十月革命在烏克蘭土地上的「凱歌行進」也就是在俄羅斯土地上發生的事。很少有人想過，烏克蘭不是俄羅斯的，在世界格局發生激烈動蕩的時刻，烏克蘭會有自己的想法、需求、目標和前進的方向。

烏克蘭還真的有自己的想法、需求、目標和前進的方向。早在俄國的二月革命發生後，烏克蘭的一些政黨和民族團體代表就在基輔集會，宣布成立了「烏克蘭中央拉達」（Tsentralna Rada），也就是「烏克蘭中央委員會」。一九一七年四月，拉達召開全國代表大會，宣布自己是具有最高立法機構職能的機構並宣布烏克蘭自治。而在十月革命後，拉達則宣布烏克蘭國家獨立——成立了「烏克蘭人民共和國」。這個共和國宣布自己的領土包括五個小俄羅斯省和四個新俄羅斯省，即：基輔省、波多爾斯克省、沃倫省、車尼哥夫斯克省、葉卡捷琳諾斯拉夫省、赫爾松省和塔夫利達省（不包括克里米亞），同時還宣稱要通過談判的方式將庫爾斯克省、霍爾姆斯克省和沃龍涅什省以及當地居民主要是烏克蘭人的一些地區合併到烏克蘭來。

中央拉達所要求的這些土地都是俄羅斯的風水寶地，是被稱為俄羅斯核心糧倉的「中央黑土區」。劃地而立這件事本身就觸犯了俄羅斯人的「大俄羅斯」感情和意識，何況這些要求表達了以拉達為代表的烏克蘭人下述情緒與願望：一是，烏克蘭不再願意臣屬俄羅斯。二是，烏克蘭民族不可能再聽命於「大俄羅斯」的「小俄羅斯」。三是，烏克蘭在未來的發展中，將是與俄羅斯平起平坐的民族。

烏克蘭的民族獨立浪潮和實際行動在布爾什維克中間引起了軒然大波。之所以引起軒然大波還不僅僅是因為烏克蘭要離開俄羅斯而自立其國，一個同樣重要和包含爆炸性危險的因素是，烏克蘭土地上幾百年來臣屬於沙皇政府的各個民族地區，也紛紛宣布獨立或者成立自己的「共和國」，在一九一七至一九一八年短短數個月內其數量就達到了幾十個。這樣一個進程是對從聖彼得堡自上而下的蘇維埃政權「凱歌行進」的對抗和反動。

就「烏克蘭中央拉達」而言，它也不是僅此一處，別無分號，而是有基輔的烏克蘭人民蘇維埃共和國（東烏克蘭）、烏克蘭人民共和國、西烏克蘭人民共和國（西烏克蘭）及南部烏克蘭的蘇維埃共和國。而且這種「大烏克蘭」的政治訴求也不一致，有分地而治、自立其國者，但也不乏期望在俄羅斯的國旗下擁有自治權的人。在那些地區性的自立為王——成立共和國中，最大的當算東南部的頓涅茨克-克里沃羅格蘇維埃共和國和奧德薩蘇維埃共和國。在這種

1 編注：指共產主義迅速發展。

群雄四起，天下爭霸的局面下，就使來自聖彼得堡蘇維埃「凱歌行進」的進程變得異常艱難。不解決烏克蘭土地上的民族獨立浪潮，蘇維埃政權不僅不能自上而下地「凱歌行進」，也不能在隨「凱歌行進」同時出現的國內戰爭中取得勝利，最終必然是蘇維埃政權的垮臺。

在布爾什維克的隊伍中，尤其是在它的領導人中間，對於解決這種民族浪潮帶來的巨大麻煩，意見分歧很大。當時，在新蘇維埃政府中出任民族事務人民委員的史達林顯然是個不容異見，並且要訴諸強力手段來遏制這一浪潮發展的代表人物。另一個應該是列寧（Vladimir Lenin），對於列寧來講，他不喜歡、也不願意看到烏克蘭自俄羅斯分裂出去的行動和最終結果，但他期望用一種緩衝的辦法來解決這個可以稱之為蘇維埃政權首要危機的「烏克蘭危機」。

作為蘇維埃政權的民族事務人民委員，史達林有一個處理各民族與俄羅斯民族、各邊疆地區與中央關係的根本立場和決策：「把邊疆地區從俄羅斯分離出去的要求看做是反革命的企圖應予以堅決的批駁，這可能會覺得奇怪。但是，實質上這裡並不奇怪。我們贊成印度、阿拉伯、埃及、摩洛哥和其他殖民地從協約國分離出去。因為這種情況下的分離就意味著這些被壓迫的國家脫離帝國主義而自由、帝國主義立場的削弱、革命立場的強化。我們反對邊疆區從俄羅斯分離出去，因為這種情況下的分離意味著帝國主義對邊疆區的奴役、俄國革命力量的削弱、帝國主義立場的強化。」

對於烏克蘭，史達林持同樣的觀點：烏克蘭不能從俄羅斯分離出去，也就是說，烏克蘭不能獨立，烏克蘭的獨立浪潮不能任其發展。按照史達林的解釋，這種「不可分離論」就是：「烏克蘭是俄羅斯的邊疆地區——作為中央和邊疆地區關係的一種形式，該邊疆區從俄羅斯分離出去的要求應該被排除，這不僅是因為這一要求與確立中央和邊疆地區問題的提出本身是相矛盾的，更重要的是，這一要求是從根本上既違背中央，也違背邊疆地區人民群眾的利益。」

一九一七年十一月十一日，史達林在受列寧之託起草的《告烏克蘭人民書》中十分清晰地闡述了他的立場。這個立場有下述幾點組成：「拉達是在解除位於烏克蘭的蘇軍的武裝」，「是在對立憲民主黨和卡列金（Alexey Kaledin）[2]的陰謀和反對蘇維埃政權的起義給予支持」，「因此走上了聞所未聞的背叛革命的道路」。在這份草案裡，史達林所強調的是在蘇維埃國土上的各民族不能享有自決權，堅持了烏克蘭不可從俄羅斯分離出去的強硬立場。

烏克蘭「拉達」的問題之所以變得異常複雜，因為它的呼籲已經超越了布爾什維克所能容忍的程度。「拉達」公開宣稱：聖彼得堡的政府不是烏克蘭大多數居民擁護的政府，因此不承認它在烏克蘭土地上的權力、不同意蘇維埃政府處置立憲民主黨人等的行動，不允許蘇維埃的軍隊在其土地上過境和作戰。還有一點同樣是重要的，那就是，「拉達」作為獨立的共和國，它有權派出自己的代表參加布列斯特-立陶夫斯克和談。這種通牒式的宣告和行動令蘇維埃領

2 編注：卡列金（1861-1918），哥薩克人，俄國內戰初期時領導頓河哥薩克白軍。

導人極為不滿和憤怒。

持史達林這樣意見的人還有像卡拉漢（Leo Karakham）這樣的外交負責人和布列斯特和談的代表。一九一八年二月二日，卡拉漢在一份就烏克蘭獨立致列寧和史達林的信中就表述了這樣的思想：「烏克蘭作為俄羅斯聯邦的一個組成部分，無論其國家法律地位如何，絕對不可變更的一個事實是，烏克蘭的領土與俄國不可分割。因此，同烏克蘭達成的任何協議，如果沒有俄國代表團的認可，都不能生效。」卡拉漢代表了眾多布爾什維克上層人士的意見：烏克蘭只能依附於俄羅斯聯邦之下，而不能作為一個獨立的國家、平起平坐地與俄羅斯組成一個聯邦。

顯然是因為形勢的極端複雜和烏克蘭獨立問題的影響深遠，列寧對史達林的建議做出了某種修正。隨後，在同年十二月三日正式公布的《告烏克蘭人民書》中，列寧強調了民族自決和各民族的可分離權：「我們人民委員會承認烏克蘭人民共和國，承認它有權同俄國完全分離或同俄羅斯共和國締結建立聯邦關係或其他類似的相互關係條約。我們人民委員會現在就無保留、無條件地承認有關烏克蘭人民的民族權利和民族獨立一切事宜。我們沒有對目前仍為資產階級所掌握的芬蘭資產階級共和國採取任何步驟限制芬蘭人民的民族權利和民族獨立；我們也不會採取任何步驟，來限制已經參加或者願意參加俄羅斯共和國的任何民族的民族獨立。」

這些文字所表達的傾向性意見是與史達林的「不可分離論」不一致。史達林強調的是完全不可分離，而列寧強調的是，民族的可分離或民族的自決前提和歸屬必須是以一種聯邦或類似的形式最終服從於蘇維埃中央政府。因此，列寧在這份文告中，把烏克蘭的獨立和烏克蘭的「拉達」分離了開來，也就是說，在原則上，烏克蘭是可以獨立的，但是在「拉達」控制下的烏克蘭是不能獨立的。這正如列寧所說的：「我們譴責拉達，因為它在民族主義詞句的掩蓋下，奉行一種資產階級的兩面政策，這種政策早已在拉達不承認烏克蘭的蘇維埃和蘇維埃政權這一點上表現出來了（還表現在拉達拒絕烏克蘭蘇維埃的要求，不肯立即召開烏克蘭蘇維埃邊疆區代表大會）。這種兩面政策使我們不能承認拉達是烏克蘭共和國被剝削群眾的全權代表，這種政策使拉達最近竟然採取了一些意味著排除達成協議的任何可能性步驟。」

但是，史達林和列寧貌似不合的決策，在實質上卻有著一個共同之處：只有承認蘇維埃中央政權和服從這個政權的烏克蘭民族的獨立才是被允許的。承認還是不承認布爾什維克的蘇維埃成了烏克蘭獨立，其他民族獨立、自決的唯一原則。

一九一七年十一月二十二日，列寧在全俄海軍第一次代表大會的講話中這樣說過：「我們現在都在注視著烏克蘭的民族運動，我們說，我們絕對贊成烏克蘭民族有完全的和無限制的自由。我們應當摧毀舊的、血腥的、骯髒的過去，那時資本家壓迫者的俄國充當了屠殺其他民族的劊子手。我們一定要清算這種過去，我們一定要徹底消滅這種過去。我們要對烏克蘭人說，你們烏克蘭人可以按照你們的願望來安排自己的生活。但我們要向烏克蘭工人伸出兄弟之手，並且對他們說，我們將同你們一起反對你們的和我們的資產階級而鬥爭。只有各國勞動者的社會主義聯盟才能消滅民族壓迫和民族糾紛的一切根源。」但在《告烏克蘭人民書》後，列寧的「完全的和無限制的自由」、「可以按照你們的願望來安排自己的生活」的允諾不再存在，代之而行的是「蘇維埃下的獨立和自由」，是「不可分離的民族自決權」。

這時布爾什維克大環境中的氣候也是這樣，出身於「大俄羅斯族」和雖不出身於「大俄羅斯族」、但自認為自己比大俄羅斯人更大俄羅斯人的布爾什維克領導人，是創造、維繫、擴展這種氣候和環境的核心。《告烏克蘭人民書》公布的時代背景有而三：一是，布爾什維克採取一切手段排除和清洗了曾共同進行了十月革命的其他黨派，全力推進創建「布爾什維克清一色政府」的進程，尤其是對「立憲民主黨人陰謀」的鎮壓沒有得到「拉達」的支援，這更是加深了列寧、托

一九四四年，蘇聯發行的郵票上印有列寧（右）和史達林（左）。（iStock／alexsol）

洛斯基（Leon Trotsky）和史達林等領導人對烏克蘭「拉達」的不信任和必欲盡力儘快除之的願望以及隨之而來的行動。二是，布爾什維克政權的「凱歌行進」在烏克蘭遭到了極大的阻力，而當北線、東線的反蘇維埃白軍紛紛從烏克蘭的土地上敗退並期望經烏克蘭、到克里米亞，再順黑海出走他鄉時，「拉達」的不承認聖彼得堡蘇維埃政府，不肯借道、讓道於蘇維埃軍隊的決策和行動就必然成為列寧、托洛斯基和史達林等領導人的心頭之患。三是，烏克蘭再次經歷著歷史上的宿命：蘇維埃政權要將其置於自己的麾下，而德國和波蘭也對這塊土地虎視眈眈。在雙方的爭鬥中，烏克蘭將必然以強者為靠山，於是，「拉達」向德國示好和德國的接納就是布爾什維克所不能容忍的。在這個問題上，布列斯特-立陶夫斯克的談判桌成了蘇維埃和烏克蘭對峙的戰場。

聯盟，這種在蘇維埃絕對掌控下有限和不完全的「不可分離」是列寧所希望的民族自決權的唯一出路。所以，列寧並不在意出現了多少「共和國」，而在意於怎樣去建立一個這樣的聯盟，「有人對我們說，俄國一定會四分五裂，分裂成一些單獨的共和國，不過，我們用不著害怕這一點。不論有多少獨立共和國，我們都不怕。在我們看來，重要的不在於國界劃在哪裡，而在於保持各民族勞動者的聯盟，以便同任何民族的資產階級進行鬥爭」。

從一九一七年底，並且延續至整個一九一八年，蘇維埃俄國的局勢異常緊張，最大的危險來自於德國對烏克蘭，其後是對整個俄國的進攻。這時，列寧表現出了極大的擔憂，他要軍隊的代表們考慮一個嚴肅的問題：「能否指望在聽到德國兼併政策的消息以後，大俄羅斯人同烏克蘭人的紛爭便會緩和下來，甚至轉變為這兩種力量的友好團結？還是要估計到烏克蘭人會利用大俄羅斯人更加困難的處境來加緊進行他們反對大俄羅斯人的鬥爭？」這裡，有一點是值得關注的，即列寧用的是「大俄羅斯人」這個詞語。在沙皇時代，「大俄羅斯人」和「小俄羅斯人」是個孿生詞彙，它們所反映的是俄羅斯民族與烏克蘭民族的不平等關係和烏克蘭必須聽命於俄羅斯的不可變更的執政方針。列寧在正式的官方文件中，用烏克蘭人，但在內部文件、指令、便函中經常使用「大俄羅斯人」。不僅列寧，在托洛斯基、史達林等人的來往信件中，在各戰線指揮官給中央的報告中，「大俄羅斯」和「大俄羅斯人」也屢見不鮮。

各民族的獨立和自由必須服從蘇維埃，這個核心思想在一九一八年一月三日蘇維埃政府公布的《被剝削勞動人民權利宣言》中得到了確認和進一步的解釋，儘管只有兩句話，一句是：「俄羅斯蘇維埃共和國是建立在自由民族的自由聯盟基礎上的各蘇維埃民族共和國聯邦。」另一句是：「立憲會議力求建立俄國各民族勞動階級的真正自由和自願的、因而也是更加緊密和鞏固的聯盟，不過它的任務只限於規定俄羅斯蘇維埃共和國聯邦的基本原則，而讓每個民族的工人和農民在自己的全權蘇維埃代表大會上獨立決定，他們是否願意參加和在什麼基礎上參加聯邦政府及其他聯邦蘇維埃機關。」

就像召開立憲會議為的就是解散、消滅立憲會議一樣，這份以「立憲會議」的名義所發表的、卻是譴責立憲會議的「宣言」的核心就是「中央和地方全部政權屬於蘇維埃」。這在同一天的全俄中央執行委員會決定中，這個主題及其內在的含義被闡述得很清楚：「根據十月革命取得的全部成果，按照今年一月三日中央執行委員會議上通過的被剝削勞動人民宣言，俄羅斯共和國的全部政權屬於蘇維埃和蘇維埃機關。因此，任何人和任何機關攫取國家政權某種職能的任何嘗試，都應視為反革命行為。任何這類嘗試，蘇維埃政權都將使用所擁有的一切手段予以鎮壓，直至使用武力。」

宣言實質上決定了烏克蘭拉達想獲得絕對和無限制自由的必然失敗命運，同時也預先決定了烏克蘭以有控和有限的民族自決權參加俄羅斯共和國聯邦的前途命運。如果說，這份宣言中還能宣布「人民委員會宣布芬蘭完全獨立、開始從波斯撤軍、宣布亞美尼亞有自決自由的政策」的話，那烏克蘭就等不到這樣的宣言和保證了。

但是，布爾什維克的判斷和決策再次失誤，那種認為領袖的話語一到，紅旗一舉天下就定的想法並未能成為現實，蘇維埃政府在德國的強大威脅和進攻危險的面前，不得不重新權衡輕重，列寧本人在布爾什維克群體中首先「覺醒」，把對德國人的退讓政策，隨之也就是對烏克蘭民族浪潮的退讓政策提到了首位。一九一八年二月十八日，列寧發出了這樣的資訊：「我建議發表聲明，不是我們願意簽訂昨天德國人向我們提出的和約；即使他們把不干涉烏克蘭、芬蘭、利伏尼亞和愛沙尼亞的事務列入和約之內，我們也應當無條件地接受。」列寧之所以這樣提問題，就是：「德國人正在以大批兵力在全線展開進攻，而我們是無力抵抗百萬大軍的進攻。」

儘管如此，在「不承認和服從蘇維埃」的一切民族獨立和自決都屬於反革命這一前提下，尤其是在「社會主義祖國在危急中」的口號下，蘇維埃政府還是加快了對叛逆的烏克蘭「拉達」和其他民族獨立自由潮流的武力征剿工作。作為革命軍事委員會主席托洛斯基統領著烏克蘭的軍事行動，但史達林雖然被列寧委任為在烏克蘭南部和北高加索徵糧的全權大員，但他頻繁插足於烏克蘭南部以及察里津一線的軍事行動，培養和組建自己的軍隊。因此，他們二人在烏克蘭的行動上有著明顯的分歧。

托洛斯基也是「大俄羅斯主義」的堅定擁護者，對於蘇維埃軍隊在烏克蘭的挺進也曾歡呼雀躍過。一九一八年二月七日，托洛斯基報告：「蘇維埃軍隊已於一月十六日開進基輔……奧倫堡已完全被蘇維埃軍隊攻克……辛菲羅波爾已被蘇維埃軍隊占領。半島上的全部政權已由全克里米亞工兵農蘇維埃掌握。」但隨著蘇軍在烏克蘭的頻繁失利，托洛斯基的看法和決策有所改變，主張與軍事行動的同時，應該採取某些與烏克蘭民族政府妥協的措施，「大俄羅斯主義」必須對小俄羅斯有所讓步。在一九一九年一月四日，托洛斯基在就烏克蘭局勢和他們的任務致國防委員會的信中對此說得十分清楚：「……我們不能放任烏克蘭的事態自流。烏克蘭人攻占了哈爾科夫，這使烏克蘭問題變得十分尖銳和緊迫。如果我們認為現在插手烏克蘭事務從軍事上講不適宜並十分冒險，那麼哈爾科夫被攻占就該算是一次令人不可容忍的挑釁。我們必須控制游擊活動。」因此，托洛斯基的一個基本建議就是「暫停在烏克蘭的游擊行動並同彼得留拉（Symon Petliura）[3]之流達成協議」。

而史達林反對這種「暫停」，主張全力打擊烏克蘭「拉達」的彼得留拉的部隊、靠直接的軍事行動和對「叛亂」的鎮壓、直下烏克蘭政治中心哈爾科夫這樣的城市來解決烏克蘭問題。尤其是在烏克蘭的哥薩克問題上，史達林堅決主張無情鎮壓，絕不能給予烏克蘭如同芬蘭那樣的民族自決權。一九一七年十二月二十七日，史達林在會見頓河哥薩克卡列金部隊的代表時明確說：「在芬蘭，政府成員中有無產階級的代表，也有資產階級的代表，但我們還是認為，承認芬蘭享有自決權是可能的。如果可以的話，就讓我們以這種觀點對待頓河邊疆區吧。但另一方面，芬蘭有嚴格規定了的國境線，而你們的邊界在哪裡呢？要知道現在是不可能保持作為舊俄國行政劃界基礎的省和州原來的邊界的。」這裡，史達林把「國界問題」提到了首位，而實質上強調的是：你頓河邊疆區，你烏克蘭，只不過是大俄羅斯的一個邊疆地區，你是不能享有民族自決權的，你是不能有自己的國界的。

史達林和托洛斯基的分歧歸結起來就是一點：是否烏克蘭、小俄羅斯的事絕對應該由大俄

3 編注：彼得留拉（1879-1926），烏克蘭民族主義者，十月革命後，組織烏克蘭軍隊與蘇聯紅軍、白軍作戰，試圖維持烏克蘭獨立自主。之後曾與波蘭結盟共同對抗布爾什維克政權，最終失敗。

羅斯說了算，是否大俄羅斯的軍隊和武力應該去解決一切問題。所以，上述托洛斯基一九一九年一月四日的報告中的話語是指責史達林的，指責史達林冒險的軍事行動和不可容忍的挑釁。在烏克蘭的「國界問題」上，史達林惹怒的不僅是托洛斯基，甚至連與他比較親密的奧爾忠尼啟則（Sergo Ordzhonikidze）都困惑不解。一九一八年五月五日，奧爾忠尼啟則給史達林一封電報，講述了這種困惑和不滿：「史達林，你們為什麼沉默，為什麼沒有詳細通報情況。怎樣對待烏克蘭，什麼樣的邊界，我們的態度如何？……請告訴我們，作為我們人民委員會的代表，我們應該做什麼。如果烏克蘭祕書處自行其是，事業將是毫無指望的。請不要將我們置於這種狀態，告訴我們幹什麼和怎麼幹？」這裡的烏克蘭祕書處恰恰指的是一九一七年十二月成立的第一個烏克蘭蘇維埃政府，而這個政府正是在史達林的幫助下，靠非烏克蘭人的力量建立起來的「蘇維埃政權」。這種靠蘇維埃中央政府組建起來的「政府」當時不止烏克蘭一家，而這種政府是靠俄共（布）中央的指令來實現的，其領導人都是莫斯科培養起來的「班子」，他們是隨著紅軍的進攻而返回自己的「祖國」。例如，白俄羅斯的立國就是一九一八年十二月底由俄共（布）中央通過決議建立的，而首屆政府就是在莫斯科成立的，由布爾什維克米亞斯尼科夫（Alexander Miasnikian）指導和確定一切、由蘇維埃培養起來的白俄羅斯人組成，然後由政府主席日盧諾維奇（Dmitry Fedorovich Zhilunovich）率眾去了明斯克。

事實上，在一九一八年整整一年中，烏克蘭加入蘇維埃聯邦的事件發展成了真正的烏克蘭危機。歷來在對於《社會主義祖國在危急中》的「危急」的解釋是德國人的進攻，但實際上，更大和更深的危機卻是布爾什維克領導人在烏克蘭問題上的分歧及其隊伍面臨的分裂狀態。這個更大和更深危機的核心有兩點：一是，烏克蘭與俄羅斯自古無國界，也就是說它自古就沒有獨立國家的歷史，因此，不是烏克蘭加入俄羅斯聯邦的問題，也不可能是俄羅斯與烏克蘭劃疆而立、烏克蘭離俄羅斯而去、自立其國的問題。二是，給予民族

一九二〇年十一月，列寧（中）和托洛斯基（敬禮者）在慶祝俄羅斯革命三周年活動時站在人群中。（達志影像）

自決權的「民族國家」必須絕對服從蘇維埃中央政府，其「國家領導人」必須由布爾什維克黨中央來指定。而白俄羅斯的民族政府領導人日盧諾維奇並沒有完全贊同蘇維埃政府的安排，提出了要在內閣中除掉三個絕對「親蘇維埃」的人，換上自己的人。這激怒了米亞斯尼科夫，他在給史達林的電報中這樣寫：「我認為，必須命令他們，或者讓我們提供相應的白俄羅斯人的名單，我們這裡有這樣的人。我預見到，在這裡，由於毫不掩飾的民族主義，肯定還會出現一些摩擦。」史達林見狀大怒，直接給日盧諾維奇發電申斥：「我認為日盧諾維奇關於排除三名成員的建議是無組織行為，是同黨的決定根本矛盾的。日盧諾維奇集團的任何特殊決定都是不能存在的。成員名單——共十七人——是最終決定。我要求日盧諾維奇及其集團明確地回答一個問題——他是否無條件服從黨中央委員會的決議。」這是對一個擁有民族自決權的國家領導人應當講的話嗎？大俄羅斯民族沙文主義、大蘇維埃主義躍然紙上。這是對臣屬、僕從、被征服者的訓令！不僅在白俄羅斯，烏克蘭也面臨著同樣的命運。史達林想按照白俄羅斯模式來解決烏克蘭的民族自決問題，這顯然擴大和加深了他和托洛斯基以及布爾什維克隊伍中本以存在並在加深的矛盾。

對於這時期史達林和托洛斯基的矛盾，列寧一直採取「和稀泥」的辦法，希望他們的矛盾和對抗不至於發展到不可收拾的地步。而「烏克蘭危機」——烏克蘭的民族自決、烏克蘭的立國問題、烏克蘭加入俄羅斯聯邦的問題迫使列寧不得不採取一種新的立場——譴責大俄羅斯民族主義，從而達到對烏克蘭的某種讓步，以保障蘇維埃共和國得以在烏克蘭的土地上站穩腳跟和保障國內戰爭的勝利。

一九一八年十二月二十八日，在《為戰勝鄧尼金（Anton Denikin）[4]告烏克蘭工農書》中，列寧申述了這個變化：「烏克蘭要成為一個單獨的、獨立的烏克蘭蘇維埃社會主義共和國而同俄羅斯社會主義聯邦蘇維埃共和國結成聯盟（聯邦）呢？還是同俄羅斯合併為一個統一的蘇維埃共和國？這個問題，所有的布爾什維克，所有覺悟的工人和農民都應當仔細加以考慮。」列寧堅決反對共產黨人因「烏克蘭的獨立問題」而分裂。列寧的意見是：「共產黨人只要在反對資本壓迫和爭取無產階級專政的鬥爭中能夠團結一致，就不應當為國界問題，為兩國的關係是採取聯邦形式還是其他形式的問題發生分歧。」列寧還特別強調，在這個問題上要反對「可恥可憎的大俄羅斯沙文主義偏見」，主張「為這些問題發生分歧是不能允許的。這些問題將由全烏克蘭蘇維埃代表大會來解決」。

在這篇文告裡，列寧巧妙地回避了緊張的人事關係，而發出了另一種呼籲。這種呼籲所潛在的目的之一，就是要求因「國界問題」發生爭執，甚至分裂的領導人團結一心，解決好「烏克蘭危機」。在此後的進程中，紅軍在烏克蘭土地上的激戰和推進替代了「國界問題」的言辭

4 編注：鄧尼金（1872-1947），原為俄羅斯帝國將領，於俄國內戰期間成為白軍領袖之一，對抗蘇聯紅軍。

爭論，「可憎的大俄羅斯沙文主義偏見」在戰事勝利的歡呼聲中淡化了。一九一九年最初的兩個月，蘇維埃軍隊先後占領了哈爾科夫、波爾塔瓦、葉卡捷琳諾斯拉夫和基輔。於是，烏克蘭在蘇維埃的幫助下、由中央的決議來建立烏克蘭「獨立國家」條件成熟了。一九一九年三月十日，一個獨立的烏克蘭蘇維埃社會主義共和國在哈爾科夫宣告成立。這時，即使對於列寧來講，「國界問題」早已丟到了一邊，「可憎的大俄羅斯沙文主義偏見」也隨勝利之風飄去了。所以，一九二〇年二月二日，列寧在全俄中央執行委員會的報告中信心十足地宣告：「……全俄中央執行委員會和烏克蘭蘇維埃共和國中央執行委員會之間以前就訂立了條約。這個條約意味著兩個共和國在反對帝國主義國家的鬥爭中結成了親密的聯邦關係。我們在這個條約的基礎上正在建立日益親密的聯盟。」

從此，烏克蘭結束了不是國家的歷史地位，它有了「獨立」、「自主」的名義。此後，烏克蘭在一九二〇年四月成為了烏克蘭社會主義蘇維埃共和國。再之後，它在一九二二年十二月三十日簽署了組建蘇聯的條約，成為蘇聯的一員。烏克蘭共和國根據史達林的「白俄羅斯模式」組建起來了，當時史達林在一系列有關民族問題的講話都盛讚了這種「白俄羅斯模式」，即「蘇維埃自治」的模式。於是，神聖的三兄弟——俄羅斯、烏克蘭和白俄羅斯就成了蘇維埃制度下的「獨立的、自由的、民主的」三位一體了。

第二章
史達林與烏克蘭：權力更迭的場所

一九二〇年初始，殘酷的國內戰爭翻騰風雲開始在克里米亞半島黑海上空的天際消散，但席捲蘇維埃俄國的糧食危機不僅沒有隨之消失，反而日趨嚴重。沒有糧食，工廠開不了工，煤礦採不了煤。沒有工業品，沒有煤，沒有麵包吃，軍隊不可能打仗，國家機器無法運轉。尤其是烏克蘭東南部地區——頓涅茨克、哈爾科夫、奧德薩這廣闊的地區，還有此起彼伏的暴動、騷亂、反抗，還有弗蘭格爾（Pyotr Wrangel）[1]的白軍存在。蘇維埃政府寄予最大希望和視為最可靠基地的烏克蘭仍處在風雨飄搖之中。

早在十月革命前，地處烏克蘭東南一方的頓涅茨克-克里沃羅格礦區和哈爾科夫省就模仿

1 編注：弗蘭格爾（1878-1928），俄羅斯帝國軍官。十月革命爆發後，弗蘭格爾參與白軍，成為白軍領導人之一。被擊敗後出逃土耳其，後流亡法國。

基輔的做法，先後宣布「自治」，成立了權力機構「代表蘇維埃」（後合併成「頓涅茨克委員會」）。但其領導人並不是布爾什維克，而是親立憲民主黨和立憲民主黨人。一九一七年十一月中旬，當基輔的「拉達」政府宣布其權力遍及整個烏克蘭的土地，包括頓涅茨克-克里沃羅格礦區和哈爾科夫省時，「頓涅茨克委員會」當即拍案而起，拒不承認，要求就邊疆區的自治問題進行公民投票。

負責處理民族事務的史達林採取了一個極為有效的辦法，那就是通過所控制的省蘇維埃代表大會讓布爾什維克當上了「頓涅茨克委員會」的領導人，最後宣稱這是「全民公投」的結果。隨即，一九一八年一月底，在哈爾科夫召開的「頓涅茨克-克里沃羅格礦區工人代表省蘇維埃大會」上宣布成立「頓涅茨克-克里沃羅格蘇維埃共和國」，並且通過了參加俄羅斯聯邦的決議。被稱為史達林戰友的阿爾喬姆（Fyodor Sergeyev，又被稱為 Comrade Artyom）成為該共和國人民委員會主席。

這樣一個突如其來的地區性共和國，激起了兩個營壘的強烈不滿，一個是烏克蘭民族主義者，一個是布爾什維克的隊伍。在布爾什維克的隊伍中，反對建立這個共和國卻是幾個核心人物：托洛斯基、斯維爾德洛夫（Yakov Sverdlov）以及列寧本人。時任全俄中央執行委員會主席的斯維爾德洛夫對此舉極為不滿，他明確表示：「這種分裂對於蘇維埃烏克蘭所有無產階級力量的團結來說，是極為有害的事。」而列寧則表示，應當「嚴格遵守蘇維埃烏克蘭的主權和民族問題上的分寸，並且要關注烏克蘭蘇維埃共和國和俄羅斯蘇維埃共和國的鞏固」。至於托洛斯基，他本來就在組建軍隊和南線作戰問題上與史達林針鋒相對、互不相讓，所以就更對這個以煤鐵礦產區為中心組建起來的「共和國」嗤之以鼻，不斷指責其問題的嚴重和已經產生並可能產生的禍端。關於這點，後文要詳細論述。這些布爾什維克領導人所擔心的主要問題是頓涅茨克－克里沃羅格礦區共和國的成立將影響俄羅斯共和國國家安全和鞏固的大業，另外也包含著對史達林不執行列寧、布爾什維克中央指示的擔憂。

而在烏克蘭民族主義者方面，他們也是不願意這一對烏克蘭生命攸關的地區以成立共和國的方式脫離烏克蘭，並進而成為俄羅斯手中的一塊寶地和一種政治籌碼。在《布

一九一八年，議定《布列斯特合約》之會場。（達志影像）

列斯特和約》（Treaty of Brest-Litovsk）簽訂後，烏克蘭蘇維埃共和國在哈爾科夫成立，人民委員會主席是中央書記皮達可夫（Georgy Pyatakov）。皮達可夫隨即與頓涅茨克-克里沃羅格共和國領導人阿爾喬姆進行了及其艱難的談判，而談判的核心內容就是要這個不被蘇維埃中央政府承認的共和國不要獨立其國。

這個共和國雖小，但背後支撐它的力量卻是很大的。所以，在談判中它不僅不馴服，而且要價愈來愈高。一九一八年四月初，阿爾喬姆發表了有關該共和國邊界的正式文告。文告指明，除了原有的礦區外，哈爾科夫省和葉卡捷琳諾斯拉夫省全省、赫爾松省和塔夫利達省直至克里米亞地峽的一些縣以及與這兩個省相鄰近的一些工業縣。這樣一來，頓涅茨克-克里沃羅格礦區共和國的領土就囊括了烏克蘭東南的全部土地——盧甘斯克省、聶伯彼得羅夫斯克省和札波羅結省的全部土地，以及哈爾科夫省、蘇姆斯克省、赫爾松省和尼古拉耶夫斯克省的部分土地，甚至將俄羅斯共和國的羅斯托夫省也包括了進來。首都設在了哈爾科夫。

但是，在其後的歲月中，這個共和國的命運卻沒有以該共和國領導人的意願、也沒有以蘇維埃中央政府的意願轉變。基輔的烏克蘭共和國與德國單獨簽約，走上了一條傳統的歷史之路——請求德國出兵保護這片被稱之為「小俄羅斯」和「新俄羅斯」的土地。於是，在一九一八年其後的歲月中，頓涅茨克-克里沃羅格共和國成了一片戰場，德國、俄羅斯、烏克蘭，還有該共和國地區的民族主義者，尤其是頓涅茨克的民族主義者拼搏的血肉之地。在大國的爭奪和各種力量的較量之中，頓涅茨克－克里沃羅格礦區是承受災難和不幸最嚴重的地區。最後連共和國的首都在哈爾科夫都待不住了，先後遷往盧甘斯克和頓河。

一九一九年一月，史達林操縱下的烏克蘭蘇維埃社會主義共和國在哈爾科夫成立，頓涅茨克－克里沃羅格共和國的命運也就到頭了，二月，俄羅斯聯邦共和國國防委員會通過了將該共和國取消、併入俄羅斯聯邦的決議。

到了一九一九年四月，國內戰爭進入了最緊張的階段，而這時頓涅茨克地區的形勢也變得更為混亂和難以控制，軍隊的情況尤為糟糕，按民族組建軍隊的情況普遍發生。四月十三日，總司令瓦采季斯（Jukums Vācietis）向列寧報告：「……俄羅斯聯邦武裝力量分散為各民族的軍隊，在目前的決定性時刻從各方面來講都是不合適的，對我們的勝利構成極大的危害。」因此，他的結論是要整頓軍隊，建立統一的指揮。他寫道：「今後革命的命運取決於南線和東線戰爭的結局。必須把整個俄羅斯聯邦的力量最大限度地調往這兩條戰線。我們在南線和東線的勝利將使得前俄羅斯帝國的全部疆土都掌握在蘇維埃政權的手中……」五月一日，托洛斯基也向中央委員會報告了同樣的思想：「今後烏克蘭的部隊必須面臨組建正規軍的工作，在頓涅茨克煤田，在西方波羅戰線，在匈牙利或是在烏克蘭南部（萬一又有敵軍登陸），恐怕都要這樣做。」此外，托洛斯基還擔心軍隊中的俄羅斯民族沙文主義：「在前線的肅反委員會、前線和後方的執行委員會、中央蘇維埃機構的工作人員當中，拉脫維亞人和猶太人占的比例很大，而他們在前線的比例都比較小。由於這個原因，嚴重的沙文主義宣傳正在紅軍戰士間蔓延並得到了一定的回應。」對此，四月十八日的俄共（布）中央政治局的回應是：「建議托洛斯基同志和斯米爾加（Ivar Smilga）同志起草有關的報告，並將這個報告作為中央的指示，發給負責在中央和地方組織前線之間調配力量的各個委員。」

總之，無論是瓦采季斯，還是托洛斯基，他們顯然針對的都是史達林在南線組建自己軍隊的做法和他組建的軍隊的散兵游勇及其流竄作戰的方式。與此同時，他們都把烏克蘭的南部，尤其是頓涅茨克地區看成是關鍵地區。對此，列寧也做出了相應的批示：「我們認為完全有必要把**烏克蘭部隊的主要力量集中在頓涅茨克方向和布科維納即車尼夫契方向**。**頓涅茨克方向**的主要任務是消除**最大的危險**。**車尼夫契方向**的任務是**緩和匈牙利局勢**。竭盡全力完成上述雙重任務是烏克蘭同志的職責，就像我們**要集中力量用於東方戰線一樣**。」[2]

也許，一句話可以概括這時布爾什維克隊伍中有關烏克蘭南部，尤其是頓涅茨克地區的鬥爭，那就是：烏克蘭南部，尤其是頓涅茨克地區絕不能獨立、自決，必須屬於俄羅斯，必須處於俄羅斯政府的控制之下。

一九一九年五月，從哈爾科夫到頓涅茨克一片混亂，政局嚴重動蕩。五月七日，列寧給托洛斯基發出了這封電報：「我剛才徵詢了中央政治局的意見，遵照這一意見我堅決贊同您立即火速前往哈爾科夫，務必制止該地混亂狀況並立即增援頓涅茨克煤田。」但是，混亂一直沒有得到有效的控制，烏克蘭東南部以「頓涅茨克-克里沃羅格共和國」形式的分離趨勢並沒有停息下來。一九二〇年一開始，這一潮流就以「該地區是歸屬俄羅斯，還是烏克蘭」的形式再度出現在蘇維埃國家的政治舞臺之上。

為了應付日益嚴重的災荒和解決糧荒，蘇維埃政府決定採取組建勞動軍委員會的決議，而勞動軍的重點實驗地區就是烏克蘭。一九二〇年一月二十一日，列寧簽發了人民委員會的《烏克蘭勞動軍委員會條例》。這個條例規定：「烏克蘭勞動軍委員會的任務是：儘量增加糧食、燃料及原材料的收購量，在各企業建立勞動紀律，向企業輸送勞動力。」由這個任務可以看出，勞動軍委員

一九一八年，托洛斯基在新組建的部隊前。（俄羅斯政治史國家博物館，聖彼得堡／一九一八，達志影像）

2 粗體字為原文件中被加強之字樣。後文同略，不另說明。

會沒有被賦予組建軍隊、作戰行動以及地方權力機構變動的權力。

條例雖然規定給予勞動軍委員會一個不小於集團軍的軍事部隊，但這支部隊的用途是被限定了的，「根據情況將該部隊用作勞動力或強制手段」。根據條例，勞動軍委員會實際上是一個黨政軍混合為一體的組織，在烏克蘭擁有相當大的許可權：地方機關在遵守與俄羅斯和烏克蘭兩個共和國的隸屬關係時，必須「同時服從烏克蘭勞動軍委員會有關成員下達的特殊命令和指示」。條例的一個重要支點是對委員會的領導人做出了任命：「國防委員會特命全權代表、國防委員會委員史達林同志為烏克蘭勞動軍委員會主席。」

作為擁有特權的中央「欽差大臣」，史達林一上任就把自己當成是全權處理烏克蘭一切問題的特使。他上任後簽署的第一份決議顯然就越出了《烏克蘭勞動軍委員會條例》的授權。一九二〇年二月十五日，他簽發的烏克蘭勞動軍委員會的第一份決議卻是有關頓涅茨克地位的，準確地說是有關頓涅茨克地區歸屬問題的決議：「將哈爾科夫省、葉卡捷琳諾斯拉夫省的一部分和頓河軍政府地區組成頓涅茨克省。」

就在這份決議生效的同時，烏克蘭勞動軍委員會就開始按照自己的意志調撥糧食。二月十六日，托洛斯基就此向列寧抱怨勞動軍委員會的工作有問題：「糧食人民委員部駐勞動軍委員會代表穆拉維約夫（Mikhail Artemyevich Muravyov）徒有其名，因為他對省糧食委員會沒有全權。重要的糧食工作因此癱瘓。鑑於目前的運輸狀況和通信設備狀況，中央實際上什麼也領導不了。」二月十七日，托洛斯基再次致信中央委員會表達了對烏克蘭勞動軍委員會的不滿：「應該抵制極為嚴重的官僚主義。為了不光是做試驗，勞動軍委員會應由相當負責的工作人員組成。」

但是，問題並不完全出在糧食問題上，更為嚴重的是頓涅茨克省歸屬烏克蘭問題。原有的頓河區領導人馬上予以反對。所謂原有的頓河區是一塊包括礦區在內更大面積的行政單位，它歸屬於俄羅斯。史達林的決議一出，頓河區執行委員會馬上發布頓河區執行委員會的決議，做出了強烈反應：「頓河區保持原有的老區界。區執行委員會將採取緊急措施將劃歸其他省的所有地方重新劃入界內。」這份決議意味著該區不同意另立頓涅茨克省並將該地區歸屬烏克蘭。

對於史達林的這一決議，列寧等人和全俄中央執行委員會都猝不及防，加之頓河區的反對，全俄中央執行委員會難以馬上就成立頓涅茨克省問題做出決定。直到三月二十三日，人民委員會才開會討論頓涅茨克省的問題。又拖延數日後，四月二日，全俄中央執行委員會才通過了一份成立頓涅茨克省的決議：「人民委員會在今年三月二十三日的會議上承認有必要將煤礦區單獨組成一個特殊的頓涅茨克省，首府設在盧甘斯克。」

但這份決議並沒有明確這個特殊的頓涅茨克省是歸屬於俄羅斯還是烏克蘭。而全烏克蘭蘇維埃中央執行委員會主席團卻在四月十六日做出了明顯把頓涅茨克省視為烏克蘭的決議。這份決議明確規定了頓涅茨克省的省界，除了原先頓涅茨克－克里沃羅格共和國的疆界外，還把塔甘羅格邊疆區等也包括了進來。隨之在烏克蘭的東南部地區有關「頓涅茨克省」的邊界究竟怎樣劃分，以及它應該歸屬俄羅斯還是烏克蘭的問題，紛爭頻起。

一九二〇年四月二十四日，塔甘羅格邊疆區黨代表會議給列寧和加里寧發去了下述電報，表達了對將塔甘羅格劃入頓涅茨克省的不滿：「黨代表會議對圍繞頓涅茨克省和頓河區邊界問題出現的混亂紛爭感到憤怒。盧甘斯克已經根據人民委員會要其服從頓河羅斯托夫的決議電告塔甘羅格：頓河區的區界維持舊有不變。塔甘羅格邊疆區的部分土地在塔甘羅格區革命委員會不知的情況下已經被頓涅茨克省所占領，在那裡盧甘斯克代表對塔甘羅格代表威脅說要動用武力進行逮捕。」從這份電報不難看出，史達林成立頓涅茨克省的決定已經從上層決策的紛爭轉化成為地區領導幹部之間的兵戎相見。

然而，全俄中央執行委員會似乎對地方上的紛爭，和可能出現以強力甚至武器相見的衝突沒有給予足夠的注意。它在四月二十八日做出了一份新的、專門給頓河區執行委員會發去的電報：「人民委員會四月二日的決議已經批准了頓涅茨克省的成立……全俄中央執行委員會的本決議予以確認，希望準確執行。」這份決議列出了歸屬頓涅茨克省的行政單位，包括塔甘羅格以及頓河區的一系列哥薩克村落。

為了震懾和預防對中央執行委員會決議的不服從和反抗，莫斯科內務人民委員部還專門給頓河區執行委員會和塔甘羅格革命軍事委員會發去下述電報：「人民委員會三月二十三日、全俄中央執行委員會三月二十八日和四月二十六日的決議已經將塔甘羅格邊疆區劃歸頓涅茨克省並要其服從盧甘斯克。對此的任何阻撓都是不能容忍的。發去人民委員會和全俄中央執行委員會主席團決議的副本。頓涅茨克省和頓河區界限由地方執政當局準確劃分。」

到此時為止，中央機構、至少是全俄中央執行委員會，顯然接受了史達林單獨成立頓涅茨克省的決定，並給予了上層權力的支援。至於列寧本人，他的基本立場是：頓涅茨克不能自立其國，但可以在烏克蘭共和國的框架內成為一個享有自治權的地區，因為只有這樣烏克蘭才可能有抗擊德國人的統一戰線。關於這點，他在發給頓涅茨克共和國領導人的電報中說得非常清楚：「至於頓涅茨克共和國，請轉告瓦西里琴柯（S. Vasilchenko）、紮科夫（M. Zhakov）和其他同志，無論他們怎樣變著法兒要把自己的區從烏克蘭分離出去，這一地區，按照瓦西里琴柯的地理學，反正要被納入烏克蘭並且德國人終將占領它。因此，頓涅茨克共和國拒絕與烏克蘭的其他部分結成統一的防衛戰線是完全沒有道理的。梅日勞克（Valeriy Mezhlauk）在聖彼得堡，他也同意承認頓涅茨克礦區為烏克蘭的自治區；阿爾喬姆也同意這點，所以頓涅茨克礦區的幾個同志的固執就像是毫無道理並有害的要求，這在我們黨的隊伍中是完全不允許的。」

可見，在關於成立頓涅茨克省的問題上，史達林是符合了列寧的想法的。但是，對於史達林來講，他組建頓涅茨克省還有著個人的恩怨因素。這個因素主要是針對托洛斯基的，一是他認為列寧把組建紅軍的大權交給托洛斯基是冷落了自己；二是他想借頓涅茨克省這塊寶地積蓄自己的力量，以對抗托洛斯基，甚至隱蔽地違抗列寧的指示。關於這點，許多解密的檔案已經證實了。[3]當然，史達林也是聰慧過人的，他組建該省的旗號是徵集糧食和恢復經濟。在公開的講話和文字中依據的是《烏克蘭勞動軍委員會條例》。這就像他在烏克蘭共產黨第四次黨的代表會議上這樣說：「現在，烏克蘭已經打敗了最兇殘的敵人，獲得了解放，擺在我們面前的是另一個同樣重要和複雜的任務——恢復烏克蘭被破壞的經濟的任務。」而恢復烏克蘭經濟的前提和基礎就是得首先恢復頓涅茨克礦區。這是當時從列寧、托洛斯基、史達林到整個蘇維埃政府領導人的共識。

於是，頓涅茨克省成了新時期布爾什維克決策的重點，成為重要於其他地區的首要地區，成為蘇維埃政府所有領導人都寄予希望、期待出現奇跡的經濟發展之區。

但是，頓涅茨克地區的紛爭卻並沒有因為頓涅茨克省的成立而消失，相反卻是持續不斷。塔甘羅格是烏克蘭東南部最好的產糧區，將它劃給烏克蘭顯然是當地的俄羅斯人所不願意的，而頓涅茨克省的成立又是史達林為了解決糧食問題而採取的措施，而糧食的優先供應這一地區不僅引起其他俄羅斯地區，而且也引起烏克蘭的其他地區的不滿。所有這一切最後歸結為頓涅茨克究竟該歸俄羅斯還是烏克蘭的問題，並且造成了紛爭不斷的窘境。最後唯一的辦法就是動用武力或者內務部的力量。

頓涅茨克省應該說是史達林在擔任烏克蘭勞動軍負責人時最重大的政治決策和行動。史達林名義上是在烏克蘭勞動軍的旗號下為解決席捲整個俄國糧食危機徵集糧食。但是，他卻動用武力（自己組建的軍隊）和內務軍來整頓哈爾科夫、頓涅茨克等地的混亂不堪的秩序，並且同時進行了與托洛斯基爭權的鬥爭。但是，烏克蘭勞動軍並沒有能穩定住烏克蘭的局勢，東南部尤其是頓涅茨克地區混亂照常。不僅如此，暴動和起義此起彼伏。在頓涅茨克省成立後，曾經進行過一次人口登記，在有關登記的材料中有這樣的記載：「在每一個縣都有一、兩個鄉，登記無法進行，因為匪徒不是阻撓人口登記，就是把已經登記好的材料毀掉。」對於居民的不滿和暴動，對於塔甘羅格當局的抵制和反抗，來自莫斯科的聲音只是同樣的命令：「關於頓涅茨克省的邊界問題，人民委員會已經決定並且全俄中央執行委員會也已經批准。任何變動或者偏離都決不可能。塔甘羅格歸屬頓涅茨克省。」這是一九二〇年五月三日全俄中央執行委員會對上述一切異議和反抗的最終回答。

對於史達林在頓涅茨克省的集權和該省幾乎凌駕於整個烏克蘭之上的狀態，托洛斯基自然不滿，不斷向列寧反應那裡的局勢，意在指責史達林的不當和過錯。一九二〇年四月二十六日，托洛斯基給列寧的電報：「烏克蘭的局勢應予以特別關注。土匪活動十分猖獗。加利西亞的兩個旅暴動，槍口對準了我們。除採取軍事措施外，還應開展廣泛的思想工作。應當馬上抽調很

3 我在《十月革命——陣痛與震蕩》（廣東人民出版社，二〇一〇年）一書中有過詳述，這裡從略。

多地方工作者去烏克蘭。同樣也必須調去中央部門一些堅定的工作人員。我們不允許烏克蘭出現新的『誤會』，這次如出現『誤會』，付出的代價將會十分高。我建議採取堅決果斷的措施。」鑑於史達林以勞動軍的名義不僅在頓涅茨克，且在整個烏克蘭行使自己的權力，因此托洛斯基的這些批評顯然是針對史達林及其勞動軍的。

十一月二日，托洛斯基在致政治局委員的信中，全面分析了烏克蘭的形勢，而其重點主要放在了勞動軍問題上。他寫道：「在工業和經濟方面，一般來說唯一的出路就是使烏克蘭勞動軍委員會成為一個強大的經濟中心。在消滅了弗蘭格爾之後，這樣做是完全有可能的。而且目前所有的地方經濟組織都特別傾向於烏克蘭勞動軍委員會，因為只有在地方機關加強協同動作的情況下，烏克蘭的經濟才能得到恢復。」但是，托洛斯基並不滿意烏克蘭勞動軍委員會的工作，接下去寫道：「烏克蘭的鐵路運輸很糟。弗蘭格爾分子和彼得留拉分子的惡勢力還遠遠沒有被清除。他們利用一切『合法機會』進行暗中破壞。莫斯科中央很難對所有這一切進行監督。此外，為了同所有這些現象作鬥爭，必須全面促進烏克蘭勞動軍委員會的工作。」

托洛斯基還集中講述了史達林親自抓的頓涅茨克煤田的狀況：「至於頓涅茨克煤田（沒有這個煤田，無論是烏克蘭，還是全俄都不能恢復經濟），必須立即派一個非常有權威的、跨部門的委員會擔負頓涅茨克省煤炭工業的整個管理工作，尤其是對該省的黨組織工作進行調查和整頓。頓涅茨克省目前毫無疑問是全國最重要的一個省，而就其組織來講都差不多名列末位。」

托洛斯基在指出烏克蘭勞動軍委員會的機構分設各處，各機關之間又不斷明爭暗鬥，頓涅茨克煤田處於無人管理的狀態之後，提出派工作組對頓涅茨克煤田進行整頓：「只有最有威信、最有權力的工作組才能消除目前混亂狀態，保證恢復頓涅茨克煤田的工作。」他提出的工作組人員名單包括他自己（代表交通人民委員部）、最高國民經濟委員會、勞動人民委員部、糧食人民委員部、普遍勞動義務制推行總委員會和組織局、烏克蘭人民委員會、烏克蘭共產黨中央委員會的代表組成。在信的末尾，托洛斯基表示：「根據我所掌握的資料，我不懷疑這樣的工作組在地方上工作幾天之後，是能夠強有力地提高頓涅茨克煤田的產量。我認為，在這封信中提出的所有問題中，這是一個最緊迫的問題。」

托洛斯基的矛頭明顯指向史達林，新的工作組中不包括史達林，其入駐頓涅茨克煤田就是要把史達林的大權奪過來，徹底否定史達林主持的烏克蘭勞動軍委員會的工作。十一月十五日，托洛斯基又因人民委員會決議將頓涅茨克省中心留在盧甘斯克一事，再次表示了對頓涅茨克省事務的不滿：「烏克蘭中央委員會、烏克蘭人民委員會、烏克蘭中央執行委員會和烏克蘭勞動軍委員會一致認為，必須把省中心從盧甘斯克遷往巴赫姆特，然而俄羅斯聯邦人民委員會卻在沒有徵求烏克蘭人民委員會的意見，也沒有預先提出要重新考慮問題的情況下，撤銷了這一決定。本來以為是由於受頓涅茨克蘇維埃組織和黨組織一致意見的影響，俄羅斯聯邦人民委員會才做出這樣的決定的。但是今天在我出席的頓涅茨克省黨代表會議上，以二十四人同意、七名盧甘斯克人反對的結果通過了關於將省中心遷至巴赫姆特的決定。這就存在一個很大的問題，俄羅斯聯邦人民委員會是怎樣做出這一決定的？請中央查明，議題是由誰提出的，未徵求哈爾科夫的意見如何能做出這一決定，因此我擔心是有人在這個問題上誤導人民委員會。」

將頓涅茨克省的省中心繼續留在盧甘斯克，還是遷往巴赫姆特，實際上仍是頓涅茨克省這片最重要的煤鐵礦產區歸屬俄羅斯還是烏克蘭的問題。烏克蘭人的想法是，既然頓涅茨克省已經歸屬烏克蘭，那它的一切事務就均應有烏克蘭自己來解決，將省中心遷往巴赫姆特就是為了使俄羅斯的影響遠一點、淡一點；而俄羅斯雖然最後同意了史達林成立頓涅茨克省的決定並同意它歸屬烏克蘭，但內心總是不甘，總是希望仍然控制和操縱頓涅茨克省的事務。所以，在其後的數十年中，俄羅斯不斷強化了對頓涅茨克、對由哈爾科夫、盧甘斯克和頓巴斯組成的烏克蘭東南部這塊寶地的控制，用強力，甚至武力推行的「蘇維埃-俄羅斯化」的結果是：雖然頓涅茨克、哈爾科夫、盧甘斯克和頓巴斯在行政區劃上是屬於烏克蘭的，但在蘇聯領導人和許多蘇聯人看來，它們依然是俄羅斯帝國的「新俄羅斯」，是俄羅斯國家的利益所在。

現在看來，史達林成立頓涅茨克省當時是有三個因素決定規定：一是，蘇維埃俄國所面臨的戰爭、災荒和暴亂不止的大環境所決定的；二是，史達林和托洛斯基在組建紅軍和權力方面爭奪的小氣候所產生的必然結果；三是，列寧對史達林和托洛斯基之間爭鬥採取「和稀泥」的立場所決定的，在用人之際，面對兩個個性極強、能力非凡的手下，他誰也不得罪，不能得罪也無法得罪。

如果說頓涅茨克省的成立在當時就影響很大的話，那這一事件對蘇聯歷史進程的影響就更為深遠和嚴重。史達林留下了一個十分沉重的遺產，這也有三點：一是，包括頓涅茨克、盧甘斯克和哈爾科夫在內的烏克蘭東南部成了蘇聯一個極為特殊的地區，是歷代蘇聯領導人都曾經歷過的煉獄，它在政治、經濟和軍事方面的實力對於平衡烏克蘭的整個局勢，甚至整個蘇聯的國家狀況都有著舉足輕重的作用；二是，在數十年的時期內，工業的擴展、國防的部署、太空的競賽，使這裡成為蘇聯最為發達的地區，其雄厚實力和開發前景使其具有了不可捨棄性，但同時也具有針鋒相對的抗爭性；三是，俄羅斯民族人口的大量集中，他們成為這一地區政治、經濟、軍事和社會各個方面的中堅力量，親俄的、大俄羅斯主義的，甚至是大俄羅斯沙文主義的情緒和發展趨勢成了這裡時代的風向標。

蘇聯時期，這一遺產只是個繼承的問題，或者說是繼承得好壞的問題。而當蘇聯不復存在，一個蘇聯時代從沒有想像過和真正出現過的獨立烏克蘭橫空出世後，這遺產就不是個繼承的問題了，對這遺產的重新衡量、否定和改變這一遺產的正統性和權力的歸屬問題了。

最後，還需要補充一點。在蘇聯的領導人中，除了史達林與頓涅茨克有密不可分的關係外，歷屆領導人都與這塊風水寶地有過難以說清的淵源。

事實上，列寧的「勞動軍」政策是與托洛斯基一起制定的，其主要目的是：動員和改編軍隊為勞動大軍，來進行經濟的恢復工作。而勞動軍的總負責人是托洛斯基，儘管史達林在烏克蘭擁有「勞動軍」的大權，這也成了他們紛爭不斷的緣由之一。為了保證頓涅茨克煤的開採，一九二〇年三月三十一日，俄共（布）中央政治局還做出決議，成立了烏克蘭勞動軍頓巴斯野戰司令部。托洛斯基還受列寧委派專程到當時叫做「尤佐夫卡」的頓涅茨克視察了四天。回來後，他寫了一篇文章〈俄國，幫助頓涅茨克的礦工！〉其中有這樣的話：「我們現在有可能把主要的注意力放在經濟問題上。在這個領域中燃料問題是首當其衝的。現在，頓涅茨克礦工決定著我們的鐵路、水運、工廠和城市鄉村的命運。頓涅茨克煤田應該給工農國家提供比現在多一倍、二倍、三倍的煤炭。為此，現在需要做的第一件事就是讓頓涅茨克的工人有飯吃，有衣和鞋穿。現在沒有，也不可能有比這更重要、更刻不容緩、更神聖的任務了。」

列寧還主持成立了人民委員會屬下的「頓涅茨克煤田問題全權委員會」，並責成委員會主席托洛斯基起草了關於頓涅茨克煤田的決議：保證對煤礦工人的供應，改善他們的生活，中央各部委對頓涅茨克提供各種方便，將所有在該地區的勞動力量和部隊力量組成「頓涅茨克勞動軍」等。

所以，就個人關係而言，列寧和托洛斯基與頓涅茨克的關係，就是他們竭盡全力使癱瘓的頓涅茨克重新轉動起來，成為全國經濟恢復一個不可或缺集煤炭開採和機械製造為一體的重工業基地。

無論從出身、經歷，還是政治生涯來說，赫魯雪夫（Nikita Khrushchev）在蘇聯的領導人中是與頓涅茨克淵源最深的一個人。他在「尤佐夫卡」當過鉗工，當過十幾年礦工，幹過礦井的黨組織工作，還上過「尤佐夫卡」的工人專科學校。「尤佐夫卡」、煤礦，成了他終身的政治資本。所以，他把回憶錄的第一部乾脆就起名為「從煤礦到克里姆林宮」。這個政治資本也成了他驕傲和獨斷獨行的源泉。他曾經對繪畫和雕塑亂點鴛鴦譜，這引起了畫家和雕塑家的不滿，指責他不懂藝術。他當即斥責說：「我當礦工那會兒，是不懂。我當黨的基層幹部時，也不懂。在我按部就班升遷的每一級上，我確實不懂。而我現在是部長會議主席和黨的領袖了，難道我還不懂嗎？」

赫魯雪夫對頓涅茨克懷有特殊的情結。他在回憶錄中這樣寫過：「置身在烏克蘭人當中，我仍感到有某種隔閡。雖然我懂得烏克蘭語，但我從來沒有達到能夠用它來發表演說的程度。」所以，一九三八年，當史達林派他重回烏克蘭工作時，他竟然說了這麼一句話：「派我一個俄羅斯人到烏克蘭去沒有什麼意義。」

赫魯雪夫和頓涅茨克的關係千絲萬縷，一句話：煤礦區尤佐夫卡成就了赫魯雪夫，也斷送了他的政治生涯。

關於勃列日涅夫（Leonid Brezhnev）和戈巴契夫（Mikhail Gorbachev）也可以說上幾句。勃列日涅夫執政十八年，只去過一次頓涅茨克，目的並不是考察調查當地的情況，而是一種「盛世巡行」。一九六七年一月七日，正是俄國傳統聖誕節的那一天，勃列日涅夫來到了頓涅茨克。當地領導人隆重歡迎，接待室布置了一些新傢俱，積極分子集會高呼「烏拉」[4]，會後有華美的演出和盛宴，而保衛人員在總書記身邊左右不離。

勃列日涅夫酷愛飆車，他本來想從頓涅茨克飆車去日丹諾夫市，當地黨的負責人驚訝得對他說：「這絕不行！這裡沒有高速公路！」勃列日涅夫這次訪問頓涅茨的結果是，這裡很快建起了一條「頓涅茨克-日丹諾夫高速公路」，但這位總書記卻再也沒有來過頓涅茨克。

戈巴契夫在一九八九年二月訪問烏克蘭時，曾經到頓涅茨克和那裡的礦工見過面。他執政後推行加速經濟發展的政策，也曾寄希望於頓涅茨克這塊傳統寶地，但是在民族問題頻發，一系列加盟共和國紛紛要脫離蘇聯的情況下，他對頓涅茨克已經鞭長莫及了。

也許可以說，從領導人與頓涅茨克的關係來看，頓涅茨克見證過俄國和蘇聯的興衰、俄烏兩國的分分合合，而且還在見證著這一切。

4　編注：烏拉（Ура!），是蘇聯及俄羅斯軍人在閱兵時會發出的聲音，以此表示必勝的信心。

第三章
「契卡」和「紅色恐怖」活動的主要場所

蘇維埃政權自上而下的推進，一開始就是依靠「契卡」這個擁有無限權力的懲罰機構。「契卡」（Cheka）全稱是「全俄肅清反革命和怠工非常委員會」（The All-Russian Extraordinary Commission），其職能就是用槍決和嚴酷鎮壓的辦法鎮壓一切反對蘇維埃政權的人，在布爾什維克領導人的眼裡，除了布爾什維克以外的一切黨組織及其成員、不願與蘇維埃政權合作的政府工作人員、沒有餘糧可交、不滿意餘糧徵集制的農民、沒有口糧不得不背著口袋到農村尋找糧食的工人都是人民之敵，都應該予以無情的鎮壓。「契卡」是一個凌駕於一切政府機構之上，擁有只聽命於列寧且超越一切權力的組織。

「契卡」這種鎮壓活動的實質就是用「恐怖」來震懾、動搖人心，最後讓人屈服於實施恐怖的專權和暴力。布爾什維克黨從不諱言這種恐怖，反而以這種恐怖為榮，為能執行這樣的恐怖而自喻為無產階級革命的天之驕子。列寧本人也是「恐怖」的推崇者和身體力行者，他把「恐怖」稱之為「群眾恐怖」，這個「群眾恐怖」不是指對單個敵人的恐怖，而是對一切被稱之為敵人的群體、階級的恐怖。對蘇維埃政權來講，一九一八年是個危機四伏的年分，德國人的進攻、國內戰爭的火熱、餘糧徵集引起的暴動、此起彼伏的騷亂令蘇維埃政權處於風雨飄搖之中。

一九一八年九月五日，全俄中央執行委員會通過了《紅色恐怖》法令：

人民委員會在聽取了肅清反革命非常委員會關於該委員會的活動報告後，認為，在當前局勢下實施恐怖來保證後方是極端需要的；為了加強全俄肅反委員會並在該委員會中貫徹更大的計畫性，必須將盡可能多的黨的負責同志派往該委員會；必須用將階級敵人關押在集中營的辦法來孤立他們並以此來保衛蘇維埃共和國；必須槍斃與白衛組織、陰謀和騷亂有聯繫的人；必須公布所有被槍斃者的名單以及對他們採取該項刑罰的理由。

這份《紅色恐怖》法令以國家法令的形式列出了恐怖的手段：關押集中營和槍斃，並且確認了這種恐怖是國家極端需要的。如果說在此之前的「契卡」的恐怖實施是沒有法律依據的話，那現在它的恐怖就是有法可依、據法而行的了。

布爾什維克的這種先是無法、後是有法而實施的恐怖引起了極為廣泛的不滿和抗議，並在《紅色恐怖》法令實施後的一個多月中達到了聲勢浩大的高潮。連全俄肅反委員會也無法否認，它在一九一八年十月十六日給俄共（布）各省委員會的信中寫道：最近以來，「開始了一場反對肅反委員會的行動」。但是，全俄「契卡」認為這是敵人的破壞，「從我們的觀點來看，這是小資產階級對無產階級戰鬥機關非常有害的一種影響，這種影響將使肅反委員會化為烏有，反而使反革命的資產階級以輪番攻擊的方式在很多組織中能夠得逞。」全俄「契卡」的反應是：「契卡」不僅不能削弱，而是應當強化；恐怖手段不僅不能停止，而是應當「從決議轉向真正的執行」。

布爾什維克的領導人，包括列寧在內都是支持全俄「契卡」的意見，這在這封信中寫有相關的文字：「於是，我們黨中央站在全俄肅反委員會的立場上，今年十月二日做出決議：『肅反委員會是中央權力機關的基礎，全俄肅反委員會服從於蘇維埃人民委員會和全俄中央執行委員會，而各地方的肅反委員會服從於全俄肅反委員會，擁有向中央執行委員會報告工作情況的義務。』這是對無產階級唯一有利的決定，它使這些機關政權任何時候都能迅速進行有力的打擊活動。」

俄共（布）中央的決議絕對地重申了「契卡」只聽命於中央的權勢地位，各省分和地區的「契卡」不屬地方管轄，因此，全俄「契卡」在這份給各省「契卡」的信件中發出的是強化地方「契卡」的指示：「同時我們要使各省委員會注意，希望它注意肅反委員會的全體成員，主要是縣城裡的。如果這種小資產階級的影響得到消除，那麼肅反委員會在下次的爭論中，就會成為比他們在列寧同志遭到謀害後的日子裡強大十多倍的機關。」

《紅色恐怖》法令所強化和加速的「契卡」地方化的進程，在烏克蘭如火勢燎原般地發展起來。

早在一九一八年七月，列寧在把烏克蘭視為鞏固和發展蘇維埃政權的重地時，就指令全俄中央執行委員會主席斯維爾德洛夫在烏克蘭火速成立「契卡」，但由於紅軍的動蕩，蘇維埃政權的不穩定，烏克蘭一直沒有名副其實的「契卡」。直到同年十二月三日，根據全俄中央執行委員會的決定，全烏克蘭「契卡」才正式成立。其後，「契卡」的烏克蘭化進程就極其迅速：不僅大地區、大邊區遍布「契卡」組織，而且小城鎮、小村莊都有了「契卡」。下面這個數字是很能說明問題的：到一九一九年二月初，僅在哈爾科夫地區就有五十一個「契卡」組織，在車尼哥夫地區就有十九個「契卡」組織，而到了五月，「契卡」就遍布烏克蘭全境的所有省分和鄉鎮。

「契卡」人員都有一種捷爾任斯基（Felix Dzerzhinsky）[1]式的「革命激情」，或者說是偏見：似乎俄羅斯人天生就有解放和拯救他人的「使命」。這正如當時最高革命法庭庭長克雷連科（Nikolai Krylenko）所說的：「好像肅反工作者都是一些拯救革命的壟斷人員。」烏克蘭「契卡」一開始就具有一個十分特出的地方，那就是「契卡」的絕大多數工作人員都不是烏克蘭族人，而是集中了各個民族的人員：猶太人、拉脫維亞人、德國人、波蘭人、俄羅斯人、匈牙利人、日本人，甚至還有為數不少的中國人。這種非本族人員的之多之雜在蘇維埃政權的其他省分的「契卡」組織中是少見的。從「契卡」的人員總構成中來看，各省分的「契卡」人員的非本地民族人員占多數，也許這是俄國歷史上「以俄羅斯人治非俄羅斯人」的統治術遺產的再現。

烏克蘭的這支多民族「契卡」隊伍一開始就以「契卡」特有的堅定性、無情和殘酷性著稱，尤其是拉脫維亞族的「契卡」工作人員，他們以忠於捷爾任斯基的「火與劍」的事業著稱。但是，在烏克蘭普遍建立了「契卡」後，動蕩、充滿危機和殺機四伏的局勢並沒有得到緩和。烏克蘭人民委員會主席拉科夫斯基（Christian Rakovsky）卻

捷爾任斯基（中坐者）以建立和發展蘇聯祕密警察部隊「契卡」聞名。（達志影像）

1 編注：捷爾任斯基（1877-1936），波蘭裔白俄羅斯人，職業革命家，為「全俄肅清反革命及怠工非常委員會」（通稱「契卡」）的創始者。

認為烏克蘭「契卡」領導人不得力，上書列寧要求派更強悍、更無情、更決斷的人來基輔主持「契卡」的工作。他的信是這樣寫的：「如果可能的話，把拉齊斯（Martin Latsis）派過來，同時再給我們派一支由拉脫維亞人組成的隊伍來。」這一建議正符合列寧的想法，因為列寧認為拉科夫斯基這個人太軟弱。於是拉齊斯就來到了烏克蘭，身兼全烏克蘭「契卡」總負責人和基輔「契卡」領導人的雙重職務。

拉科夫斯基之所以寄希望於拉齊斯就是因為他是拉脫維亞人。此時的拉齊斯已經是全俄「契卡」威震一時的領導人之一，是與捷爾任斯基、亞歷山德羅維奇（Mikhail Aleksandrovich Trilisser）一起的「契卡火與劍」的三劍客。他力挺死刑，力挺把肅反委員會變成名正言順的蘇維埃執法機構。一九一九年四月，拉齊斯到任烏克蘭後的重大之舉就是以隨他同來的由一百人組成的特別隊伍為核心，擴建了原有的「全烏『契卡』特別軍團」，並親自為這個軍團寫了一系列宣傳鼓動文件。〈契卡——特別軍團的革命哨兵——它的紅色之劍〉一文是以該軍團政治部的名義發布的，拉齊斯在文中激昂慷慨地講述了他領導的「契卡」要在烏克蘭做什麼事和怎樣做。

他開宗明義地說，「契卡」的任務就是高舉「紅色之劍」：「在正在進行的這場非生即死的鬥爭中，不可能半途而廢和動搖不定。非常革命時期的非常局勢要求非常措施。革命之劍要重重地和毀滅性地砍下去。被授予這把劍的手應該堅定且毫不動搖地將銳利雪亮的利刃插進反革命的多頭怪獸。要將這多頭怪獸的腦袋砍得再生長不出新的來：必須徹底拔掉資產階級這個蛇身怪獸的毒刺，而如果需要，就撕破它貪婪的嘴，將其開膛破肚。」

拉齊斯的這些話字裡行間都冒著殺氣和噴淋的鮮血。在這裡他提出了「契卡」人的「新道德觀」、「新人性」：「對於我們來說，沒有也不可能有資產階級為了壓迫和剝削『下層階級』而杜撰出的舊道德規範和人性。我們的道德是新的，我們是絕對有人性的，因為它們植根於消滅一切壓迫和暴力的光明理想之中。我們做一切事情都會得到寬恕，因為我們是世界上首次舉劍不是為了去奴役和壓迫他人，而是為了使所有人擺脫壓迫和奴役。」

為此拉齊斯讚美鮮血和無窮盡的死亡：「流血？那就讓血流淌吧，如果血能將強盜般舊世界的灰白黑三色旗子染成鮮紅的色彩的話。因為只有這個世界完全的、徹底的死亡才能斷絕那些豺狼的復活，對於這些豺狼我們要打死，打死，決不能姑息，無論如何也要一勞永逸地打死。」

而在〈手別發抖〉裡，拉齊斯則表述得更為淋漓盡致：「誰在與蘇維埃政權相抗爭？——資產階級。誰在磨刀霍霍對準她？——資產階級。誰在想用瘦骨嶙峋的饑餓之手窒息她？——資產階級。誰在破壞我們的交通，誰在破壞我們的道路，誰在讓我們陷於絕境？——資產階級。誰在阻礙把糧食和武器運給我們的紅軍，誰在以此削弱它的戰鬥力，誰在希望它遭遇死亡和折磨？——資產階級。而工人、農民和紅軍戰士在哪裡呢？他們在瞧著什麼？他們在等待什麼？

他們為什麼不去殺死自己的世代死敵——資產階級？不，他們在戒備著。他們在用打擊還擊打擊。他們為這場鬥爭創建了肅反委員會並給予自己槍殺每一個白衛分子，每一個反革命分子的權力。在消滅反革命分子時，別讓手發抖！讓它的鬥士、全烏『契卡』特別軍團的紅軍戰士們忠貞不渝和堅忍不拔。肅反委員會和特別軍團萬歲！拉齊斯。」

拉齊斯的這種思想和理論是與契卡總負責人捷爾任斯基的概念與邏輯完全相同的。一九一八年九月三日，捷爾任斯基就下達過這樣的命令：「讓工人階級用群眾恐怖來壓碎反革命分子！讓工人階級的敵人知道，每一個手執武器被抓到的人將被就地槍決，每一個敢於哪怕進行一點反對蘇維埃政權宣傳的人將被立即逮捕並關押進集中營。」

在拉齊斯的全權組織下，全烏「契卡」特別軍團就成了一支擁有兩萬四千五百名騎兵和步兵的龐大隊伍。當時，烏克蘭人對蘇維埃的不滿矛頭都對準了「契卡」，騷動和暴動頻發。這在拉齊斯上任伊始，即一九一九年五月六日給這支部隊下達的命令中反映得很清楚：「我們現在得不到居民的廣泛支持，獲得的只是他們的仇恨。甚至我們同夥圈子也有點在斜眼瞧著我們，雖然他們常常誇我們，但多數卻是不應有的指責。」所以，重建後的全烏「契卡」特別軍團的主要職能就成了懲罰和鎮壓烏克蘭的老百姓。由此開始，那種「無法殺人」、「隨意殺人」、「『契卡』賦予自己殺人權力」的現象在烏克蘭全境普遍發生。在拉齊斯親自主持的基輔「契卡」工作中，僅從一九一九年四月至八月，就有一萬人被鎮壓。根據拉齊斯本人的材料，僅一九二〇年全年，就有四萬四千七百五十人被捕，三千八百七十九人被殺，二十一人被捕後身亡。

烏克蘭的「契卡」不僅有全烏「契卡」特別軍團，而且它的分支機構、組織遍布權力機構、部隊和各種社會組織之中。拉齊斯所極端強化的「契卡」行動，事實上也不是他自己的獨創。在當時烏克蘭全境蘇維埃政權面臨岌岌可危的危機時，中央所有的領導人都認為必須在烏克蘭加強全面的懲罰和鎮壓行動。置身於軍事鬥爭和組建軍隊第一線的托洛斯基尤其強調了要對烏克蘭的大城市進行沉底的「清洗」。一九一九年八月六日，他在就南線戰事給列寧的電報中這樣要求：「……在後方尤其是大的城市中心：基輔、奧德薩、尼古拉耶夫、赫爾松，來一次徹底的清洗。我認為，為達此目的，迫切需要從莫斯科派來五百名區級工作者，從其他安全地區派來若干共產黨員小分隊，總數在一千五百至兩千人。這些人中可以有一些絕對可靠的肅反人員小分隊。」俄共（布）中央政治局當天就同意了托洛斯基的請求：「會議決定，在莫斯科各區動員約五百人組成負有特殊使命的小分隊。」

托洛斯基不斷強調，此事攸關蘇維埃政權在烏克蘭的存亡，「如果我們還想守住烏克蘭的話」。八月十一日，托洛斯基在給中央的電報中再次強調這種「清洗」的必要性：「當然，我們不等答覆（這個問題的答覆是再清楚不過的了），就通過烏克蘭中央政治局發出指示，要採取一切措施，通過挨門挨戶地搜查等辦法，對奧德薩、尼古拉耶夫、赫爾松和基輔進行清洗，與此同時，在黨內進行鼓動，打出不惜一切代價堅守陣地的口號。」

有中央的指示，有全俄「契卡」的授權，有拉齊斯和他的特別軍團的全力工作，無論是紅軍對白軍的戰鬥、餘糧的徵集、對哥薩克的驅逐，還是對農民騷亂、暴動的剿滅及對不同政見者的鎮壓，在烏克蘭都是以「富有特殊使命的小分隊」執行的。「契卡」成了烏克蘭布爾什維克政權建立進程中的支柱，紅色恐怖成了推動烏克蘭蘇維埃歷史前進的基礎動力。

「契卡」的「清洗」是嚴重的、無法的。一九一九年三月二十二日，葉卡捷林諾斯拉夫的蘇維埃工作人員戈普涅爾（Serafima Hopner）在給列寧的信中描述了這種狀況：「長時期以來，司法人民委員赫梅利尼茨基徒勞地想從肅反委員會瞭解一個根據肅反委員會的決議被監禁和被槍殺者的情況。赫梅利尼茨基在施加了最大壓力、無數次沒有結果的索要材料、甚至對肅反委員會領導人進行威脅之後，才得到了閱讀被捕者案件材料的機會。結果發現，百分之五十多已被拘押監禁的人員的案件卷宗裡，只有逮捕令。但無論赫梅利尼茨基採取什麼辦法，甚至連肅反委員會領導人自己，都無法確定絕大多數被監禁者當初被捕的原因。肅反委員會牢牢地控制著落入其手中的人，只有在個別情況下才將有關的案件轉交法庭，而事後由肅反委員會提供有關被槍斃者的材料遠遠不是全部。而且，肅反委員會強烈地抵制哪怕是一點點想從監獄中放人的企圖，雖然它對那些人提不出任何指控。它對大多數人無論如何也不可能提得出指控，它已迷失於自己偵緝人員的肆意妄為和毫無根據的逮捕密網之中。」

這些文字陳述的是普遍存在於烏克蘭全境的「契卡」行動下的紅色恐怖狀況。這封信件中，還詳細講述了葉卡捷林諾斯拉夫的具體情況，特別是列舉了當地「契卡」負責人瓦利亞夫卡的所作所為以及他作為一名「契卡」人員的心理特徵：「領導肅反委員會的是老資格的黨工作者瓦利亞夫卡，這是個固執、笨拙和殘酷無情的人。他性格暴躁，非常自信，缺乏冷靜，從不聽取別人的意見，只顧自己講話，準確地說是大喊大叫。他最基本的政治素養就是不講原則，沉湎於自己的無所不能，只是渴望『消滅』別人。」

戈普涅爾認為這種情況不止於葉卡捷林諾斯拉夫，而且遍布整個烏克蘭。她稱這是「悲劇」，而且正是這悲劇造成了人心的背離和反抗。她寫道：「在葉卡捷林諾斯拉夫重演了在其他被占領的州裡出現過的悲劇：居民們曾經隆重歡迎我們的部隊，渴望蘇維埃政權建立後給他們帶來有利的變化，但對我們來說非常不幸的是，他們看到的僅僅是肅反委員會的積極活動。這種活動顯然引起了居民的失望，他們曾經飽受苦難，又滿懷希望。這種活動也助長了在當地一些工廠裡有相當大影響的反革命勢力和孟什維克[2]的聲勢。」因而，戈普涅爾得出的結論是可怕的、殘酷的：「我斷定，地方肅反委員會根本沒有為同反革命作鬥爭和查明奸細做出什麼

2 編注：孟什維克，俄國社會民主工黨的派別。由馬爾托夫（Julius Martov）領導，因在俄國社會民主工黨第二次代表大會與列寧意見分歧，在一次重要投票中處於少數，而被稱為孟什維克（俄語「少數派」之意）。一九二一年，蘇維埃政府頒令孟什維克為非法；一九二四年，孟什維克黨宣布解散。

貢獻。我在對一些被再次占領的州進行巡視期間，非常突然地得出一個結論，那就是匆忙在這些地方建立的肅反委員會完全無力同反革命作鬥爭，它自己可能也不願意進行這種鬥爭，而成了反革命的促進因素和前哨陣地。」

紅色恐怖時期烏克蘭「契卡」的活動可以集中在「剿匪」這兩個字上：地主富農是匪，哥薩克是匪，不滿於餘糧徵集制的農民是匪，白軍是匪，一切對蘇維埃政策持有異議的黨派、團體，甚至知識分子也都是匪。儘管烏克蘭已經有了拉齊斯領導的「契卡」，有了上述超越一切權力和法制的紅色恐怖行動，但卻是匪剿不清，局勢依然動蕩不定。這種局面令俄共（布）中央不滿，在對「契卡」進行某種約束還是維護「契卡」的權威、允其繼續照舊活動的嚴重決策之後，決定重申「契卡」作為執政基礎的權威並強化「契卡」的職能。

對於這種局勢，「契卡」內部的領導人一直持強硬的立場，面對戈普涅爾所說的「悲劇」，他們認為「悲」得還不夠，「劇」得還不深。他們也紛紛向中央進言：要強化對「契卡」的集中領導，無法殺人是必需的，譴責革命法庭的權力。全俄肅反委員會委員莫羅茲（Grigorij Moroz）就對捷爾任斯基進言：「……肅反委員會的權力和職能被以非正式途徑授予偵查委員會和革命法庭，決議在最高級別上是不正常的，違反了蘇維埃機關總的組織布局。」當時，國防委員會駐南方戰線的全權代表別洛博羅多夫（Alexander Beloborodov）則大聲疾呼：「契卡」不能受法制和法庭的約束：「我們同頓河反革命勢力的鬥爭竟然是借助於革命法庭進行的，我認為這是極為幼稚可笑的，是犯罪性的輕率。革命法庭審判了被我們抓住的投敵分子和明顯的反革命分子，其中（極小的）一部分被槍斃，一部分被送去強制勞動（想想看，這就是懲罰），還有相當多一部分被釋放，被和和氣氣地放走了。這種幼稚可笑的行為應該結束，越快越好。必須組織肅反委員會，儘快結束法庭的連篇空話。鎮壓反革命分子的基本行為準則是：不是對被抓的反革命分子進行審判，而是對他們進行大規模的鎮壓。」

全俄「契卡」的最高領導人捷爾任斯基就是在這種氣氛和環境中於一九一九年四月到烏克蘭去領導「剿匪」鬥爭，掛帥烏克蘭的「契卡」活動。關於這項工作，捷爾任斯基在一九二〇年五月十四日給駐守莫斯科的全俄「契卡」副主席克謝諾豐托夫（Ivan Ksenofontov）發去一封信，通報了他在烏克蘭活動的情況。他承認，他在烏克蘭的工作沒有取得大的成果：

> 遺憾的是，我在這裡的使命不可能有重大的成果。如果想要有所成就，那就應當在這裡待下來長期工作，日復一日地克服紀律渙散和紙上談兵現象，而不僅僅是提好的建議，發指示和命令。**烏克蘭必須征服，但只有不是短暫來到此處的中央工作人員經常不斷的頑強工作才有可能……**為此必須成立一個至今沒有的機構。應當創建祕密作戰部。首先必須提出有別於俄羅斯在農村建立偵察部隊，沒有這支部隊以作戰來驅散匪徒就是有害的行動，**因為在匪徒被驅散的同時，沒有追隨他們的居民就會起而反對我們。還有，我們各處委員會的糧食狀況，恰如全國**

所有委員會的狀況一樣，是可怕的。這是我們軟弱無力之所在。我將竭力借助於已經合法的（有組織的）背口袋的途徑來消滅這種狀態，但我不知道是否有成效。

總體說來，我們的「契卡」不得不在這裡像是在別人的國家裡工作。地方上頑固不化的共產黨員們總是盡力要攆走外來者，注視著他們的一舉一動並且在盡力攆走他們。在這裡逗留更長時間的想法縈繞於我腦際不去——不是為了巡察。在這裡紮下來，有俄共中央委員會當後臺，**我可以在兩、三個月內把「契卡」鞏固起來，使它免於烏克蘭化。**

如果同意。請到中央委員會去談一談。我不善於巡察。您在全俄「契卡」中沒有我也能玩得轉，而勞動軍總委員會的主席可由索寇里科夫擔任。

我不反對大規模搜查——它們營造的是所必需的心理狀態，但是應當制定搜查的計畫，否則不會有好處。我認為在火車、輪船等交通運輸上進行監控是非常重要的。

捷爾任斯基的這封信說明了很多問題：一是，儘管有拉齊斯這樣的領導人，有特別軍團和負有特殊使命的種種小分隊，有「清洗」、大規模搜查、無法殺人等最激烈的行動，「契卡」在烏克蘭的行動和成果遠遠沒有達到捷爾任斯基所期望的程度；二是，表明「契卡」及其行動在烏克蘭很不得人心，問題不在於匪徒，而在於居民的反抗；三是，捷爾任斯基本人認為他只要長期在烏克蘭紮下去，烏克蘭的「契卡」就會如他所願的鞏固和強化起來，烏克蘭的被征服就是指日可待的事；四是，預示在烏克蘭的土地上，「契卡」的行動將會強化，懲罰和槍決所組成的暴力專政隨之將會引起更廣泛的騷亂、暴動和起義。

在上述信件後，即一九二〇年六月二十六日，捷爾任斯基給列寧寫信，彙報了烏克蘭的情況：

這裡的內部情況總的來說是向上的。可以滿懷信心地說，如果中央不斷地加以督促並派來工作人員，烏克蘭很快就會成為誠實的蘇維埃國家。在農村，人們已被匪幫搞得疲憊不堪，渴望強有力的政權。我們派往省裡的每一個誠實的工作人員都找到了立足點，工作已見成效。只是這樣的工作人員太少了。當地的共產黨員不夠成熟，過著自己的小日子。我沒有看見地道的俄羅斯的東西，也沒有聽見抱怨聲。在我的專業工作領域，收穫是很大的。可以說，烏克蘭的所有中等知識分子都是彼得留拉分子。鬥爭中最大的障礙是缺少烏克蘭族肅反人員。對付馬赫諾（Nestor Makhno）[3]我不走運。要是有騎兵的話，就可以立即收拾他。但我沒有騎兵。只是到現在，我正在把勉強求得的幾個騎兵連組成一個騎兵團，打算一週後把這個團投入行動。

3　編注：馬赫諾（1888-1934），烏克蘭無政府主義革命者，烏克蘭獨立戰爭期間烏克蘭革命起義軍領導人。他先後與烏克蘭人民共和國、同盟國、白軍、紅軍及由各路烏克蘭哥薩克部隊作戰。也曾經與紅軍結盟對抗白軍。白軍戰敗後，又被紅軍攻擊。一九二一年他逃到羅馬尼亞，後定居巴黎。

在這封信裡，捷爾任斯基實質上道出了烏克蘭「契卡」行動的另一個特點，即用「地道的俄羅斯的東西」，即「蘇維埃化-俄羅斯化」來替代布爾什維克所宣稱的烏克蘭人正在烏克蘭的土地上實施的「烏克蘭化」。在這方面，捷爾任斯基寄希望於兩點：一是，烏克蘭的共產黨人也不可靠，需要從上面派更多誠實的人來。二是，他同時抱怨沒有烏克蘭族的肅反人員，這既暴露了烏克蘭「契卡」的階級實質，也透露了他企圖以「烏克蘭制烏克蘭人」的辦法來進行懲罰和鎮壓行動，從而達到能夠更順利實施「蘇維埃-俄羅斯化」的目的。

在烏克蘭的「蘇維埃化-俄羅斯化」的進程中，對哥薩克人的處置是極具以「契卡」為手段和工具的特點的。

布爾什維克一直是對哥薩克持有特殊看法的，認為這是一群集流氓、盜匪、反抗者和不聽命者組成的群體。與其形成俱來的反叛意識必定是會反對蘇維埃的力量、站在敵對營壘中的不安定分子。一九一八年，當內戰打得異常激烈時，也就是當蘇維埃政權向烏克蘭深處推進時，蘇維埃政府就對集中居住在烏克蘭的哥薩克進行了極端嚴酷的「非哥薩克化」措施：把哥薩克全體作為一個敵對階級來予以消滅。由於歷史形成的這種原因，哥薩克人和哥薩克運動成了烏克蘭政治進程中的一個特出現象和回避不了的現實問題。所以，在「契卡」在烏克蘭的土地上進行的懲罰和鎮壓中，對哥薩克、蓋特曼及其部隊的鎮壓就成為蘇維埃政權由上而下推進和在國內戰爭中消滅白匪軍的主流之一。

在一九一八年的國內戰爭中，紅軍在向烏克蘭土地艱難推進中，蘇維埃政權與蓋特曼首領卡列金進行了殘酷的較量。在列寧的「大家都來與卡列金作鬥爭」的號召下，鋒芒所指就是蓋特曼及其軍隊，還有整個哥薩克群眾。「契卡」，紅軍中的政工組織就以「群眾恐怖」震懾居民，以毫不留情的鎮壓摧垮蓋特曼的權力機構。於是，「逐個消滅」和「群眾恐怖」成了烏克蘭土地上「非哥薩克化」的標誌和旗子。這個經驗令布爾什維克領導人十分滿意並認為這種經驗大有廣泛使用的必要。

所以，一九一八年和一九一九年之交，當國內戰爭向南部的頓河及克里米亞半島推進時，紅軍與白軍的交織，紅色恐怖與白色恐怖的交替，就出現了戰爭的高潮時期。一九一九年一月二十三日，全俄中央執行委員會主席斯維爾德洛夫在〈給所有在哥薩克地區工作的負責同志〉的信中提出了蘇維埃政權對哥薩克的基本政策：「考慮到國內戰爭這一年中對付哥薩克的經驗，必須承認以逐個將他們消滅的辦法是最無情地與所有哥薩克上層人物進行鬥爭，這是最最正確的。」

隨後，一九一八年「非哥薩克化」經驗被寫成了俄共中央的正式文件。一九一九年一月二十四日，俄共（布）中央組織局為此發出了一份處理哥薩克問題的通知，強調了「群眾恐怖」、「悉數消滅」的原則：

考慮到國內戰爭這一年對付哥薩克的經驗，必須承認以逐個消滅的方式最無情地與所有哥薩克上層人物作鬥爭是最最正確的。不容許有任何妥協和任何猶豫。因此，必須採取以下措施：

一、對富農哥薩克實行群眾性恐怖，將其悉數消滅；對所有直接或間接參與反對蘇維埃政權的哥薩克實行毫不留情的群眾性恐怖。對中層哥薩克必須採取一切措施，確保其不再有任何反對蘇維埃政權的企圖。

二、沒收糧食，把所有多餘物資——既包括糧食，也包括所有農產品——強制送往指定地點。

三、採取一切措施幫助遷居此地的外來貧農，在有條件的地方組織移民。

四、使外來的非哥薩克移民在土地和其他方面與哥薩克平等。

五、徹底收繳武器，凡逾期不繳者，一經發現，一律槍斃。

六、只向可靠的哥薩克人發放武器。

七、武裝工作隊留駐哥薩克村鎮，直至完全建立秩序。

八、任命到各哥薩克居住區的所有政治委員要表現出最大的堅定性，毫不動搖地執行本指示。

中央決定，責成農業人民委員部通過相應的蘇維埃機夠迅速制定實際措施，組織貧農大規模遷居哥薩克地區。

但是，布爾什維克黨對哥薩克的政策在執行中遇到了極大的阻力，連軍隊、黨政機關的領導人也紛紛提出了異議。俄共（布）中央不得不改變對哥薩克的政策，但是它在一九一九年三月六日的新決定中，並沒有承認一月二十四日的《通知》是錯誤的，而是陳述了其他的新原因：「鑑於頓河地區南北部哥薩克明顯分裂，由於北部哥薩克可能協助我們，我們暫緩對哥薩克採取措施，以免妨礙他們的分裂。」這裡的意思非常明確：不是不對哥薩克採取措施了，而是時候不到，時候一到，照樣「非哥薩克化」。烏克蘭和頓河地區其後的歷史進程證明了這點。

一九一九年七月六日，頓河地區革命委員會委員萊因戈爾德向中央委員會寫的信顯然可以說明這個問題：「首先應該指出的是，從十月的日子開始，我們對哥薩克政策的一般特點就是缺乏穩定性和連續性。一開始我們向哥薩克妥協，給他們自治和選舉產生的蘇維埃政權。甚至還同意建立了頓河共和國，成立哥薩克軍人會議，發布了關於優待哥薩克的法令。後來，由於紅軍向羅斯托夫和諾沃切爾卡斯克的順利推進，我們被勝利沖昏了頭腦，覺得自己是勝利者，就向哥薩克進行挑釁，開始大規模地從肉體上消滅哥薩克。這就叫『非哥薩克化』。」

他極為敏銳地指出：「哥薩克特別敏感於對他們執行的政策，一旦起火，頃刻之間就席捲成千上萬的哥薩克人。此外，再也沒有什麼東西比落在他們頭上的黨中央委員會關於處理哥薩克問題的提綱和指示——由於當地蘇維埃機構令人憤怒的混亂引起的——更能促進起義的成功了……我們的黨和黨中央委員會在民族問題上和少數民族制度方面一向表現得非常謹慎和敏感，有時甚至過了頭。出於國際主義性質和國內的考慮，即在蘇維埃範圍內儘快消除任何民族偏見和謬誤，我們建立了一些民族共和國。但在對待哥薩克的問題上，不知是什麼原因，我們卻不能將這種路線堅持到底……」

萊因戈爾德在信中所表述的對待哥薩克的態度並不是他個人的，而是整個布爾什維克隊伍的：「哥薩克，至少是他們中的大部分人，或遲或早是要被消滅的，就是肉體上的消滅。但現在需要很有分寸，非常謹慎，想方設法爭取哥薩克的好感。一分鐘也不能忽視一個現實，那就是我們是在同尚武的人民打交道，他們的每個鄉鎮都是武裝的營壘，每個村子都是要塞。對他們不分青紅皂白大規模消滅的政策必然導致我們永遠也對付不了頓河，即便我們能夠戰勝，那也要經過長期流血和頑強鬥爭。」

一九一八年和一九一九年之交，並且直至二〇年代的最初幾年，「契卡」在烏克蘭土地上的活動日強化，它在政權機關、社會機構和軍隊中都建立了強有力的組織，成為紅軍推進、剿匪、武裝徵集糧食、鎮壓持不同政見的政黨和知識分子中的核心力量，成了不斷建立的地方蘇維埃政權的幾乎是唯一支撐。對於蘇維埃政權來講，「契卡」的歷史功績也就在於此。但是，「契卡」在烏克蘭的活動中所表現出的大俄羅斯主義、俄羅斯民族優越感也成了蘇維埃政權以強力和暴力推行「蘇維埃化-俄羅斯化」的理論依據。「非哥薩克化」、「蘇維埃化-俄羅斯化」以及多民族人員組成的「契卡」的「以非烏克蘭人制烏克蘭人」的活動卻使俄羅斯民族與烏克蘭民族之間的隔閡、誤解、紛爭、對抗加劇，埋下了未來歷史進程的諸多隱患。「契卡」的活動也使名義上獨立的烏克蘭共和國變成了實際上絕對聽命於俄羅斯的「省」或「州」地位，使俄國歷史上「大俄羅斯」和「小俄羅斯」現象再度輪回於現實之中。

「契卡」執行的是無產階級專政。對於蘇維埃政權和布爾什維克黨來說，這是天經地義的事。但「契卡」行動中的群眾恐怖色彩和悉數消滅的操作卻不能不說是骯髒的。但對於「骯髒」二字，在捷爾任斯基和拉齊斯這樣的肅反工作人員來講不僅不是壞事，而是光榮、神聖之舉，他們曾經無數次地為這種「骯髒」唱過讚歌。

第四章
餘糧徵集制的重災區

十月革命後，糧荒遍及蘇維埃俄國各處，而隨著國內戰爭的進行和深入，越來越嚴重。像聖彼得堡、莫斯科這樣的中央大城市也幾乎只有幾天的庫存糧食；被視為蘇維埃政權最可靠支柱的無產階級——大產業工廠的工人也不得不為生存，背著口袋，下到農村去找糧食。一時間，「背口袋的人」的漫漫洪流和列寧號召的到農村去以「十字軍討伐」徵繳「餘糧」的武裝徵糧隊大軍從不同的方向、按不同的需要湧進了農村，而被列寧和布爾什維克領導人集體視為有餘糧、但因富農抗糧不交的廣大農村就成了蘇維埃國內戰爭時期一個十分殘酷、農民命運極其悲慘的戰場。在一九一八年到一九二一年期間，這一戰場上的戰爭進行到了風雲突變、硝煙彌漫、血肉拼搏的階段，蘇維埃俄國面臨的生死存亡危機把農村、農民、農業問題提到了布爾什維克黨最緊迫的議事日程之上。

一九一八年三月，當時的糧食人民委員部委員瞿魯巴（Alexander Tsiurupa）向中央建議一種解決辦法：「對現實情況做出分析所得出的結論是，只有向農村供應它所需要的東西，即生活必需品，才能將藏匿的糧食弄出來。其他的辦法都是治標不治本的。」但是，蘇維埃政府沒有農民和農村所需要的生活必需品，因此瞿魯巴的建議實行不了。隨著糧食的日益嚴重短缺，蘇維埃政權所能控制的地區日益縮小，強制措施被提到了首位，而這種強制措施並不是布爾什維克的首創，被它趕下臺的臨時政府在糧食危機面前採取的也是這樣的措施。這個措施就是「糧食壟斷」。

一九一八年五月九日，蘇維埃政府頒布了糧食壟斷法令。而為了實行這種由政府絕對控制的壟斷政策，壟斷法令做了詳細的規定。根據這份法令，被認為有餘糧並在一週期限內不上報者，就被視為「人民之敵」，對他們的懲罰是：沒收糧食、剝奪家產，本人送交革命法庭，刑期至少十年。同時鼓勵「貧農」揭發和舉報這些「人民之敵」，對他們的獎勵是：從沒收的糧食中提成獎勵。五月十三日，全俄中央執行委員會和人民委員會聯合簽署了一份《賦予糧食人民委員會與隱匿存糧並進行糧食投機的農村資產階級作鬥爭的特別全權》法令，其中的一系列規定在事實上將「糧食壟斷」發展成了「糧食專政」。「糧食專政」內容有三：一是，糧食的採購由中央統一進行，任何地方、任何機構都無權自行採購；二是，鎮壓和消滅藏匿糧食的富農；三是，與被稱為自發勢力和投機倒把的現象進行鬥爭。為了保障貧農的揭發和檢舉，七月一日還頒布了《組織貧農委員會》法令，此令一出，就賦予了農村中「揭發和檢舉藏匿糧食富農」和「沒收行為」的「群眾運動」以合法性。

而到了一九一九年一月十一日，人民委員會頒布了在蘇維埃俄國的全境實行「餘糧徵集制」的法令。由於蘇維埃政權在烏克蘭建立過程的曲折和反覆，所以烏克蘭到了四月初才開始實行餘糧徵集制法令。但是，實際的糧食徵收工作幾乎是蘇維埃政權在烏克蘭建立起的那一時刻就開始了。作為與俄羅斯的黑土帶相聯繫的豐饒產量區，烏克蘭自然不會從列寧和布爾什維克黨領導人的視線中游離出去，相反地他們一直密切關注烏克蘭局勢的進展和發展變化。十月革命以後，無論是「契卡」，無論是徵糧工作隊，還是解決形形色色問題的特別工作隊，它們的主要指向都是烏克蘭。在這種關注中，列寧特別強調和譴責了烏克蘭的「糧食自由貿易」，並要各地引以為戒，「而問題正在於自由出賣糧食使投機活動猖獗，使少數人發財，使有錢的人才吃得飽，而工人群眾仍然挨餓。這是我們在西伯利亞和烏克蘭產糧最多的地區所看到的實際情況」。

在列寧的決策中，每當烏克蘭出現新的問題、難以解決的問題，每當烏克蘭出現新的困境或是危機，總是要把最強硬的人、主張鐵腕手段的人派往烏克蘭就地指揮和解決問題。作為組建軍隊和作戰方面最高指揮者的托洛斯基，作為列寧委以徵糧重任的史達林，作為以「火與劍」行動鎮壓一切反革命和動亂的強硬派捷爾任斯基都是在一九一八年至一九二〇年期間被派往烏克蘭工作的。

對此，列寧本人曾經做過極為形象的解釋：「你們知道，每當我們遭到侵犯時，都不得不把中央執行委員會的全體委員送上前線，可有人卻對我們說：『這真是笑話，應當找別人去。』難道我們是超時間、超空間地進行活動嗎？還是我們一個星期能生出幾個共產黨員出來呢？這我們辦不到。」

在列寧的決策思維中，有一個根深蒂固的看法，即俄羅斯有三大產量區，一是西伯利亞，一是北高加索，一是包括烏克蘭在內的俄羅斯中央黑土區，而在這些產量區中永遠會有糧食，如果出現糧荒，那肯定是富農的破壞和抗糧，解決的辦法就是對富農採取嚴厲的懲罰和鎮壓措施。正是這種看法和根本決策成為了「戰時共產主義」時期蘇維埃政權的糧食壟斷、糧食專政、以武裝工作隊，甚至糧食軍徵收糧食的主線。因此，徵收糧食與軍事行動成了孿生子，對富農及異己分子的鎮壓和對貧農的獎勵與組織就是身影隨行的事，這在烏克蘭也不例外。

為了在烏克蘭徵收糧食，在蘇維埃政權剛在烏克蘭建立時，俄共（布）中央就在其決議中指明，在烏克蘭必須執行蘇維埃共和國統一的糧食政策。一九一九年十一月十九日俄共（布）中央關於烏克蘭蘇維埃政權的決議是這樣寫的：「鑑於農民在人口中所占的多數，在烏克蘭比在俄羅斯還大，所以烏克蘭蘇維埃不僅應當爭取貧苦農民的信任，並且應當爭取在根本利益上同蘇維埃政權休戚相關的廣大中農階層的信任。特別是，在堅持糧食政策基本原則（國家按硬性價格收購糧食，實行強制性的餘糧徵集制）時，必須注意使工作方法適合於烏克蘭農村的情況。」

但在這份決議中，也明顯表達出了「大俄羅斯」領導人對「小俄羅斯」烏克蘭人的不信任：「為建立真正勞動者的政權這同一目的，應立即採取措施，使那些根本不瞭解廣大農民群眾的生活情況並常常利用共產主義旗子作掩護的烏克蘭小市民不致充斥蘇維埃機關。在允許這些人加入黨的隊伍和參加蘇維埃機關工作以前，應當審查他們的工作能力，審查他們在工作中，首先是在前線，在作戰部隊中是否忠於勞動者的利益。在任何地方和任何條件下，這些人都應當受到無產階級的嚴格階級監督。」這也就是蘇維埃領導人總是認為，烏克蘭的糧食徵集以及其他事務是靠烏克蘭人自己辦不了的，必須依靠由「大俄羅斯」派來的工作隊督導和查辦。

此外，更為關鍵的是，在烏克蘭的餘糧徵集進程中，遠遠沒有遵循這個決議所表達的要求。烏克蘭的糧食徵收活動是從軍事部門、採用軍事作戰方式開始的。一九一九年十二月，決定在南方和西南戰線成立一個特別的徵糧機構——「南方戰線糧食特別委員會」。其領導人是當時的糧食人民委員部的部務委員、烏克蘭革命軍事委員會的糧食委員弗拉基米羅夫（Miron Vladimirov）。他上任後簽發的第一道命令（一九二〇年一月初）就是取消各地蘇維埃頒布的糧食自由買賣的指示，恢復了蘇維埃中央政府的糧食壟斷政策，宣布對破壞這一政策的農民是「國事犯」。在他為期只有兩年的任職中，他大量採用強制手段從農民那裡剝奪糧食，這引起了烏克蘭南部地區農民的騷動和起義，隨之他又動用部隊鎮壓了這些騷動和起義。正因為他有如此的功績，一九二二年被調回莫斯科，任人民委員會的財政人民委員。

弗拉基米羅夫的南線糧食特別委員會的武裝徵糧行動並不是孤立的，被列寧委派到南線——烏克蘭南部和北高加索地區徵糧的史達林是這個委員會的領導人和支持者。史達林到任後，從一九二〇年二月十八日至三月六日，所發出的指令都是與這個南線糧食特別委員會的工作有關的，或者說是下達給它必須執行的指令。一九二〇年二月十八日，史達林簽發了第一份烏克蘭勞動軍委員會的決議：「為了拯救大礦井不被水淹，保證採煤，建議西南戰線革命軍事委員會在三天內組織連環火車運輸供頓巴斯運煤之用。以軍事行動調撥貨幣、潤滑油和照明物資、衣服以及時下工人所需的物品。」

同一天的第二份決議就是責成南線糧食特別委員會要辦的事：

為了解決頓涅茨克礦區的糧食狀況，必須執行堅定不移的領導：一，南線糧食特別委員會應每週三次向煤炭工業中央總局和西南鐵路交通運輸局通報，在哪些車站停有裝載供頓巴斯的糧食貨車。二，煤炭工業中央總局以及西南戰線交通運輸局和戰線軍管局應根據南線糧食特別委員會的指示，立即將這些貨物運送至頓涅茨克礦區。三，向頓巴斯糧食物資的運送應視為軍事作戰行動。四，根據南線糧食特別委員會的派單，給運送糧食的直達貨運列車提供礦用蒸汽機車的許可權……

為了執行二月十八日的第二份決議，二十五日，史達林又簽發了一份決議，將頓巴斯地區的糧食管理權歸屬煤炭工業中央總局：

> ……二，責成南線糧食特別委員會副主席全面負責頓巴斯糧食局的工作……；四，為了建立供頓涅茨克礦區的糧食儲備，責成南線糧食特別委員會下發派單，在一月之內在馬里烏波爾、別爾江斯克、梅利托波爾和聶伯普羅斯克地方採購全部食品以滿足頓涅茨克礦區之需；五，頓巴斯政治部和礦工工會應在最短期限內提供在歸屬頓巴斯的各縣和歸屬南線糧食特別委員會的各縣強化採購糧食產品的所必需的工人數。六，責成最高國民經濟委員會和紅軍供應特別委員會的全權代表在最短期限內將頓涅茨克礦區現有的所有生活必需品（釘子和馬掌等）撥給頓巴斯糧食委員會，用以首先供應那些已經完成了餘糧徵集的鄉鎮……；十三，責成南線糧食特別委員會給所有的糧食產品和生活必需品規定投放的硬性價格。注：向工人及其家庭成員投放的食品和生活必需品的價格超過硬性價格將按照戰時法律嚴加懲處。

上述史達林以烏克蘭勞動軍主席簽發的這些決議十分清晰地揭示了烏克蘭初期徵收糧食的真實情況。它有如下特點：一是，無論是南線糧食特別委員會的徵糧具體工作，還是烏克蘭勞動軍的決策和指令，都是以軍事作戰行動來完成和執行；二是，南線糧食特別委員會的徵糧行動是在史達林的直接領導下進行的，它成了烏克蘭勞動軍與地方（尤其是頓涅茨克礦區）糧食部門之間的唯一重要環節；三是，表明這時在烏克蘭的南部，即在南線糧食特別委員會歸屬下的各縣已經在實行「餘糧徵集制」，完成不完成徵集任務已經成為史達林獎勵與責罰的原則；四是，烏克蘭勞動軍和南線糧食特別委員會徵集到的糧食，一是供應頓涅茨克礦區，另一是歸南線和西南線的軍隊使用。這種「扣留」一方面減少了應該向莫斯科、中央提供的糧食，另一方面也使史達林的私人勢力（尤其是軍隊的組建）在南線和西南線逐漸擴大和增強（對此，列寧曾多次去電向史達林表示不滿，催要糧食）。

就在史達林和南線糧食特別委員會緊鑼密鼓地、以軍事作戰方式徵集餘糧時，烏克蘭政府也在採取行動。一九二〇年二月二十六日，烏克蘭人民委員會通過法律，規定擁有超過三俄畝以上耕地的農戶必須向國家繳納糧食，對於幫助徵購任務完成的貧農給予徵收量百分之十到二十的獎勵。徵購糧食的指標是硬性規定，一九二〇年的總量應達到六億普特[1]。隨之，烏克蘭政府根據中央的統一部署，將徵集糧食的硬性規定擴展到農戶所生產的一切產品上去。烏克蘭糧食人民委員部的工作隊在農村使用武力和軍隊徵糧，依靠貧農委員會，也即貧農的揭發檢舉剝奪富農的糧食，尤其是貧農委員會在徵收糧食中起了決定性的作用。其結果是，在強力和暴力下，中央政府從烏克蘭徵收的糧食從一九二〇年上半年的一千多萬普特猛增至七千多萬普特。

武裝徵糧、貧農揭發和檢舉藏匿糧食的富農，通過貧農委員會建立蘇維埃的餘糧徵集方式遍及全境。這種糧食軍加貧農委員會，再加上鎮壓和徵糧數額由上而下的強制規定之行動激起了遍地農民的不滿、反抗、騷亂，直至武裝起義。烏克蘭勞動軍，烏克蘭糧食人民委員部的武裝工作隊不得不進一步強化鎮壓行動，甚至動用騎兵對反抗的農民進行圍堵和鎮壓，並在車站、路口設卡阻擊背口袋的和私下進行糧食買賣的人。

在「戰時共產主義」時期，反對餘糧徵集制的農民不滿、騷動和起義都被看成是「富農盜匪活動」，而這種「富農盜匪活動」遍及實行餘糧徵集制的廣大農村。在烏克蘭同樣嚴重，其中最主要的有兩個地區，一是烏克蘭的南部和東南部，也就是當時蘇維埃領導人所謂的南線，二是從北而南橫貫烏克蘭全境的聶伯河兩岸地區，也就是所謂的「聶伯河左岸地區」，即烏克蘭的東部和東南部，以及「聶伯河右岸地區」，即烏克蘭的西部和西南部。

在烏克蘭人民委員會下屬非常委員會中央局在向第五次全烏蘇維埃代表大會關於一九二〇年工作的報告中，談及了聶伯河兩岸的「盜匪」的情況：「在聶伯河右岸猖獗一時的是彼得留

1　編注：普特，俄國沙皇時期主要的計量單位，為表示重量的單位，一普特等於四十俄磅、等於十六・三八公斤。

拉匪徒——一切可能形式的盜匪活動和富農暴亂。村莊荒無人煙。各縣的政權實際上還掌握在富農的手上，他們在適應新的鬥爭條件，置中農和非法者於自己的影響之下。彼得留拉的代理人遍布合作社、鄉村教師和各處的群眾之中。在烏克蘭的左岸地區，俄國白軍的影響更為強烈。鄧尼金分子敗退後在這裡留下了黑色百人團匪徒的策源地，這些匪徒準備一旦紅色手段失敗就暴動而起。」在這份報告中，「盜匪活動」被歸結為是「富農的破壞」、彼得留拉和鄧尼金留下的「百人團」所起的作用，但是實際情況並非完全如此。

沿聶伯河把烏克蘭分成兩大部分的原因是軍事和政治上的，聶伯河的右岸地區，即烏克蘭的西部和西南部，是德國和波蘭等國家覬覦的地方，而聶伯河左岸，即烏克蘭的東部和東南部，則是蘇維埃紅軍進軍和占領的烏克蘭的地方。右岸地區是曾經在基輔建立過政權的中央拉達的彼得留拉殘部活動的場所，在餘糧徵集制的時期，這些殘部在波爾塔瓦、克列緬丘克的活動最為頻繁和激烈。而聶伯河左岸，則是數度參與紅軍部隊、又數度倒戈、與鄧尼金作過戰、又與蘇維埃政權相向而立的馬赫諾的游擊部隊。它的活動遍及葉卡捷林諾斯拉夫、亞歷山德羅夫、頓涅茨克和尼古拉耶夫省。按活動的目的來講，兩支「盜匪」都反對布爾什維克在烏克蘭建立蘇維埃政權，都把農村看成是自己的希望和基地。

但按聲勢、影響和對蘇維埃的威脅來說，馬赫諾的游擊隊式活動遠遠要比彼得留拉分子更為危險和難於對付。而馬赫諾活動的聶伯河左岸，又恰恰是被列寧等布爾什維克領導人看成是關係蘇維埃政權生死存亡的地區。在一九一八年夏季至一九二〇年間，「馬赫諾」成了一個令列寧、托洛斯基、史達林等布爾什維克領導人極為頭痛的問題。布爾什維克曾經一度利用馬赫諾的游擊隊來抵抗德國人，但是結果並不如領導人所期望的那樣。一九一九年五月一日，托洛斯基在給中央的電報中對此做出了自己的結論：「讓烏克蘭游擊隊抵抗德國人入侵的做法就是一段痛苦的經歷。當烏克蘭游擊隊根據親身經歷確認自己無能為力時，便很快從不可一世轉變為徹底消沉、士氣低落，由此必然出現暴力和搶劫。」托洛斯基所指的顯然是馬赫諾，因為他還寫有這樣的話：「必須對烏克蘭軍事當局提出要求：不能對馬赫諾習氣放任不管，期待這種習氣自行消失……」

「盜匪」活動之所以令蘇維埃領導人惶惶不安，首要的原因是，他們的活動阻撓了徵糧隊的收繳糧食工作。在聶伯河沿岸地區，反抗武裝徵糧工作隊的徵糧成了農民騷動、甚至起義的主要原因。「盜匪」們借農民反對餘糧徵集制的聲勢而壯大自己，他們對農民的呼籲是：只有他們能幫助農民擺脫布爾什維克的剝奪、建立農民自己的政權。因此，當布爾什維克在烏克蘭徵糧時，他們所碰到的不僅是農民的不滿和反抗，而且還有一股對抗布爾什維克徵糧的「反徵糧」活動，在「匪首」振臂一呼之下，抗徵糧行動遍地發展成了武裝暴動。一九一八年七月十五日，「匪首」斯柯洛帕茨基（Pavlo Skoropadskyi）也下令徵糧，其徵糧的標準和方式與布爾什維克沒有兩樣，規定農民要將「政府」規定份額以外的糧食全部上繳。這種借農民對蘇維埃餘糧徵集制不滿，最終又將剝奪的矛頭指向農民的「反徵糧」自然不能持續下去，所以暴亂很快被紅軍鎮壓了下去。一九一九年初，彼得留拉「政府」也徵糧，實行糧食壟斷政策，但結果也與「匪首」斯柯洛帕茨基的結局一樣。在蘇維埃政權的餘糧徵集和「盜匪」的糧食壟斷之間，用鮮血甚至生命承擔苦果的當然是真正的農民。

一九一九年夏初，「匪首」澤連斯基和格里戈里耶夫在農民抗徵糧基礎上先後發動的暴動，席捲了尼古拉耶夫、赫爾松、葉卡捷林諾斯拉夫、克列緬丘克、烏曼、車卡夕、伊莉莎白格勒和亞歷山德里亞地區。在蘇維埃中央政府的直接領導下，烏克蘭政府動員了基輔、哈爾科夫和奧德薩等地區的武裝來進行鎮壓。其時在烏克蘭的托洛斯基親自參與組織了這次鎮壓，一九一九年五月十七日，他向中央報告了他的決策：「應當從兩個方面來利用格里戈里耶夫叛亂：一，要徹底而又毫不留情地消滅游擊習氣、自作主張和流氓『左傾病』。二，將注意力的中心轉移到頓涅茨克煤田。鑑於調整各種關係的時機都已失去，必須採取最堅決的行動。應當在消滅格里戈里耶夫的同時消滅其餘的人，並清除那幫空頭理論家……」

但是，鎮壓行動並沒有徹底消滅格里戈里耶夫，他跑去與馬赫諾聯合在了一起。而這個馬赫諾恰又正是蘇維埃政權欲用有難、欲棄不能、欲殺無法，牽涉到整個南部局勢，甚至整個烏克蘭局勢的人物。他與上述「盜匪」不同，他出身於烏克蘭南部一個小的閉塞的農村，農民對蘇維埃政權的餘糧徵集制的不滿，他有親身經驗，對於農民的需求他也清楚，講的是農民的土話，沒有官腔，沒有宣言式的呼籲，連他對農民的呼籲都是用的「老哥馬赫諾」的稱呼。他沒有實行糧食壟斷，也不向農民徵餘糧。在四處的游擊活動中，他似乎只集中於兩件事上，一是堅決阻撓蘇維埃的武裝徵糧隊在農村的徵糧，從他們手中把被剝奪的糧食再奪回來，而對徵糧隊成員幾乎是「格殺勿論」；二是，攔擊供應蘇維埃和紅軍的物資，尤其是攔擊車站和交通要道、切斷頓涅茨克煤的供應，把供應波羅的海艦隊的煤搶過來，藏匿於自己的故鄉小村莊，最終阻擋紅軍向他所占領地區的推進。

關於前者，馬赫諾的妻子曾經在自己的記事本上寫過不少有關的記錄：

> 二月二十三日，上午十時，我們的幾個小夥子抓住了兩個布爾什維克奸細，把他們斃了。午飯後，去加夫里洛夫納。在加夫里洛夫納，抓住了兩個來抓牲口的奸細，還有一個來安排革命委員會和執行委員會工作的工程師……到了馬伊奧爾斯克。在這裡抓住了奸細們的罪證，他們是來徵集糧食和其他東西的。把他們斃了。

從這些簡短的記錄可以看出，馬赫諾「盜匪」對餘糧徵集制人員的痛恨和反抗手段的無情。也可以看出，馬赫諾的「盜匪活動」發展到蘇維埃政權難以對付的程度，一個關鍵的原因是他得到了農村農民的支援。在當地農民的支持和保護下，馬赫諾才能從最初的幾個人發展到一九二〇年三月擁有三百到五百名騎兵和五百名步兵的大游擊隊伍。儘管馬赫諾的搶劫活動遍及各地，所造成的災難也很大，但是他對蘇維埃政權餘糧徵集的反抗和行動卻是深得農民的贊同和支持的，這從一個方面表明了「戰時共產主義」時期烏克蘭貫徹糧食壟斷政策、餘糧徵集制給農民帶來的深重災難和對農村的嚴重破壞。農民把馬赫諾看成是擺脫這一切的唯一希望，他所宣導無政府主義的「自由的土地」很具號召力，當時有民歌讚頌他是「英明的老哥，光榮的老哥，我們善良的老哥」。就連自稱為是俄國最後一位「鄉村詩人」的葉賽寧（Sergei Yesenin）也在自己的詩篇〈惡棍的國家〉中歌頌了馬赫諾：「盜匪，盜匪，各地風起雲湧，當局的意志是皮鞭拷打，為給農民勞動添加的賦稅，報復黨的徵糧工作隊。我們能去指責誰？誰能將窗戶關閉，不去看這囚犯的一夥，還有農民對馬赫諾如此的愛？」

對於馬赫諾的聲勢和行動，托洛斯基也感到棘手，請列寧派「契卡」人員來進行鎮壓：一九一九年五月二十二日，他給列寧的電報中這樣寫：「為了從馬里烏波爾地區弄到糧食和煤炭，並且為了使馬赫諾無政府主義匪幫遵守紀律，必須組建一支大隊伍，比如說，一個由肅反委員會成員組建的可靠的營、數百名急需煤炭和糧食的波羅的海艦隊的水兵、由莫斯科或伊萬諾沃－沃茲涅先斯克的工人組成的徵糧隊以及三十名左右黨的負責工作人員。只有在這樣的前提下，才有可能向馬里烏波爾－塔甘羅克推進。」五月二十六日，列寧發出指示：「……立即著手果斷地將馬里烏波爾的煤炭裝運彼得格勒交港口司令。如果馬赫諾匪徒阻攔，就立即同他們以貨換煤，經由最短的途徑將布匹同其他物品運往馬里烏波爾。」

為了烏克蘭的餘糧徵集，列寧還決定將烏克蘭的糧食徵收大權從烏克蘭政府手中收歸莫斯科中央政府統一領導和管理。一九一九年六月十二日下午四時，列寧就此事給烏克蘭人民委員會主席拉科夫斯基發電報稱：「擬於六月十四日將糧食人民委員部在財政和政治組織方面劃歸全俄糧食人民委員部領導的問題提交黨中央委員會討論，此事不公布。請務必於六月十四日十時前提出您的最後意見。」一直被列寧批評為「軟弱無力」的拉科夫斯基，當然不可能反對，更何況留給他的只有六小時的時間，他也無人徵求意見。這種將烏克蘭的糧食人民委員部的權力上交莫斯科的做法顯然是與列寧承認過的烏克蘭是個獨立國家的決策相違背。在實際的政策中，在蘇維埃領導人的眼中，烏克蘭依舊是個歸屬於大俄羅斯的小俄羅斯省。其實，情況又何止於糧食人民委員部，烏克蘭的「契卡」許可權也不歸屬烏克蘭人民委員會，而是直接聽命於捷爾任斯基領導的全俄肅反委員會。列寧的提議很快就成了中央委員會的決議，「收權」一事畢竟不符「民族自決原則」，所以列寧叮囑拉科夫斯基「此事不公布」。

儘管如此，烏克蘭的糧食問題並沒有得到解決。徵糧隊將農村的「餘糧」都徵走了，但是仍然無糧來支撐革命的進程，別說廣大居民了，連紅軍部隊都無法供應。一九一九年八月一日，托洛斯基向列寧描述了這種慘況：「現在的問題不在於烏克蘭共產黨人的情緒，而在於烏克蘭軍隊的給養問題，對此我已從烏克蘭發電報做過說明。無論是鼓動，還是鎮壓，都不可能使一支缺鞋無衣、忍饑挨餓、滿身蝨子的軍隊變成一支具有戰鬥力的軍隊。」

烏克蘭的餘糧徵集以及隨之而來的對「盜匪活動」的鎮壓都不得不依靠「契卡」了，依靠當時列寧、托洛斯基、史達林，還有主要的軍事領導人放在嘴邊的「大俄羅斯人」的支援。正是在這種情況下，全俄肅反委員會的最高負責人捷爾任斯基親自到烏克蘭來坐鎮鎮壓事宜了。

一九二〇年四月五日，俄共（布）中央決議捷爾任斯基到烏克蘭主持鎮壓事宜。五月五日，捷爾任斯基到任哈爾科夫，很快就成為主持西南戰線後勤部隊的指揮員，負責對農民的反餘糧徵集活動、富農反抗和盜匪活動的鎮壓。他

馬赫諾（中）為烏克蘭無政府主義領導人，在農民間頗受歡迎。（達志影像）

將烏克蘭的內務部隊歸屬自己，組織了一支達到五萬人的隊伍，並指令西南戰線革命軍事委員會要從各騎兵軍裡給他抽調機槍和騎兵。隨後，捷爾任斯基的軍隊對富農、盜匪的活動進行了一系列嚴峻的清剿，而在一九二〇年七月前，這支軍隊的主要任務就是打擊和消滅馬赫諾的游擊軍。

但是，馬赫諾對農民的號召和對農村呼籲一直都基於對餘糧徵集、蘇維埃政權對農民的剝奪之上。這在當時馬赫諾對其部隊士兵的一份呼籲書中表述得淋漓盡致：「光榮的烏克蘭起義者！我，名為『老哥馬赫諾』的起義部隊指揮員呼籲你們加入游擊隊伍，為的是全力打擊那些槍殺我們游擊隊同志的兇殘的共產黨人。從我們的土地上清除掉共產主義的、專制政體的委員會！鄧尼金沒有了，有的是俄國的軍隊，讓我們互相愛護。我們定將受盡苦難的羅斯從委員會的王國中解放出來，按照人民的意志建立政權。神聖的羅斯和俄羅斯人民萬歲！」

對於剿不清、滅不完的「馬赫諾匪幫」，捷爾任斯基也不得不改變策略。他在給馬赫諾部隊的士兵的呼籲書中這樣說：「我，全俄契卡主席和內務人民部部隊司令員捷爾任斯基向馬赫諾軍隊的起義者通報如下：所有真心宣布自己承認蘇維埃政權和紅軍、表示願意到波蘭戰線去與國際反革命以及波蘭小貴族作鬥爭的起義者，都將得到完全不予追究和同志兄弟式地參加紅軍的保證。」捷爾任斯基的這份呼籲雖然使一些馬赫諾士兵離開了馬赫諾，但是並沒有動搖和削弱馬赫諾的游擊部隊。這種情況連捷爾任斯基自己也不得不無可奈何地承認。一九二〇年五月中，他在給妻子的信中透露出了這種無奈：「大概，在中央沒有把我召回莫斯科之前，我要留在這裡再待一段時間。我不想在我們沒有解除馬赫諾的危害之前返回莫斯科。我現在是難於制勝他，因為他靠馬隊行動，而我沒有騎兵部隊。」

捷爾任斯基所統領的部隊征剿不僅是針對對餘糧徵集制不滿和反抗的「富農」，而且還採取了一系列大規模鎮壓措施。烏克蘭人民委員會下屬非常委員會中央局，在向第五次全烏蘇維埃代表大會關於一九二〇年工作的報告中，列述了這些措施：「大規模行動的主要任務是：一，將城市的不勞動分子關進集中營，讓他們去從事強制性的、有益於社會的工作；二，將軍事戰線和勞動戰線的逃兵予以拘押；三，查抄和沒收貨幣、外幣、黃金和珍寶；四，計算和沒收資產階級和不勞動分子的多餘財物（衣物和服裝等）。」這些措施不僅在大的省城裡，而且在小的縣城裡廣泛實施。

這時，烏克蘭農村的騷亂、反抗和起義，當然是由一系列複雜因素造成的，但是餘糧的徵收卻是一個核心原因。蘇維埃領導人以鞏固蘇維埃政權和紅軍之需，把鬥爭的矛頭指向了農村的「富農」，而實際上是蘇維埃政權向整個農村和全體農民宣布了戰爭。蘇維埃在農村中失去人心不僅使「盜匪」遍地，而且使國內戰爭的進程複雜和瞬息萬變、外國武裝干涉有了可利用的人力和物力資源。最後的結果是，烏克蘭成了蘇維埃共和國中危機最深重的三大災區之一（另兩個是窩瓦河沿岸，尤其是坦波夫省，以及西伯利亞產糧區）。列寧覺悟到了這種情況，隨後採取的「新經濟政策」雖然放寬了對農民和居民的限制，糧食稅代替了餘糧徵集，但是烏克蘭農村，與俄羅斯的其他農村一樣，餘糧徵集制所帶來的深重災難並未能徹底清除，並成為其後烏克蘭歷史進程的制約和障礙因素之一。

對農村的征剿和對城市的徹底清理，構成了從不同的方面展示烏克蘭的餘糧徵集制的全景圖，而蘇維埃政權對全體農民的戰爭成了這全景圖上的基調基色。就像馬赫諾最後逃出俄國一樣，清剿和清理並沒有能最終理順烏克蘭國家政權與農村的關係（總的來說，蘇維埃政權與農村的關係也是如此）。列寧似乎對此有過遺憾的先知知覺，一九二〇年十一月二十七日，他寫道：「我們都在忙於政治，卻未能包圍馬赫諾。」

馬赫諾的游擊隊伍最終瓦解，他本人最後也逃出了蘇維埃俄國，死於他鄉。

但在他生活過的故鄉房舍的牆上，梅利托波爾獨立記者協會為他立了一塊紀念碑石，上面鐫刻了一段話：「一九一九年十一月二十六日從這地方起，涅斯特爾·馬赫諾開始解放梅利托波爾地區。在從敵人那裡解放出的土地上，他組織過：公社、工會、援助需要者的體制，恢復了生產和貿易。在他那時，出版過准予批判馬赫諾政權的報紙。老哥堅定地主張言論自由。自由或者死亡！」當然，剿滅了馬赫諾「匪幫」的蘇維埃政權肯定是不會同意這個墓誌銘式的結論的。

第五章
爭奪和戰爭的原野

從蘇維埃政權在聖彼得堡建立的那一天起，烏克蘭土地上的戰爭就沒有停息過。從北而南，東西相向，步兵的射擊聲、騎兵的馬蹄聲不絕於耳。有農民起義的戰爭，有鄧尼金的戰爭，有德國軍隊占領烏克蘭的戰爭，有蘇維埃俄國與波蘭之間的戰爭，有弗蘭格爾的戰爭，到了二十世紀中葉還有這個國家歷史上從未見過的殘酷衛國戰爭。歷經戰爭創傷，飽經變遷憂患，使得烏克蘭的土地成了幾乎是永恆的戰場。

在十月革命之後，儘管有德國軍隊兵臨聖彼得堡的城下並且占領過基輔，但是蘇維埃政權在烏克蘭面臨的第一場嚴重戰爭卻是與鄧尼金志願軍的較量。一九一九年七月初，鄧尼金的軍隊將戰事從頓河地區轉移到了烏克蘭。面對鄧尼金大軍的強大攻勢，列寧驚呼：「社會主義革命的一個危急關頭，甚至可能是最危急的關頭到了。」在這裡列寧指的就是鄧尼金軍隊進入烏克蘭的軍事行動，「現在國外的資本家拼命想借鄧尼金的進攻來恢復資本的枷鎖，他們也像過去幫助高爾察克（Alexander Kolchak）[1]那樣，以軍官、補給、炮彈、坦克等幫助鄧尼金」。所以，列寧在一九一九年七月初發出了一篇〈大家都去同鄧尼金作鬥爭〉的號召：「工人農民的全部力量、蘇維埃共和國的全部力量都應當動員起來，以便擊退鄧尼金的進犯，同時使紅軍不停地向烏拉爾和西伯利亞進攻。這就是當前的主要任務。」

十二天後，列寧這樣描述了鄧尼金：「南方的農民想咒罵布爾什維克，但當高喊民主的鄧尼金（不僅是孟什維克和社會革命黨人高喊民主，鄧尼金的報紙的每一行裡頁都有這個字眼）來到的時候，他們卻同鄧尼金進行鬥爭了，因為他們很快就體驗到，在漂亮的字眼下掩藏著鞭撻和掠

一九一八年，俄羅斯白軍領導鄧尼金（右）會見英國少將弗雷德里克・普爾（Frederick Poole）。（達志影像）

奪。」事實上，這時，列寧對戰勝鄧尼金充滿了信心，因為他認為他寄希望的世界革命將很快來臨：「……這個七月是最後一個艱苦的七月了，我們將以國際蘇維埃共和國的勝利來迎接明年的七月，而這個勝利將是完全的和穩固的勝利。」

世界革命的勝利和國際蘇維埃共和國的建立是這時列寧信仰和決策的唯一支撐點。就在這個與鄧尼金作最後鬥爭的七月以及隨後的八月間，列寧反覆強調了三點，一是：「……對鄧尼金的勝利即將來臨；這次勝利將以西歐無產階級的勝利而告完成，因為西歐各地的工人運動都帶有布爾什維克主義性質。建立了蘇維埃政權的俄國起初是孤獨的，隨後出現了蘇維埃匈牙利，德國的政權正在轉歸蘇維埃，全歐洲聯合成為一個統一的蘇維埃共和國去消滅全世界資本家統治的日子已經不遠了。」二是：蘇維埃的糧食壟斷政策和餘糧徵集制的實踐，「是在同資本主義進行毫不調和的最後決戰」，讓俄國從資本主義的泥坑中拔出了一隻腳，「踏上了真正社會主義的收購糧食的道路」，「證明蘇維埃政權在最困難最嚴重的糧食問題上，採取了正確的方針，走上了正確的道路」，「只有按照國家規定的硬性價格出售糧食，我們才有可能離開

1　編注：高爾察克（1874-1920），原是俄羅斯帝國海軍統帥。十月革命時，參加在鄂木斯克的西伯利亞臨時政府。一九一八年十一月十八日發動政變，成為該政權領袖，並建立反共主義政權臨時全俄羅斯政府，是當時得到國際社會普遍承認為俄羅斯的合法領袖。

資本主義」。三是：「不，我們決不放棄恐怖手段，因為我們知道，這樣會使高爾察克之流和鄧尼金之流獲得暫時的勝利！在這場戰爭中資本是自取滅亡。這只奄奄一息的野獸在斷氣前還在向工人咆哮。但這救不了它的命，它必然死亡！」

但是，列寧在這三個問題上的判斷都失誤了，由鄧尼金、弗蘭格爾和波蘭的畢蘇斯基（Józef Pilsudski）為主線組成的國內戰爭遠沒有結束，反而將進入一個最殘酷的拼搏階段。列寧預言的勝利的七月並沒有到來，鄧尼金仍在烏克蘭的土地上與布爾什維克的軍隊廝殺。

一九一九年中可以算是鄧尼金最為得意的日子，因為他的志願軍部隊在從頓河地區向烏克蘭的進軍中取得了一連串的勝利。一九一九年六月，鄧尼金承認了高爾察克的俄國最高執政和最高統帥的權力，六月二十四日，高爾察克的鄂木斯克政府任命他為副最高統帥。這表明鄧尼金的一個決策意向：無論是頓河哥薩克地區，無論是烏克蘭，也無論是西伯利亞和北方的尤登尼奇（Nikolai Yudenich），他們反對蘇維埃政權應該有一個一致的目標，這就是為建立一個統一的俄國而作戰。也就在這一天鄧尼金率領他的志願軍部隊占領了烏克蘭的哈爾科夫，隨後相繼占領了葉卡捷林諾斯拉夫和察里津。七月三日，鄧尼金發表文告，宣布其作戰的目的就是要占領「俄國的心臟」——莫斯科。列寧的〈大家都去同鄧尼金作鬥爭〉的號召就是在這種局勢下發出的。

哈爾科夫和葉卡捷林諾斯拉夫的失守令蘇維埃最高領導人嚴重不安，決定要盡一切力量予以奪回。一九一九年七月二十三日，在總司令謝・加米涅夫（Sergey Kamenev）發給南方面軍司令的電報中稱：「南方面軍在繼續阻止敵人前進的同時，要在近期內奪取葉卡捷林諾斯拉夫和哈爾科夫兩城……」

七月二十七日，托洛斯基致列寧：「哈爾科夫和葉卡捷林諾斯拉夫失守的最重要原因就是彈藥不足。整個戰役都會由於這個問題而遭至失敗。」

一九一九年八月五日，托洛斯基致中央：「……在未來的一年裡，烏克蘭的農民暴動將不是被我們而是被鄧尼金鎮壓下去，如同在去年的一年裡，在西伯利亞同農民暴動進行鬥爭的，不是蘇維埃政權，而是高爾察克一樣。」

八月六日，托洛斯基對鄧尼金在烏克蘭作戰的意圖向列寧報告：「鄧尼金顯然主要突擊烏克蘭。他的目的是：與羅馬尼亞和波蘭聯合起來。並將他的基地從葉卡捷林諾達爾轉移到奧德薩和塞瓦斯托波爾。」

在這一年的整個夏季，鄧尼金的軍隊在進軍莫斯科的征途中進展快捷，蘇維埃的南方戰線儘管在哈爾科夫和察里津城下組織過反擊，但慘遭重創。鄧尼金乘勝而下，又先後攻占了波爾塔瓦、赫爾松、奧德薩，最後於八月底，擊敗了在基輔「當政」的彼得留拉「烏克蘭人民共和國」的軍隊，收編了加利西亞的軍隊，占領了基輔。鄧尼金隨即加速了他的「對莫斯科進軍」。從九月底到十月底，鄧尼金的軍隊攻克下了俄羅斯的庫爾斯克、沃龍涅什、車尼哥夫，最後是奧廖爾，直逼莫斯科。這時，列寧對鄧尼金的戰爭是這樣描述的：「……沙皇將軍鄧尼金占領奧廖爾和尤登尼奇進逼紅色彼得格勒，造成了多麼嚴重的威脅」，「鄧尼金的部隊裝備精良。他們考慮到後方已發生起義，因此在絕望地掙扎」。

但是，局勢並不像列寧所講的那樣，鄧尼金遠不是在「絕望地掙扎」。此時，他的志願軍部隊已經從它進入烏克蘭的土地時的二．六萬人擴大至十五萬人，控制了烏克蘭的大部分土地和俄羅斯部分土地在內的十八個省。一時間，聲勢浩大，他所領導的「白衛軍運動」也急速變成了一種政治果實——成立了「俄國南方政府」。而所謂「俄國南方」，鄧尼金指的就是「烏克蘭」。這種民族和政治因素糅雜在一起的觀念在他的《告小俄羅斯居民書》表述得淋漓盡致。

在這份文告裡，鄧尼金宣稱，他的「志願軍的主要目的就是復興統一和不可分割的俄國，而這種復興是恢復國家的獨立、正常行使職能和充分發展其經濟的必要條件」。他認為，烏克蘭不能稱為烏克蘭，只能稱為「俄羅斯的南方」，烏克蘭人只能叫做「小俄羅斯人」，而「小俄羅斯人」是俄羅斯民族的一個分支，將這個分支從俄國隔離出去的事一直存在。因此，他既反對彼得留拉的「烏克蘭人民共和國」，也反對布爾什維克的蘇維埃政府。在這份文告裡，鄧尼金規定俄語是「小俄羅斯」的一切國家機關和國立學校都必須使用的官方語言。

總之，鄧尼金所渴求的是：保持第一次世界大戰前俄羅斯帝國的疆界，在此疆界內不允許任何的民族自治和民族自決。烏克蘭民族，庫班、頓河、北高加索捷列克河地區的哥薩克都不能自治和自決。鄧尼金的這種民族觀和民族政策充分體現了「大俄羅斯民族主義」，那種把「大俄羅斯」民族視為最優越，把「小俄羅斯」民族等視為必須聽命於「大俄羅斯」民族的種族主義觀念在這片土地上根深蒂固和勢力頑強。鄧尼金這種對待烏克蘭民族的態度，不僅是烏克蘭民族主義者所不能接受，就是農民和諸如馬赫諾這樣來自農民的游擊隊伍也是無法接受的。

在實施這種綱領時，鄧尼金對烏克蘭民族採取了毫不寬容的措施：對不滿意和反抗他的「大俄羅斯」政策的人（農民、民族主義者、民族主義政黨等）派軍隊進行討伐和鎮壓，因此，根據「俄國南方政府」的法令在農村進行的掃蕩、洗劫、殘殺事行就層出不窮遍及他的軍隊所占領的省分。布爾什維克政權所遭遇到的聲勢浩大的反餘糧徵集制、反紅色恐怖政策、反烏克蘭蘇維埃化的社會以及經濟和政治的困境現在降臨到了鄧尼金及其志願軍部隊的身上。再加上，在他控制的省分內，疾病，尤其是霍亂流行（關於這點，一九一九年八月六日，托洛斯基向列寧報告過，「在鄧尼金占領區內發生了霍亂。霍亂不可避免地要蔓延到南方軍的各集團軍中」），盛極一時的鄧尼金試圖復興統一和不可分割的俄國「白衛軍運動」走向覆滅已是註定的了。

就在這時，另一場嚴重殃及烏克蘭的戰爭、更為殘酷的戰爭突襲式地降臨到烏克蘭的西部土地之上。這就是波蘭和蘇維埃俄國為爭奪烏克蘭和白俄羅斯西部的土地而發生的戰爭，一場「波蘭沙文主義」與「俄羅斯沙文主義」的較量。

烏克蘭的西部歷來是相鄰兩國波蘭（當然，還有德國、羅馬尼亞等國家）和俄國為領土爭鬥得互不相讓的地區。所以說蘇維埃俄國和波蘭之間有國界，那是因為十月革命後，蘇維埃政權頒布法令（一九一八年八月二十九日）廢除了波蘭對俄羅斯帝國的臣屬關係：「由前俄羅斯帝國與普魯士和奧匈帝國政府締結的、涉及瓜分波蘭的條約，因其與民族自決權的原則、與承認波蘭人民不可剝奪的自主和統一的俄羅斯人民的革命法制意識相違背，由本法令予以徹底廢除。」但這條自白俄羅斯至烏克蘭的國界線卻極為不穩定，隨著彼得留拉在烏克蘭西部建立了「烏克蘭人民共和國」，一種重建其疆界遠達聶伯河的「大波蘭愛國主義」熱潮發酵般地在波蘭蔓延。而在蘇維埃俄國，列寧等布爾什維克領導人對世界革命所寄希望的日益濃厚和強烈，越過烏克蘭的西部邊界，拿下波蘭首都華沙作為通向西方、歐洲國家的「紅色橋樑」的思想也日益濃厚和強烈，以布爾什維克主義為旗子的「大俄羅斯民族主義」或者說「大俄羅斯沙文主義」再度抬頭。於是，在蘇維埃俄國和波蘭的邊界上，尤其是在烏克蘭一方的邊界上，波蘭愛國主義和布爾什維克愛國主義、小波蘭沙文主義和大俄羅斯沙文主義之爭就潛伏著槍上膛、刀出鞘的戰爭危機。

到了紅軍與鄧尼金的志願軍部隊較量的尾聲，西部邊境新的戰火即將燃起的氣息就開始蔓延了。一九二〇年一月二十八日，托洛斯基向列寧提出：「最近的情報都表明波蘭人極有可能發起全線進攻。」對於這場也許有一天終將爆發的戰爭，列寧一開始是持穩妥的立場的。隨後，列寧在《俄羅斯聯邦人民委員會告波蘭政府和波蘭人民書》中，對波蘭提出了警告：「波蘭現在面臨可能會有對兩個民族的生活產生多年極為嚴重後果的決策。所有的材料都證明，極端的協約國帝國主義者以及克里孟梭（Georges Benjamin Clemenceau）的追隨者和代理人正在竭盡全力要將波蘭拖進與蘇維埃俄國的無道理的、不明智的和罪惡的戰爭。」列寧建議，蘇俄與波蘭之間的一切問題均可通過談判、協商和讓步的和平方式來解決。同年三月一日，他在全俄哥薩克勞動者第一次代表大會上保證：「我們永遠不會超過我國軍隊現在駐防的邊界，而我國軍隊駐防的邊界離波蘭居民住的地方還遠得很。」

但是，波蘭政府領導人畢蘇斯基的「復國」情緒和願望已經是無法遏制的了，並且在一九二〇年四月上旬發展成了一場真正的戰爭。波蘭軍隊幾乎是長驅直入地開進了烏克蘭的土地，波蘭軍隊和蘇維埃軍隊在邊境線上進行了嚴重的較量。雖然這時在西部邊界有一支「烏克蘭、白俄羅斯和波蘭特別軍」西方面軍，但它人數不足，裝備極差，在波蘭的突然攻擊面前節節敗退。尤其是，蘇維埃紅軍還是一支在戰爭中進行組建的軍隊，還遠遠稱不上是正規部隊，而波蘭軍隊卻是一支由具有豐富作戰經驗的指揮員、武器裝備精良的正規軍。

在進軍基輔的進程中，畢蘇斯基政府沿途採取極其激烈措施，將被布爾什維克剝奪的土地返還給原來的地主和莊園主，並在這些地主和莊園主的協助下，以搶劫和殺戮對蘇維埃政權依靠的貧農進行了清算。五月七日，波蘭軍隊攻占了基輔，就在同一天，托洛斯基向列寧報告局勢的嚴重性：「據已得到的情報，在協約國的廣泛支持下，芬蘭和羅馬尼亞正在同波蘭協同行動。這意味著，蘇維埃共和國正面臨著從未有過的嚴重的軍事危險……」

波蘭軍隊攻進烏克蘭的土地，尤其是占領了基輔，這令蘇維埃領導人的情緒發生激變，隨之決策也發生重大變化。波蘭以戰爭方式向蘇維埃俄國索要「被俄國占領的土地」的行動，被列寧等領導人看成是不可容忍的挑釁，是對給予獨立地位的解放者和施恩者的忘恩負義。於是，蘇維埃領導人決定與波蘭打仗：重組西方面軍，在列寧的直接干預下，得到托洛斯基重用，但因史達林的反對而被「閒置」在西線的圖哈切夫斯基（Mikhail Tukhachevsky）被任命為西線指揮員，統領對波蘭的作戰事務。五月十一日，蘇維埃俄國和波蘭之戰在烏克蘭西部的土地上正式打響。

經過整整一個月的激烈戰鬥，圖哈切夫斯基的西方面軍花費極大的代價於六月十二日攻占了基輔，隨後又將聶伯河右岸掌控，紅軍部隊一直打到了蘇波邊界。對於這一個月戰爭的代價，列寧在攻克基輔的當天說：「我們決不會為邊界而戰，為了邊界已經流了那麼多的血，邊界對我們來說是及其次要的事情。」列寧還宣稱：「我們寧願保全我們紅軍戰士的生命，而不願為了爭奪被波蘭侵占的白俄羅斯和立陶宛去進行戰爭。」列寧所謂的「不會為邊界而戰」，其本意並不是不要烏克蘭西部這塊土地，而是想通過和談，把土地一時給波蘭，以求最終戰勝波蘭。所以，列寧在決策「不會為土地而戰」的同時，堅定地宣稱要將對波蘭的戰爭進行到底。下面這句話揭示了列寧「要將對波蘭的戰爭進行到底」的實質：「波蘭進攻的情況也是這樣。真是上帝要懲罰誰（當然，如果真有上帝的話），就會使誰喪失理智……應該有這樣一個口號：一切為了戰爭！否則，我們就不能戰勝波蘭的貴族和資產階級；為了結束戰爭，必須給那個竟還敢於玩弄戰火的最後一個鄰國永遠不能忘記的教訓。我們應該好好地教訓他們一頓，讓他們告誡自己的子孫後代永遠不再玩火。」

在這些話裡，除了世界革命的「紅色橋樑」這個基本指向，對波蘭的戰爭再現並突出了沙皇俄國遺留下來的、十月革命後列寧自己多次批駁過的「大俄羅斯沙文主義」的深刻影響。於是，俄共（布）中央委員會決策越過邊界，向華沙進發，攻下這個「紅色橋樑」，把俄國蘇維埃式的革命推向柏林和巴黎，迎接一個世界大同的國際蘇維埃社會主義共和國。於是，「向西，向華沙」成為蘇波戰爭的新風向標。七月二日，圖哈切夫斯基向西方面軍發出了戰鬥命令：「向西！工人們和農民們！反對資產階級和地主，為國際革命，為所有民族的自由！工人革命的戰士們！把目光投向西方。世界革命的命運正在西方解決。通向世界大火的道路伸展在白色波蘭的屍體之上。我們的刀尖上承擔著勞動者人類的幸福與和平。向西！向決定性的戰鬥，向莊嚴的勝利！」在列寧和托洛斯基堅持對波蘭採取強硬立場的同時，史達林也在八月四日致電列寧：「各戰線總的前景是這樣的：波蘭筋疲力盡，需要喘息，因此我們應該提出一些使資產階級波蘭無法恢復元氣的條件。」

在圖哈切夫斯基三十萬大軍的動員和向西進軍的同時，在蘇維埃俄國（尤其是在烏克蘭境內）展開了一場「俄羅斯愛國主義」的大宣傳和大鼓動。這種宣傳的核心就是：戰爭是為了捍衛十月革命的成果，而十月革命的成果——蘇維埃俄國是世界革命的希望、人類未來的希望。蘇維埃出兵波蘭就是為了解放波蘭，用列寧的一句話來概括就是：「沒有俄國的自由，就沒有波蘭的自由。」蘇波戰爭就在蘇維埃愛國主義的旗子下，在「向西，向華沙」的口號下喧囂而起。

布爾什維克領導人堅信，紅軍是正義之師，進入波蘭後必定會得到波蘭工人階級和廣大勞動人民的歡迎和支持，會奮起參加紅軍的解放大業。但是，情況卻不是布爾什維克領導人所期望的那樣，蘇維埃紅軍的狀況迅速發生逆轉。越過邊界後，圖哈切夫斯基的軍隊大開殺戒，沿途鎮壓和殺戮對紅軍進行抵抗的波蘭人。而波蘭的工人階級和廣大勞動人民不僅沒有以鮮花美酒歡迎蘇維埃「解放者」，反而與他們兵戎相爭，用鮮血與生命保衛自己祖國的獨立和自由。蘇維埃俄國的「紅色恐怖」政策擴展到了波蘭。一九二〇年八月二十日，西方面軍革命軍事委員會發布了一道「血刃華沙」的第一八四七號命令，要「把白色波蘭變為廢墟」。

在進軍華沙的隊伍中，還有一支史達林親自組織起來的騎兵部隊——布瓊尼（Semyon Budyonny）率領的第一騎兵師。由於托洛斯基和史達林在組建紅軍和建立西方面軍上的嚴重分歧，這支騎兵師的參加西進華沙的戰爭一是為了遏制托洛斯基，二是要搶占攻克華沙的戰功。

這支騎兵師對波蘭人的仇恨和殺戮與「血刃華沙」是異曲同工。對此，當時騎兵師的上級領導人伏羅希洛夫（Kliment Voroshilov）在九月四日的一份報告中坦陳無疑：「我誠實地證明，我們的騎兵軍履行了和正在履行自己的革命職責。我們消滅了大量波蘭人。光俘虜就抓了近兩萬人。砍殺和消滅的共有兩萬多人。在對待俘虜上，我們採取了把他們作為地主來大量消滅的措施，這可能會讓您感到吃驚，但其實這不足為奇，因為這些地主打起仗來非常兇殘，給我們造成了巨大損失。戰士們對波蘭人的痛恨往往因為他們的頑抗而達到極限，在這種情況下，我們的弟兄們就無情地砍殺。」

但是，伏羅希洛夫也沒有隱瞞自己隊伍的慘重損失：「我們在波蘭白匪戰線上的損失也很大。我們幾乎喪失了所有的指揮人員和軍事委員以及近一萬名戰士和差不多同等數量的馬匹……」

除了戰場上雙方的這種仇恨式殺戮，隨著紅軍向華沙的逼近，在波蘭的土地上也展開了大規模鎮壓支持紅軍的波蘭共產黨人和布爾什維克領導人的激烈措施。對於此事，托洛斯基請示列寧：「在波蘭，在大規模進行逮捕：政治保安員警威脅說，如果布爾什維克再打近一些的話，就槍斃被逮捕的共產黨員，怎麼辦？」列寧的回答是：「以威脅施壓。威脅：槍斃波蘭的共產黨員等於槍斃這裡的一百名波蘭人或不再有和平可言。」這簡短的批示表明了列寧要將蘇波戰爭進行到勝利以及以槍斃對槍斃的嚴厲措施來施壓波蘭的政策。

對波蘭境內的宣傳和全力協助西方面軍工作的是以捷爾任斯基為首的「波蘭工作組」，一個由親蘇的，並且是在蘇維埃俄國境內組織起來的波蘭人的組織。按照蘇維埃領導人的決策，在紅軍攻占華沙後，它就是波蘭政府。一九二〇年七月三十日，在紅軍占領維爾諾後，隨軍到此的捷爾任斯基就立即組成了一個波蘭工農政府——波蘭臨時革命委員會。發布文告稱：「紅軍挺進波蘭的口號是波蘭起義英雄們的老口號：『為了你們和我們的自由！』」文告完全是以波蘭人的口氣寫成的：「我們的俄羅斯弟兄向波蘭邊境開拔不是為了隨後來奴役它。這是波蘭政府強加給他們的戰爭。他們進行鬥爭，首先是為了爭得自己的和平，能使他們回歸祖國去從事創造性的、創建新制度的工作。」

但是，列寧等布爾什維克領導人過高地估計了自己的力量，圖哈切夫斯基的三十萬大軍到達華沙城下時，只剩下了四萬五千人。面對畢蘇斯基以逸待勞的正規軍，蘇維埃軍隊最終慘敗華沙城下。此外，列寧等還錯誤地估計了自己軍隊的「正義」和「國際無產階級革命性質」，在華沙城下與紅軍決一死戰的還有波蘭工人的游擊隊伍。就布爾什維克的蘇維埃政府而言，蘇波戰爭的最終結局是，接受了一直不願接受的英國外交大臣寇松（George Curzon）提出的調停兩國邊界的「寇松線」，不得不讓出烏克蘭和白俄羅斯西部更多的土地給波蘭，並最終造成了烏克蘭和白俄羅斯西部歸屬問題的歷史爭執以及因此而引發的反覆政治較量、武裝衝突，甚至地區戰爭；由此，這一廣大地區的社會動蕩和人心搖擺成為難以遏制的趨勢。而就蘇維埃俄國的民眾而言，西方面軍的普通戰士大多來自烏克蘭的農村，從基輔到華沙的戰爭進程中，紅軍損失了二十萬之眾，這對烏克蘭的人力資源是極大的損耗，它對農業、農村和整個烏克蘭的經濟發展的影響是災難性的。

列寧對蘇波戰爭的失敗是深感遺憾的：

只要紅軍再勝利地向前推進幾天，不僅華沙要被攻破（這到並不重要），而且《凡爾賽和約》（Treaty of Versailles）也要被粉碎……我們就差這麼一點力量沒有能夠打到華沙，把政權交給華沙工人，召集起華沙工農代表蘇維埃，告訴工人「我們是來幫助你們的」。我們的軍隊經過史無前例的英勇奮戰而耗盡了全部力量——就在這個時候，我們遭到了軍事上的失敗。

當然，這裡的遺憾還包括了對捷爾任斯基的「工作組」未能成為波蘭政府的遺憾。這個自封的波蘭臨時革命委員會止步於離華沙只有幾十俄里的地方，失去了進入這個世界革命「紅色橋樑」的機會。八月二十五日，撤退到白俄羅斯明斯克的捷爾任斯基對波蘭臨時革命委員會的成員科恩寫信表達了對失敗的不甘：「災禍可能降臨到我們頭上的擔心早已縈繞於我的腦海之中，但是作戰問題不歸我管，我只明白一點，政治局勢要求去進行冒險。我們做了自己的事情，只是當白衛軍不是在西方，而是在南方三十俄里處出現時，我們才瞭解了全域失敗的情況。應當保持完全的鎮靜，不驚慌失措地撤退一些人，而將另一些人組織起來進行還擊和保證撤退。」

就在蘇波戰爭進行時，自稱繼承鄧尼金未竟事業的弗蘭格爾強化了在烏克蘭中南部的活動。一九二〇年六月，托洛斯基就在起草的中央政治局的一份決議中指出了弗蘭格爾的威脅：「據已獲得的情報，與此同時，協約國給予弗蘭格爾各種幫助，弗蘭格爾整頓了自己的軍隊，以便同波蘭人協同作戰。」

弗蘭格爾的主要作戰目標是進軍頓巴斯，進而奪取整個烏克蘭，實現鄧尼金的「統一的和不可分離的俄國」的夢想。這時，弗蘭格爾擁有三十萬的軍隊，聲勢不可謂不大。弗蘭格爾認為，正是鄧尼金把烏克蘭人視為「小俄羅斯人」的政策導致了他的失敗。因此，他寄希望於改弦易轍，試圖借用馬赫諾和彼得留拉的殘部來完成自己的大業。因此，他在文告中宣布了自己的烏克蘭民族政策：「一，烏克蘭在未來的俄羅斯聯邦中享有自治權；二，必須組建烏克蘭人

弗蘭格爾別稱「黑男爵」，來自屬於波羅的海德國人的弗蘭格爾家族。（達志影像）

民大軍作為捍衛烏克蘭多數居民利益的烏克蘭代表機構；三，成立烏克蘭事務委員會，其目的是與烏克蘭各政黨和社會組織進行談判；四，對反對布爾什維克政權的烏克蘭各地的起義給與支持。」

但是，弗蘭格爾軍隊所到之處，搶劫、殺戮之事頻繁發生，尤其是對支持紅軍的貧農進行了無情的鎮壓。彼得留拉沒有能幫他的忙，而馬赫諾在軍事行動中又倒向了布爾什維克一邊。弗蘭格爾最終不得不率軍隊撤退到克里米亞，並從克里米亞發動了攻占高加索的軍事行動。就在這時，托洛斯基擬就了一份告弗蘭格爾部隊的軍官書：

弗蘭格爾男爵部隊的軍官們！

時間和經歷向你們中的大多數人揭露了你們的首腦強迫你們起的那種罪惡的、可恥的作用。當勞動的俄羅斯在同得到各國掠奪者支持的波蘭小貴族浴血鬥爭時，你們，俄羅斯軍官們卻正在起著聲援波蘭貴族的別動隊的作用。

指揮你們的是誰？是德意志族的俄國黑幫男爵，他曾企圖勾結德皇威廉反對協約國，他曾施展陰謀反對鄧尼金，指責鄧尼金搞「民族主義」，現在他又在爭當俄國主宰——君主。其實弗蘭格爾男爵明知自己無能為力，已準備將四分之三的俄國獻給自己的靠山和主子，而其餘的四分之一由他自己來統治。

弗蘭格爾的衣食住行全靠英法資本家的恩賜，他們為了從經濟上奴役俄國人民，不論是捷克斯洛伐克軍、黑人師，還是弗蘭格爾的軍隊同樣都準備利用。不管你們本意如何，現在你們無非是為金融資本服務的雇傭軍，是仇視俄國人民的嗜血成性、貪得無厭的波蘭小貴族的別動隊。

弗蘭格爾攻占高加索的圖謀被粉碎了。他的登陸兵也被擊潰。你們的軍隊遲一個星期早一個星期終將被打敗。對此你們自己不應該有懷疑。但是為了取得這樣的結果將付出的代價是流更多的血、國力遭到更進一步的削弱。

過去的教訓還不夠嗎？工農的俄羅斯需要勞動，需要經濟和文化的振興。要做到這一點，只有所有的人，俄國一切正直的人齊心協力來制止這場無謂的和無益的國內戰爭。

我們出於對振興勞動俄羅斯的關心，號召你們：不要再充當波蘭貴族和法國高利貸者走狗的可恥角色！放下喪心病狂地瞄準自己人民的武器！凡堂堂正正、自覺自願地投向蘇維埃政權的人，決不會受到懲罰。

弗蘭格爾的軍官們！工農政權最後一次向你們伸出和解之手。

革命軍事委員會主席　托洛斯基

弗蘭格爾的軍事行動並沒有因為托洛斯基的這一紙文告而停止。一九二〇年十月成為弗蘭格爾和蘇維埃軍隊殘酷決戰的時刻。十月一日，托洛斯基向列寧報告：「一切情況都表明，烏克蘭南部和黑海高加索沿岸一帶正受到弗蘭格爾部隊和協約國海軍的威脅，內部也可能發生陰謀活動和背叛行為。」十月三日，紅軍指揮員伏龍芝（Mikhail Frunze）在向列寧彙報戰況時寫道：「弗蘭格爾的部隊正全力進擊聶伯河右岸的紅軍，任務極其困難，因為部隊精神沮喪，士兵在議論新的後備隊要叛變。後方的混亂局勢更為嚴峻。目前我在哈爾科夫沒有一支可信賴的部隊。」十月十五日，他在給托洛斯基的戰況報告中這樣寫：「……弗蘭格爾實施以其精銳突擊部隊在霍爾季察附近渡河到聶伯河右岸的行動，開始完成其龐大的戰略計畫。一旦該計畫成功，我突擊隊將遭到徹底毀滅，弗蘭格爾將成為整個黑海沿岸一帶的主宰者。經過全線七天激戰後，這一計畫現已徹底破產。」

隨後，紅軍以數千士兵死亡的代價攻占了克里米亞。弗蘭格爾拒絕投降蘇維埃，於一九二〇年十一月十六日率殘部出走土耳其。

在托洛斯基的文告中，雖然重申了蘇維埃政權歷次對馬赫諾及其他農民武裝的保證：「凡堂堂正正、自覺自願地投向蘇維埃政權的人，決不會受到懲罰！」「弗蘭格爾的軍官們，工農政權最後一次向你們伸出和解之手。」但是紅軍占領克里米亞後，無論是對馬赫諾分子的承諾，還是對弗蘭格爾軍官們的承諾卻都沒有兌現。

在克里米亞建立了蘇維埃政權——克里米亞革命軍事委員會後，就開始了一場「整頓秩序」的「紅色恐怖」行動。一九二〇年十二月六日，即在弗蘭格爾出走土耳其半個月後，列寧在莫斯科黨的積極分子會議上的講話中也強調：「現在在克里米亞有三十萬資產階級。這是未來的投機倒把、間諜活動、對資本家們提供一切幫助的源泉。但是，我們並不害怕他們。我們說，我們要逮捕他們，分而治之，征服他們，消化掉他們。」為此，托洛斯基要求成立「三人小組」來處理。托洛斯基的副手斯克良斯基（Ephraim Sklyansky）則指示克里米亞軍事革命委員會：「只要在紅色的烏克蘭還有一個白衛軍官，戰爭就不會結束。」

捷爾任斯基親自負責了克里米亞「整頓秩序」的工作，全部按照《紅色恐怖》法令的規定辦事，「契卡」人員都是從中央和俄羅斯派去的，從一九二〇年十一月到一九二一年三月，總共有一千三百六十名「契卡」被派到克里米亞。「整頓秩序」的兩個目標，一是槍殺所有被俘虜的白軍官兵，二是消滅馬赫諾殘留在克里米亞的分子。這樣一個有組織槍殺俘虜的行動是從克里米亞革命軍事委員會的第四號命令開始擴大的：

一九二〇年十一月十七日

一、克里米亞領土上的所有外國國民均須按命令於三日內前去登記。在上述期限內不去登記者，將視為間諜，並送交革命軍事法庭，按戰時法令嚴加懲處。

二、自一九一九年六月蘇維埃政權離開後，待在克里米亞領土上的所有的人均應在三日內前去進行登記。不去登記者將視為反革命分子並將交革命軍事法庭按戰時法令嚴加懲處。

三、所有軍官、戰時官員、志願軍機構的工作人員均應在三日內前去登記。不去登記者將視為間諜，應按戰時法令嚴加懲處。

在這一法令執行的過程中，沒有撤出去的弗蘭格爾部隊的大量士兵和軍官（被俘的和投降的），還有在一九一九年六月前反對克里米亞蘇維埃政權的人，均遭到了槍殺，使克里米亞的「紅色恐怖」鎮壓行動達到高潮。這次槍殺鎮壓遍及克里米亞的所有大城市，根據蘇聯公布過的官方比較保守的材料，在辛菲羅波爾槍殺約一萬兩千人，在費奧多西亞約八千人，在刻赤約八千人，在雅爾達四至五千人。克里米亞被槍殺的總人數為五萬兩千人。

相較於一九一九年六月蘇維埃的鎮壓，一九二〇至一九二一年上半年在克里米亞的鎮壓範圍要廣得多，牽涉的人數要多得多，這一點連捷爾任斯基都沒有否認，只不過他把這一切的責任都推給了克里米亞革命軍事委員會：「布爾什維克領導人犯了一個重大錯誤，對派去克里米亞半島的人賦予了『搗毀白衛軍巢穴』的過分特權，但是卻沒有檢查，他們派出去的這些人是如何使用這些權力的。」

烏克蘭，包括克里米亞，紅軍和白軍的戰鬥是拉鋸式進行的，一會兒是紅軍來了，一會兒又是白軍打了回來。紅軍槍殺支持白軍的人，白軍槍殺支持紅軍的人。弗蘭格爾的軍隊在克里米亞也以「白色恐怖」對抗「紅色恐怖」。現在，解密的檔案表明，弗蘭格爾占領克里米亞後逮捕了一千四百二十八人，其中布爾什維克二百八十九人。在被逮捕的人中被槍殺的是二百八十一人。烏克蘭土地上的從鄧尼金到弗蘭格爾的內戰過程都充塞著這個可怕的變數，而變數的最大犧牲者是烏克蘭的居民，是那些無權主宰自己命運的普通人。

聶伯河兩岸的起義及騷動，馬赫諾的游擊活動，鄧尼金為在烏克蘭土地上建立「統一的和不可分離的俄羅斯」的軍事行動，也都擺脫不了這個可怕變數的玩弄和操縱。至於蘇波戰爭，它把國內戰爭的敵對面擴大至了蘇維埃俄國和波蘭兩個國家。蘇維埃政權和「土匪」以及沙皇將軍們的廝殺演變成了「波蘭的民族主義」和「大俄羅斯沙文主義」的生死較量。而在戰爭進程中，那種「一將功成萬骨枯」的現象所揭示的是被徵召入紅軍隊伍的烏克蘭人，主要是農民的大量死亡。

關於烏克蘭在蘇波戰爭、與鄧尼金的戰爭、與弗蘭格爾的戰爭，以及這些戰爭所引起的鎮壓所產生後果的嚴重性和深遠性，是難以清晰說明的。也許，列寧在弗蘭格爾出逃、認為國內戰爭已經結束的一九二〇年十二月所簡單講的一句話可以點出這個問題的核心：「我們則贏得了時間，在此期間開始建立紅軍。甚至烏克蘭所受的巨大創傷已證明是可以治好的，雖然為此歷盡了艱辛。」列寧的「艱辛」一詞，涵蓋了戰爭加給烏克蘭土地的全部傷痛和不幸。

不過作為戰場來說，烏克蘭的戰爭並沒有完全結束。到了一九四一年，希特勒的突襲蘇聯，烏克蘭的全部土地都被捲進了一場更大的、更殘酷的、災難影響更深遠的戰爭。不過，這是後話了。

第六章
肥沃的黑土區和災荒頻發區

從一九二〇年起到一九四七年的二十七年中，糧食歉收和嚴重的災荒遍及蘇聯最肥沃的黑土區（俄羅斯的窩瓦河沿岸、烏克蘭的聶伯河沿岸）、西伯利亞和北高加索盛產糧食的地區。災荒幾乎是連續不斷的，沒有太長時間間隔地就會發生，一九二〇至一九二三年、一九二四至一九二五年、一九二七至一九二八年、一九三二至一九三三年、一九三六至一九三七年、一九三九至一九四一年、一九四六至一九四七年的饑荒成了這二十七年中蘇聯經濟發展的重大標誌。

在蘇聯時期的糧食歉收和糧荒的進程中，烏克蘭是首當其衝的受災地區，而其中對烏克蘭的經濟產生嚴重影響的當算一九二〇至一九二二、一九三二至一九三三、一九四六至一九四七年的糧食歉收和糧荒，以及隨之而來的整個經濟、社會生活和政治變遷的綜合性危機。

一九二〇至一九二三年的饑荒是一場席捲窩瓦河沿岸、烏克蘭南部和克里米亞的大饑荒。這次饑荒是從一九二〇年夏天開始的，一九二一年大旱大災，百分之二十二的糧田絕收，一九二一年的糧食產量只有一九一三年的百分之四十三。一九二二年，雖然在烏克蘭聶伯河右岸豐收，但窩瓦河流域的饑荒卻持續洶湧發展，並且一直持續到一九二三年的夏天。一九二一年秋天到一九二二年春天，這次饑荒發展到了極為嚴峻的地步。饑荒擴展到了有九千萬居民的三十五個省，結果是有四千萬居民處於饑荒之中。

一九二〇年並不是饑荒年，但是由於這一年餘糧徵集的數量大幅度增加，產量地區的農民作為抗議手段大幅度減少了播種面積，從而大幅度減少了糧食產量。也就是說，餘糧徵集制使農村處於破產的狀態、國家面臨深重危機的邊緣，廢除餘糧徵集制已經到了勢在必行的事。一九二一年的大災荒發展和深化了一九二〇年的人為的糧食短缺現象，演變成了席捲俄國中部地區的大災荒。

關於這場饑荒，列寧是承認存在的，但只是歸結為在計算和使用糧食上犯了錯誤。一九二二年二月，列寧對莫斯科的黨的積極分子說：「現在是春季，我們的糧食困難又加劇了，雖然不久以前糧食情況有所好轉。現在出現的情況是我們沒有估計到的。徵糧計畫制定後所取得成績向我們表明，情況是有可能好轉的。人民已極度饑餓，以至非改善他們的生活狀況不可了。不僅需要救濟他們，而且需要改善他們的生活。我們沒有估計到，只顧眼前，到後來就會遇到困難。這是一個錯誤，正是這個錯誤才使我們現在面臨糧食危機。」

對於解決這樣一次嚴重的糧食危機，列寧仍然堅持他一貫的方針：一是向農民要糧，二是向富裕的農村要糧，儘管這時列寧已經決策轉向新經濟政策、實行糧食稅及租讓等一系列較為自由的農村、農業和發展工業經濟的政策。關於向農民要糧，一九二一年二月，列寧十分開誠布公地說過：「你們知道，這一年我們從農民那裡得到了多少糧食？有將近三億普特。如果沒有這些糧食，工人階級將怎麼辦？就是這樣，他們也一直在挨餓！我們知道，農民的處境是困難的，但沒有其他辦法能夠改善這種狀況……我們不能向農民許下立刻使他們擺脫貧困的諾言，要擺脫貧困，必須把工廠裡的生產提高一百倍。」列寧的意思很清楚，那就是：農民要想活，就必須先讓工人階級活。而這時，列寧對農民的基本態度是：「農民——這是另一個階級；只有階級不存在了，全部生產工具歸勞動者所有，社會主義才會到來。在我國階級還存在，要消滅階級還需要經過很長的時間，誰答應很快可以做到這一點，誰就是騙子。農民過著個體的生活，他們自己當家，單獨經營，他們有糧食，可以靠糧食來盤剝所有的人。」

關於向富裕的農村要糧，在列寧的視野裡就是烏克蘭、西伯利亞和北高加索。也是在這一年的二月，列寧在莫斯科工農代表蘇維埃全體會議上批評西伯利亞和烏克蘭的農民不理解「要把糧食發給最需要的人」：「西伯利亞和烏克蘭的農民……他們過去和現在所擁有的餘糧都比俄國中部農民多。他們還沒有遇到過俄國中部這樣的處境。烏克蘭、西伯利亞和北高加索的農民都從來沒有經受過莫斯科省和彼得格勒省的農民三年來所經受的那種貧困和饑餓（莫斯科省和彼得格勒省的農民所收穫的糧食比烏克蘭的農民要少得多）。他們通常擁有幾百普特的餘糧，他們總認為，要他們拿出這些餘糧就得馬上給他們商品。要使工廠開工，就需要時間，需要準備，需要工人。我們不是在絕境中而是在不斷取得勝利的鬥爭中來忍受空前的犧牲。這個差別決定著一切。」這些話所揭示的是一個布爾什維克的真理：蘇維埃俄國的農民和農村是劃分為二等的，一等的是等待別人必須提供糧食的大俄羅斯地區（莫斯科省和彼得格勒省），另一等是必須無條件提供糧食的小俄羅斯以及西伯利亞和北高加索。

五個月後，七月九日，列寧將向烏克蘭要糧的決策更堅定了、更細化了。他向中央委員會提出了如下建議：「如果歉收和饑荒地區的人口達到兩千五百萬，是否應當採取一系列最革命的措施，從該地區徵召大約五十萬名（甚至一百萬）青年入伍？目的是在一定程度上救濟居民，因為我們這樣做就供養了一部分饑民，而且寄糧食回家也許還可以在一定程度上救濟饑民。這是第一點。第二，把這五十萬人安置到烏克蘭去加強糧食工作，他們同糧食工作有切身利害關係，會深切認識到和感受到烏克蘭富裕農民大吃大喝是多麼不合理。」列寧得出這種結論的依據是烏克蘭領導人拉科夫斯基的謊報：「烏克蘭的收成據統計（拉科夫斯基）約為五億五千萬至六億五千萬普特。除掉一億五千萬普特留種和三億普特作為口糧和飼料，平均尚有大約一億五千萬普特的剩餘。如果把從饑荒省分徵召的軍隊派到烏克蘭去，這個剩餘部分就能**全部**收集起來（糧食稅加上商品交換，再加上向富裕農民專門徵收的救災糧）。」

在這裡，列寧明確規定了要從烏克蘭徵收的糧食和具體的方法，於是，烏克蘭不得不在遭受過餘糧徵集制後的農村缺糧、災荒的影響之後，面臨一種「幫助窩瓦河流域居民」的旗號下的新交糧運動。八月二日，列寧又簽署了《告烏克蘭農民書》：「今年聶伯河右岸烏克蘭地區獲得了大豐收。但是，窩瓦河流域卻在鬧饑荒，那裡的工人和農民正遭到比一八九一年的大災荒差不了多少的災荒。必須大力幫助他們。希望每一個農民都能把自己的餘糧分給窩瓦河流域受災的農民，他們已經沒有東西下種了。」

列寧的精確計算和對烏克蘭農民的呼籲顯然都沒有起到他所預期的作用。烏克蘭南部和克里米亞的災荒並沒有停息，而窩瓦河沿岸的災荒不斷激起民變。蘇維埃政府不得不向各國發出請求援助的呼籲。也就是在發表《告烏克蘭農民書》的同一天，蘇維埃政府照會國際社會：「俄羅斯政府將接收任何援助，不管這種援助來自何處，並且不將其與現有的政治關係相聯繫。」此後，在俄羅斯有效進行了賑災援助的是由國際紅十字協會下屬的南森（Fridtjof Nansen）領導的賑濟俄羅斯災民國際委員會，和胡佛（Herbert Clark Hoover）領導的美國救濟署。自一九二一年九月至一九二三年九月，南森領導的委員會總共為俄國提供了九萬多噸糧食。而美國救濟署的賑災自一九二一年十月一日起開始，作為一個主要的資本主義和帝國主義國家的組織，在進入蘇維埃國家時也曾遭遇到過慣常的麻煩。

在俄共（布）中央委員會議決與美國救濟署合作救災的過程中，史達林就提出，美國救災署向俄國災民寄送食物是一種貿易而不是慈善事業，所以應該徵收從邊境至倉庫的運費和倉庫保存費。列寧駁斥了這種意見：「即使目的是**貿易**，我們也應當做這個嘗試。因為我們只會得到救濟災民的好處並且有監督權，而且有權在三個月內拒絕。因此，不應收運費和倉庫費。應經政治局批准，派我們的一名檢查員前往**美國救濟署**督辦此事。此人既要忠實可靠，又要具備監督一切的本領。」

這是十月革命後蘇維埃政權第一次與美國進行實質性的接觸，也是美國（通過救濟署）第一次參預俄國國內的事務。這在當時，美國救災總署的行動是與蘇維埃俄國向萬德里普（Washington Vanderlip）和哈默（Armand Hammer）等美國商人租讓工業企業是同一個進程。兩年中，美國救濟署的糧食救濟總額為七千九百萬美元，其中美國政府出資兩千八百萬美元，蘇聯政府一千三百萬美元，其他為私人組織和慈善捐款。到一九二二年十月，美國停止了對蘇聯的賑災援助。

一九二一至一九二三年的災荒以及隨之引起的疾病瘟疫流行，死亡人數達到了五百二十萬之多。而對於烏克蘭來講，災民的人數沒有確切的統計，但它在災荒年所經受的糧食剝奪、經濟衰退、社會動蕩與窩瓦河流域沒有二樣。

列寧去世以後，史達林緊縮了新經濟政策，轉而強調「社會主義愈是深入發展，社會的階級鬥爭愈是尖銳」的理論，執行了一條在全國將資產階級全盤消滅的政策。尤其是在農村，被認為藏有餘糧的富農成為重點打擊對象。而一九二四年又逢大旱，百分之十一的糧田絕收。據蘇聯中央統計局的資料，受災人數達到了八百多萬。這時，烏克蘭並沒有受大旱災的嚴重影響，但是，它卻成為中央政府加強糧食收購、不斷增加收購量的主要地區。烏克蘭的糧食成為史達林決策中解決災荒的重要砝碼，通過高強度和高壓力的採購，以及在全國各地對因災荒和政府糧食政策不滿的農民騷動和起義的鎮壓，一九二四年的大災荒才算艱難度過。一九二七年，史達林本人承認了這次災荒的嚴重性和可怕性：「國家還沒有從一九二四年饑荒的後果中完全恢復過來。」

但從一九二六年起，烏克蘭農村開始出現災情並且延續到了一九二八年，一九二八年的災情席捲了烏克蘭盛產糧食的南部各地區：克列緬丘克、札波羅結、馬里烏波爾、奧德薩、克里沃羅格和波多里斯克等地。而到了一九二九年秋天，受到國家優先照顧的工礦重區頓巴斯的情況嚴重惡化。全蘇煤礦工會的一份報告裡描述了這種困境：「沒有肉，沒有馬鈴薯，即使有的話，那也得不到，因為到處都在排隊。」對蘇聯政府來說終於到了災難性的一天：烏克蘭也嚴重缺糧，糧荒遍及烏克蘭全境。而烏克蘭的糧荒迫使蘇聯政府在烏拉爾－西伯利亞地區加緊了武裝徵糧的進程。一九三一年一月，蘇聯供應人民委員部根據中央政治局的決定實行主要食品和非糧食商品的全國性憑證供應制，法令中還特別做出保證：「在一九三一年實施全蘇憑證供應制時，政府承諾將給居民相對高的供應指標。至於麵包、肉和糖的指標，它們將會超過第一次世界大戰時期許多國家給自己的公民所定的指標。」

但是，史達林認為糧荒是富農的破壞造成的，解決辦法是加快加速農村的，尤其是烏克蘭農村的階級鬥爭。事實上，從一九二八年起，對農村富農的剝奪和鎮壓就演化成為一種獨具史達林特色的階級鬥爭模式——「把富農作為一個階級來消滅」，而其具體方式就是「農業全盤集體化運動」。而在烏克蘭，伴隨農業全盤集體化進程的還有加強加大對糧食的採購。但是，對烏克蘭農村的強力採購並沒有徵集到政府所預期的糧食。到一九三二年，當全國性災荒已成定局時，不僅沒有糧食供應，甚至連春播的種子都沒有了。烏克蘭終於表示異議了，當時的烏克蘭人民委員會主席丘巴爾（Vlas Chubar）致電中央要求向烏克蘭受災地區提供救援的糧食。烏克蘭的請求令史達林及其當時的主要助手莫洛托夫（Vyacheslav Molotov）和卡岡諾維奇（Lazar Kaganovich）震怒。在六月二十八日召開的討論糧食收購問題的會議上，做出了派遣莫洛托夫和卡岡諾維奇去烏克蘭就地監督徵糧的決定。一九三二年七月二日，卡岡諾維奇在給負責國民經濟計畫的古比雪夫（Valerian Kuybyshev）的信中提到了這次會議：「會上不得不狠狠批評了地方當局，特別是烏克蘭人，他們的情緒，尤其是丘巴爾的情緒很糟，他們帶著這樣的情緒不僅不能完成計畫，總的來說也不能收購到糧食。」

史達林派莫洛托夫和卡岡諾維奇去烏克蘭的目的就是徵購更多的糧食。史達林做出這一決策的依據是他一成不變的信念：烏克蘭有糧，而這兩位「欽差大臣」定能把這些糧食徵購上來。農業全盤集體化的一個主要動因是：國家的「直接工業化」需要越來越多的糧食。工業化是高指標的、不斷的更高的指標的，因此糧食的採購需求也應是高指標的、不斷的更高的指標的。一九三三年九月十二日，史達林在給莫洛托夫的信中強調了這種高指標：「我也同意，根據一九三二年度的糧食總產量計算，應該徵收六億九千八百萬公擔糧食。不得少於此數。」

莫洛托夫和卡岡諾維奇在烏克蘭所得出的是同樣的結論：烏克蘭有糧，「莊稼不壞，所有的問題都在於收割和採購」。所以，他們所做的工作就是盡一切力量徵購更多的糧食。但是，無論是莫洛托夫，還是卡岡諾維奇，他們在烏克蘭和頓河庫班地區的徵糧都碰到極大的阻力——農民的不滿和反抗。一九三三年九月十二日，莫洛托夫在給古比雪夫的信中提到了克里米亞的情況：「有一位克里米亞人來找過我，他們想把兩個區的單位面積產量指標降低一下（最近莊稼遭霜打了）。應該核實一下，儘快做出決定，因為這會延緩他們完成穀物年度採購計畫。」

當時，敢說沒有糧食，敢向史達林本人直言農村農民不滿和反抗實際情況，並要求停止這種暴力徵購、給自己的家鄉增撥救濟糧的人屈指可數，《靜靜的頓河》（And Quiet Flows the Don）的作者蕭洛霍夫（Mikhail Sholokhov）幾乎是唯一的一個（對蕭洛霍夫來說，他的家鄉是維申斯卡亞）。史達林對此甚為煩惱，但又不想因得罪這位名人而暴露了在烏克蘭和頓河地區徵購糧食的真實情況，因而想出了「安撫」之計。一九三三年四月二十三日，他給莫洛托夫指示：「我認為，應當完全滿足蕭洛霍夫的請求，即給維申斯卡亞人追加八萬普特，給上頓河人四萬普特。這件事看來已經弄得『全民』皆知，在那些地方發生了種種胡作非為事件之後，我們必須在政治上挽回影響。多給四、五萬普特對我們來說無所謂，可對這兩個地區的居民來說，眼下卻有決定性作用。」

一九三二至一九三三年的大饑荒席捲蘇聯各地，烏克蘭只是其中之一。對蘇聯全國而言，這次大災荒的特點是：一，所有生產糧食的地區無一倖免，中央黑土區也成了災荒區；二，災荒所造成的慘烈景象是沒有例外的全景圖。當時「奧格布」（OGPU）[1]機構的內部報告中，連篇累牘地給中央上報了如這裡所引的「內部密報」的描述：「饑荒遍地，隨饑荒而至的是乞討、自殺、疾病蔓延、吃掉牲口、拋售財

蕭洛霍夫為一九六五年諾貝爾文學獎得主。一九六四年他與莫斯科文學院的年輕作家們交流。（俄羅斯與蘇聯研究合作協會 SCRSS - Society for Co-operation in Russian & Soviet Studies，達志影像）

產、移居到沒有災荒的地區去、逃亡到城市。」對烏克蘭而言，這次災荒意味著，一是它歷來的產量地位和自足生活遭到了徹底的破壞，被捲入了饑荒的大潮；二是由於烏克蘭的人口密度較之蘇聯其他受災地區都高，以及烏克蘭是國家工業，尤其是重工業集中的地區，所以人口的流動，也就是居民外遷逃亡的可能性較之其他地區要少，因此餓死人的數字要高；三是那種「大吃大喝的富農」有的是，糧食有的是，從烏克蘭取糧拯救整個蘇聯的思想和決策更加重和加深了烏克蘭的災荒以及隨之而來的整個社會全面動蕩。

因此，在全蘇的災荒全景圖中，烏克蘭的這張拼圖就顯得分外的刺目。在一九二九年被調入莫斯科、以前經歷過烏克蘭饑荒的赫魯雪夫在回憶錄中記錄過一九三二至一九三三年烏克蘭的大饑荒：「後來，烏克蘭發生饑荒的消息傳開了。我簡直不敢相信。我一九二九年離開烏克蘭時，那裡的生活已經回升到戰前的水準，食物豐富而便宜。而現在，僅僅隔離了三年，卻說那裡的人民在挨餓，實在令人難以置信。直到許多年後，阿納斯塔斯・伊萬諾維奇・米高揚（Anastas Ivanovich Mikoyan）告訴我下面一件事，我才弄清了三〇年代初烏克蘭的情況壞到什麼程度。米高揚告訴我，那時擔任基輔省黨委第一書記的傑姆欽柯（Nikolai Demchenko）有

1 編注：「奧格布」（1923-1934）為「國家政治保衛總局」之簡稱，即祕密警察機構。一九二三年由國家政治保衛局（GPU）改組而來，其前身機構即為「契卡」。

一次到莫斯科來找他，對他說：『阿納斯塔斯·伊萬諾維奇，史達林同志，或者政治局裡的任何一個人，是不是知道烏克蘭目下正在發生的情況？如果還不知道的話，我可以給你一個大致的概念。新近有一列火車開進基輔，上面裝滿了餓死者的屍體。這列火車一直從波爾塔瓦到基輔沿路收集屍體。我想，最好有人能把這種情況告訴史達林。』」

但是，蘇聯政府一直對一九三二至一九三三年的大饑荒嚴守祕密，一直繼續執行糧食徵購高指標、高限額的政策，並且對徵購到高指標政策喜形於色。一九

一九三三年八月，蘇聯記者在烏克蘭紮日科沃區列寧集體農場創辦地區報紙，工人們正在收割乾草。一九二八年至一九三三年間，蘇聯的集體化政策鞏固了土地和勞動力。工人們沒有得到薪水，而是在國家拿走農場的收成後，得到一點農產品為回饋。（達志影像）

三五年九月四日，卡岡諾維奇對於自己在烏克蘭等地的徵糧成果興奮不已，一九三五年九月四日，他在致負責北高加索徵購糧食的奧爾忠尼啟則的信中透露出了這種喜悅：「……今年糧食徵購進展情況——這是我們空前的、非常驚人的勝利，這是史達林主義的勝利。我們已經徵購十億普特糧食，再加上三．七億普特的去年的餘糧。烏克蘭已結束了徵購，一些邊疆區也結束了徵購。」

但是，最瞭解糧食情況和社會動蕩不安的還是史達林。一九三五年九月二十六日，史達林就糧食問題給莫洛托夫指示：「至於說到糧食收購，必須將計畫稍稍下調。大家都抱怨計畫訂高了。如果烏克蘭減少一千萬普特，北高加索減少七百萬普特，亞速海－黑海邊疆區減少五百萬或六百萬普特給其他地區，下調計畫再留出兩千五百至三千萬普特，那麼我們就只能保持二．五億至三．四億普特的計畫了。」這種下調是史達林對一九三二至一九三三年饑荒做出的底線讓步，這也是確實到了萬不得已的地步了。但是，這種下調並未能阻止在其後的一九三六至一九三七年、一九三九至一九四一年饑荒的出現。

關於一九三二至一九三三年大災荒中，烏克蘭餓死的人民數字多年來在蘇聯學者和烏克蘭學者之間都有爭論。而現在，當大批檔案紛紛解密後，似乎得到了一個大家大體同意的數字：在烏克蘭，一九三二年餓死十四萬四千人，一九三三年餓死三百二十三萬八千人。

第二次世界大戰結束之後，蘇聯所面臨的是遭到嚴重破壞的經濟，就農業而言，一九四五年的穀物產量較之戰前一九四〇年的水準減少了百分之三十五，也就是說農業總產值相比一九四〇年少百分之六十。然而不幸的是，一九四六年，一場大災又降臨到蘇聯的大地之上：中央黑土區出現了大乾旱，夏收大幅度減產，總收穫量只有三十九．六百萬噸，比一九四五年減少七．七百萬噸。一九四六年七月，蘇聯政府採購部部長德文斯基給人民委員會副主席米高揚寫信，請求史達林干預並採取措施來消除糧荒：「由於歉收，農村裡的糧食少，村民們急匆匆搶購政府的糧食。不僅應當重新研究不憑證供應制度的實施，而且必須最大限度地節約一九四六年第三季度的糧食消費……如果史達林同志能將所有任務的月消費水準確定在一．五至一．六百萬噸之間，那就好了，那樣的話，所有的部門就都會找到削減自己異常增長需求的途徑和方式。」

但是，史達林和中央政府所持的根本立場依然是，儘管有旱災，但糧食有的是，打擊富農，強化階級鬥爭，糧食就能採購上來，饑荒就不足可怕。一九四六年七月十四日，蘇聯人民委員會和聯共（布）中央委員會做出了《關於糧食採購》的聯合決議。決議要求各地進一步加強糧食採購工作並規定了硬性的採購標準。與此同時，蘇聯的所有宣傳工具都展開了糧食採購的鼓動工作，黨報《真理報》（Pravda）更是連篇累牘地發表社論：〈完成糧食採購計畫——國家最重要的任務〉、〈糧食採購國家計畫是每個集體農莊和國營農場不可動搖的法律〉、〈集體農莊黨組織的一切力量要為糧食而鬥爭〉等。但是，重壓之下的糧食採購變成了一場向農村、農業要糧的政治運動，而糧食的採購量卻是遠遠達不到國家硬性指標的規定。

旱情在烏克蘭和摩爾達維亞尤為嚴重。當時由赫魯雪夫掌管的烏克蘭的情況足可以說明整個蘇聯的狀態。赫魯雪夫描述過烏克蘭這次災荒的情景：「不久，關於餓死人的信件及官方報告紛紛向我寄來。然後，人吃人的慘事開始了。我接獲的一份報告說，在基輔郊外瓦西爾科沃鎮附近的一座小橋下，發現了一個人頭和兩隻腳底。顯然，這屍體是被吃掉了。有許多類似事件。當時的奧德薩省委書記基里欽科（Aleksey Kirichenko）告訴我，他到過一個集體農莊，想看看人們怎麼熬過冬天。有人要他去看一個在那裡幹活的婦女。以下就是他描述的情況：『我看到一個可怖的景象。這個婦女正把一個親生孩子的屍體放在檯子上宰割。她邊幹邊嘮叨著說，我已經吃掉瑪涅奇卡了，現在我要把瓦涅奇卡醃漬起來。這將夠我們吃一些時候。你能想像嗎？這個婦女餓得發了瘋，以致屠殺她自的孩子。』」

赫魯雪夫還記錄了一位集體農莊主席向自己求援的信件：「赫魯雪夫同志，我們已經完成了上交國家糧食的定額任務。我們什麼都交出去了，自己已經一無所有。我們深信政府和黨決不會忘記我們，將會給我們援助的。」但是，身為烏克蘭中央第一書記的赫魯雪夫也是無能為力，因為採購的糧食全部上繳國庫，而動用糧食的大權又集中於中央之手。赫魯雪夫的自白道出了他的無奈，表達了一種普通老百姓難以體會的深刻悲哀：「他一定認為他們的命運是掌握在我的手裡的。我是烏克蘭共和國人民委員會主席兼烏克蘭中央委員會第一書記。他推測，既然我是烏克蘭政府的首腦，我就能夠幫助他。殊不知，他正在欺騙他自己。一旦糧食交進了政府的徵集站，我就無能為力了。這些糧食的支配權就不屬於我了。我自己不得不向國家申請特別調撥糧食以供應本地的人民。」

最後，赫魯雪夫還是向中央送了報告，申請特別糧食援助。而史達林的回覆也是意料中的事：「作為答覆，史達林給我發來了一份最粗暴、最侮辱人的電報。史達林說我是一個靠不住的人物；說我寫的備忘錄想證明烏克蘭自顧不暇，說我在要求一個荒謬絕倫的數量的糧食以供養人們。我無法表達這份電報使我沮喪消沉的嚴重程度。我清楚地看到了這個悲劇的全部，它不僅籠罩在我個人的頭上，而且也

一九三六年，赫魯雪夫（左）與史達林（右）一起工作，糧食採購是當時的重要議題。（達志影像）

籠罩著整個烏克蘭人民。現在饑荒是不可避免的了。」

現在的解密檔案證明了赫魯雪夫上述記錄並不是惡意攻擊史達林和給蘇聯抹黑：人民給赫魯雪夫的訴求信不僅有赫魯雪夫在自己回憶錄中記錄的，還有更大量的留存在發黃的檔案紙頁上。一個集體農莊裡的成員這樣寫：「尼基塔·謝爾蓋耶維奇，我們的父親，保護人！我們日子難過啊，我們被搶光，就連頭頭腦腦的也不像個人樣了，我們活得還不如豬狗。從來也沒有像現在這麼艱難過。人們在餓死，孩子們沒有吃食和生病，殘疾纏身……」

不僅烏克蘭，而且在所有災荒地區，都有人吃人的現象，在奧格布的密報中卻是從沒有規避過。一九三三年六月二日，別爾戈羅德州奧格布負責人向州委報告說：「在別爾戈羅德州羅溫斯克區洛茲良斯克鄉蘇維埃維什涅沃農莊，一名貧農集體農莊莊員索洛道夫尼科娃·阿納斯亞西婭·雅科夫列夫娜把自己已經死亡的四個孩子中的三個煮熟吃掉了。」一九三三年四月二十一日，烏拉爾斯維爾德洛夫斯克的奧格布上報了一個工人的信件：「我們全家在挨餓，小傢伙們已經八個晝夜在要吃的了，可是沒有，我今天就準備要弄死他們，可還是把手放下了，我決定再懷抱一次希望：您能幫幫我，我求您了，如果給不了的話，看來就得餓死了。」

當然，災荒不僅殃及烏克蘭，而且造成了全國性的破壞，經濟一蹶不振，社會動蕩，而政治權力也處於危機之中。只不過烏克蘭所經歷的災荒要更嚴重、危機更深刻罷了。在群眾給黨政機關以及領導人本人的信件中，還有相當多的信件道出了這場災荒可能帶來的嚴重政治後果並提出了警告。卡累利阿－芬蘭共和國的一位城市工人寫給最高蘇維埃主席團的信中所陳述的情況同樣在烏克蘭存在：「你們是否知道人們因挨餓正瀕臨死亡。如果你們不相信我，不去改善工人的處境，那麼許多人將會餓死。許多人在冬天就開始生病了，活不到春天來臨，即使有人能勉強撐到春天，也會染上腸傷寒和其他疾病……要是有哪個國家向我們宣戰，就難有人適合去服兵役。用不著資本主義國家來消滅蘇聯，我們自己就會掉腦袋。這種情況不僅威脅到我們，也威脅你們，我們親愛的政府。」語言樸實無華，但不可不謂切中要害。

奧格布的密報中也不斷上報這些事實上已經出現的危險警告，有些地方已經出現了反抗組織：「……三天來，沒有麵包，我僅靠馬鈴薯、死豬、死羊和死牛等活著，死掉的牲畜也是因為饑餓靠合作社的垃圾活下來的，往後不會再有了，不僅是麵包，如果這種狀況繼續下去，那我就要來考慮誰戰勝誰的問題了，而要在這件事上組織起來沒有什麼可說的，所有挨餓的人已經組織了起來，組織已經有了名稱『無食階層』，在這個組織裡有十三個人，還在每天、每時的增加。『無食階層』的目的就是今天為今天弄糧食，明天為明天弄糧食。」

至於赫魯雪夫所說給中央的申請特別糧食援助的信件確有其事，這份文件還留在檔案之中：「最近一個時期，在基輔和其他大城市，對居民的糧食供應極為緊張，出現了無法連續供應的局面……為了不致中斷對烏克蘭大城市和工業中心居民的糧食供應，烏克蘭蘇維埃社會主義共和國請求蘇聯部長會議從國家糧食儲備中調撥出五．七萬噸糧食。」

在那時，不得不硬著頭皮向史達林申請特別援助糧的地區遍及災荒地區的領導人不僅僅是赫魯雪夫，但申請的結果都是同樣的。為此，中央政治局做出決定，往各申請特別補助的共和國和地區派出強有力的幹部，當地坐鎮採購糧食，派往烏克蘭「協助赫魯雪夫工作」的還是那位卡岡諾維奇，另一人是帕托利喬夫。隨後，在災荒的中心地開展了一場以更強硬的措施，以階級鬥爭為主線，從富農手中剝奪糧食的新採購運動。一九四七年六月三日，烏克蘭政府通過了《向富農採購農產品的規定》，三天後中央政府批准了這一規定。根據這一

在大饑荒期間，烏克蘭蘇維埃社會主義共和國數以百萬計的人民死於饑餓，這是烏克蘭歷史上前所未有的和平時期災難。（達志影像）

規定，把大量的中農列進了富農的名單，凡沒有完成採購指標的人將按烏克蘭刑法第二章第五十八條處以五至十年徒刑，並沒收財產。這種後來被史達林成為「過火行為」所殃及的主要地區是烏克蘭西部六個州中的四個州，這一廣大地區有九十八．一萬農戶，三百六十萬人口。結果，在蘇聯人口損失幾百萬人的情況下，烏克蘭就占了三分之一左右。

一九四六至一九四七年的大災荒給蘇聯造成的損失是巨大的，甚至慘重的。這裡既有戰爭破壞所帶來的後果，也有天災的不可控制的力量，但人的因素，那種不僅永不削減糧食採購硬性指標，而且不斷提高採購標準的做法，同樣起了難以挽回的作用。在戰後蘇聯打出了兩個陣營的旗號，要在一切方面展現社會主義制度的優越性、「蘇聯世界第一」的大氣候下，對災荒的絕對封鎖，斷然拒絕外部世界支援的做法也是一種摧垮性因素。也許當時身在其位的赫魯雪夫的概括還是有道理的：「一九四六年是嚴重乾旱的一年，烏克蘭的農業生產遭到極大的損害。估計收成是不會好的。極端不利的氣候條件和我們農業中低下的機械化水準結合起來就使歉收不可避免了。我們缺乏拖拉機、馬匹和耕牛。加之，我們的人力組織工作仍然是個很薄弱的環節。人們正在復原回來準備就業，但沒有一個人能適應其原來的職務。有些人由於長期脫離工作而不復能勝任農場的熟練勞動，其他一些人則本來對這類工作就沒有勝任過。」

還有一點也許是更重要的，那就是災情的不能及時上達和對災情置若罔聞的統治方式。赫魯雪夫的回憶還是一針見血：「人們一般是不願意向史達林提供情報的，因為他們知道那些令人沮喪的報告會使他不悅，從而危及他們自己。史達林喜歡設想這個國家繁榮昌盛。史達林所歡喜的是，正如十九世紀的烏克蘭詩人塔拉斯・謝甫琴柯（Taras Shevchenko）所說的：『從摩爾達維亞人的國土到芬蘭人的國土，人們都默不作聲，因為日子好過。』唯一的區別就在於謝甫琴柯的詩是在尼古拉一世（Nicholas I of Russia）統治下寫的，而現在則是約瑟夫一世的統治。」[2]

2　編注：謝甫琴柯（1814-1861）正處於沙皇尼古拉斯一世（1796-1855，在位 1825-1855）統治的時代。而此處約瑟夫一世暗諷史達林（Joseph Stalin）。

第七章
蘇聯工業化的核心區和國防重地

十月革命後，經過內戰、饑荒和瘟疫流行，蘇維埃俄國的工業遭到幾乎是徹底的破壞。沙皇時期建立起來的工廠由於原材料的異常短缺而不得不停工，更為重要的是「戰時共產主義」時期執行的餘糧徵集制和動員工人上前線的措施使產業工人隊伍嚴重解體，作為集中了沙俄大部分重工業工廠的烏克蘭情況尤為嚴重。所以，在一九二四年轉向「新經濟政策」後，恢復和發展工業就成了蘇維埃俄國迫在眉梢的事。但是，新經濟政策執行的動蕩不定，經濟恢復和發展進程的緩慢以及聯共（布）黨內在工業化問題上的激烈鬥爭，使得工業化方針的實施遲遲沒有列入議事日程。

這個問題在實際上成為聯共（布）和蘇聯政府的大事是在一九二七年。這一年的聯共（布）第十五次代表大會做出了實施工業化方針的決議。實施工業化的方式就是以五年為一個週期來執行經濟發展計畫，這就是後來載入史冊、不僅影響了蘇聯自身，而且影響了社會主義陣營所有國家的「五年計畫」模式。這次代表大會相應地通過了發展國民經濟的第一個五年計畫（一九二八／一九二九－一九三二／一九三三）的指示。史達林和蘇聯政府把執行五年計畫的目光都聚焦在了烏克蘭，因為那裡不僅有沙皇時期的煤炭和機械製造工廠，而且有頓涅茨克這樣的礦區以及熟練的勞動力等其他必不可少的資源。而從個人關係來說，作為烏克蘭勞動軍的負責人，史達林幾乎從蘇維埃政權一建立時起，就在烏克蘭的工礦業集中地區——頓涅茨克從事動員和恢復工作。說得白一點，史達林也是從烏克蘭這塊土地上發跡起來的。

所以，在蘇聯的第一個五年計畫中，烏克蘭是全國計畫的重點、核心地區。在其後的第二個五年計畫和第三個五年計畫（被希特勒的突然入侵中斷）中，烏克蘭作為蘇聯直接工業化的重鎮、國防軍事工業的基地位置一直沒有發生實質性的變化，它穩坐「A組」工業，即國防軍工工業的首席之位。在第一個五年計畫中，全蘇計畫興建一千五百個企業，而其中的四百個部署在烏克蘭，而從投資方面來看，國家對烏克蘭的基本建設投資為全國投資總數的五分之一。在第二個五年計畫中，全國計畫興建四千五百個工業企業，而烏克蘭就占了一千個。

聯共（布）十五大後，烏克蘭黨的第十一次代表大會通過了堅決支持史達林的工業化方針和在烏克蘭實施五年計畫的決議。於是，從一九二八年起，烏克蘭開始執行第一個五年計畫，在四百個重點企業中包括了聶伯河水電站、克里沃羅格、基輔和哈爾科夫發電廠、札波羅結鋼廠、克里沃羅格鋼廠、亞速夫鋼廠、哈爾科夫拖拉機廠、諾沃克拉馬托爾斯克機械製造廠。在改建和擴建企業中有：馬里烏波爾冶金廠、聶伯冶金廠、聶伯彼得羅夫斯克冶金廠和下聶伯軋管廠等。

從這份名單不難看出烏克蘭第一個五年計畫核心工程的幾個特點。一是，這些工程都位於聶伯河的左岸，延伸於由北而南的整個烏克蘭東部和東南部，圍繞在煤鐵產區——克里沃羅格-頓涅茨克的周圍。尤其是頓巴斯和盧甘斯克地區則成了重中之重。其結果就是，烏克蘭的工業化使該地區形成了名副其實的蘇聯工業化基地的格局。如果說烏克蘭在蘇聯工業化所占的比重是三分之一的話，那哈爾科夫、盧甘斯克和頓巴斯的工業化則占了烏克蘭的半壁江山。二是，哈爾科夫至頓巴斯和盧甘斯克一線地區「A組」工業——國防軍事工業密集，成了國家高度保密的地區，到處張掛閒人免進的牌子體現了這種威嚴和神聖。這種情況反映了史達林和蘇聯政府的一個重大的和關鍵性決策：這一地區被視作蘇聯工業化的「三線」。他們認為，這是個最隱祕、最可靠、最安全的戰略要地，任何敵人都不可能侵犯到這裡，即使在國家遭受外敵入侵的情況下，這裡的軍工生產也不會停止，這裡生產的槍炮彈藥坦克飛機將永遠會源源不斷地支持任何一場戰爭。於是，這裡成了史達林決策中最強有力的後方。三是，之所以要把國家的重點國防軍事工業工程部署在這一地帶，還有一個重要的原因，那就是這是一個極為重要的戰略地帶，北和東部與俄羅斯領土相接壤，有俄羅斯做依靠，東有亞速海，南有黑海，可通達四方，而中部有聶伯河可做聯運的通道，更何況它又遠離紛擾、衝突甚至戰爭不斷的烏克蘭西部。四是，這一基地的建成將使俄羅斯的利益與烏克蘭緊密相連，俄烏之間的相互依靠和牽制將會成為俄羅斯的、蘇聯的利益所繫。

烏克蘭工業化的這些特點也許可以從當年建設聶伯河水電站的決議中看得出來。在一九二六年十月十七日至二十一日的烏克蘭聯共（布）全烏代表會議上做出的決議中是這樣寫的：「在烏克蘭南部，在克里沃羅格-頓涅茨克區，集中了我們蘇聯主要的重工業：冶金、金屬加工、煤炭和礦山工業，它們是能源的最大消費者。蘇聯這一地區豐富的自然資源，再加上有廉價的能源，就能保證這些工業部門在今後的增長和發展、提高在國外市場上的競爭力，也能創建新的部門。這些任務已經斷然提出為利用聶伯河建設強大的聶伯河水電站的必要性。聶伯河的現狀面臨著失去最重要的河道的威脅，並且需要進行建設水閘的大量投資。聶伯河水電站的建設將消除這種威脅，同時為烏克蘭農業資源最豐富地區、俄羅斯的森林地區以及聶伯河沿岸的俄羅斯聯邦地區提供直接的出海口，為運輸創造有盈利的條件。與此同時，聶伯河水電站的建設將為聶伯河沿岸資源豐富的農業區能利用廉價的電力進行灌溉和土壤改良，以期得到徹底的改造。」

在這份決議中強調的主要有兩點：一是要使蘇聯的工業在國際市場上有競爭力；二是打通聶伯河，爭奪黑海的直接出海口。這樣的決策在蘇聯政府當時所作的一系列重點工程項目的決議中都得到了極為清晰的表述。而在一九二九年西方國家發生了大的經濟危機後，蘇聯的這種戰略決策就更為強硬了。一九二九年聯共（布）中央十一月全會做出了「不惜一切代價加速發展機器製造工業和其他重工業部門」的決議。一九三一年史達林的一次講話突顯了這種決策的強硬，或者說他把蘇聯工業化的意圖和指向說得更清楚了：「我們落後於先進國家五十至一百年。我們應該在十年內跨越這一距離。」

於是，蘇聯第一個五年計畫的指標就不合時宜了，需要更高的增長率、更快的速度和更好的效益。因此，增長指標一高再高，速度一快再快，以爭取領導人心目中的一好再好的效益。蘇聯工業化最早被史達林稱為「直接工業化」，這個「直接」二字，一是指速度，速度是直線猛進，不顧一切困難和阻擾地飛速前進；二是指工業化的資金將直接取之於農業的「納貢」並儘量壓低、減少對輕工業和食品工業的投資。而就全國而言，普通老百姓要勒緊褲帶，為在十年內跨越五十至一百年的歷史進程做出貢獻和犧牲。而在一九三一年史達林說了「落後挨打」這段名言後，「直接工業化」就變成了「高速工業化」、「更高速工業化」。於是，一九三〇至一九三一年的增長指標就從原來的百分之三十三猛提到百分之四十五。

但是，更高的速度非但沒有帶來更好的效益，而是大幅度降速、增長率迅速下滑。就蘇聯全國而言，這種不顧客觀情況的增長指標，工業化的增長速度由一九二九年的百分之二十三．七滑落到一九三三年的百分之五。與此同時，食品和生活必需品嚴重短缺，排隊搶購麵包和食品的隊伍遍及蘇聯各地，政府不得不再次實行麵包、糧食的憑證供應制。但就烏克蘭而言，工業化的進展情況卻是有了一系列的驕人成績。第一個五年計畫的重點工程紛紛完工投產：一九三二年五月，聶伯河水電站開始發電，克里沃羅格、基輔和哈爾科夫電站也相繼供電。在頓巴斯礦區有五十三個礦井投產，在各個冶金工廠裡建起了十二座高爐和二十四座馬丁爐。札波羅結的聶伯特殊鋼廠和哈爾科夫拖拉機廠也開始生產產品。

在此後執行的二個五年計畫中（第三個五年計畫因希特勒德國入侵蘇聯而被迫中止），札波羅結鋼廠、亞速鋼廠、克里沃羅格鋼廠投產，克拉馬托爾斯克機械製造廠、盧甘斯克蒸汽機車製造廠，馬凱耶夫斯克、聶伯捷爾任斯基以及大批冶金工廠開工。也就是說，在蘇聯全國一系列指標未能如期完成或者是未完工程的情況下，到戰爭爆發前，烏克蘭還是建成為蘇聯強大的工業基地了，某些部門的指標甚至趕上了世界發達國家的先進水準。

烏克蘭東部和東南部的頓涅茨克、盧甘斯克和哈爾科夫是烏克蘭工業化的核心地區，因而也是蘇聯工業化的核心地區。這裡的工業化進程及其結果不僅體現了烏克蘭，也體現了整個蘇聯的工業化進程的實質，而且這種進程從根本上改變了這一地區在烏克蘭的地位，進而改變了烏克蘭在整個蘇聯中的地位。頓涅茨克的工業化的最大特點是：機械製造、煤炭開採、冶金和化工工業高度集中。早在一九二六年，在馬凱耶夫斯克就有二十三個礦井在工作。一九二八年底，戈爾洛夫焦炭化學工廠就開工，同年該城的氮肥廠開工生產。一九三八年開始在斯拉維揚斯克建造第二座碳酸鈉工廠。在冶金工業方面，亞速鋼廠在一九三三年八月投產；在機械製造方面，諾沃克拉馬托爾斯克機械製造廠於一九三四年九月開工。一九四一年二月，克拉馬托爾斯克重型機床製造廠投產。

更能說明問題是，頓涅茨克在烏克蘭的、蘇聯的工業化進程中所占的許多「第一」表明了這一地區工業化的重要性。早在一九二九年九月，蘇聯最大的高爐就在馬凱耶夫斯克冶金廠建成。同年還建成了德盧日科夫卡五金工廠。一九三〇年五月一日，蘇聯最大的馬里烏波爾新管道工廠建成。一九三二年四月開始建設頓巴斯-莫斯科鐵路，一九四〇年八月建成通車。

盧甘斯克的工業化進程具有同樣的色彩。一九三一年十月三十一日，生產出了蘇聯第一台重型載重蒸汽機車，後來發展成為生產「菲力克斯·捷爾任斯基」系列重型蒸汽機車的中心。二十世紀初，已經存在的十六個加工廠和四十個手工工廠都得到了技術改造，成為烏克蘭工業化的骨幹力量。

頓涅茨克-盧甘斯克地區的小城斯拉維揚斯克是烏克蘭工業化中的重鎮。它其貌不揚，但是深處卻隱藏著一系列具有重大戰略意義的國防軍事工業。斯拉維揚斯克重型機械製造廠生產焦炭化工設備。斯拉維揚斯克建築機械工廠生產混凝土攪拌設備、礦山冶金企業所需的備件等。斯拉維揚斯克機械廠生產重型起重設備：龍門起重機和塔式起重機。

哈爾科夫在烏克蘭的工業化進程中獨具特色，它既是重工業工廠的聚集地，又是烏克蘭工業化的設計司令部和科技精英的彙聚之所。機械製造、冶金、化工、電力組成了哈爾科夫地區重工業骨架。在二〇年代末至三〇年代投產的主要是機械製造和冶金工廠：生產小汽車和載重汽車發動機的機械製造廠，生產履帶式拖拉機和輪式拖拉機的哈爾科夫拖拉機製造廠（一九三一年十月一日，第一台拖拉機下線），生產重工業各個領域所需的滾珠軸承的哈熱科夫滾珠軸承廠等。

在冶金工業中，最大的是札波羅結冶金廠。它是一九二九年蘇聯最高國民經濟委員會決議建立，並在一九三一年一月開工興建的。一九三三年十一月投產，是歐洲當時最大的冶金工廠。鄰近希特勒德國入侵時，它所生產的產品已經占了蘇聯黑色冶金產品的很大比例，尤其是熱軋和冷軋薄鋼板。此外，一八九六年建成的哈爾科夫交通運輸機械製造廠進行了大規模的技術改造，發展成為能生產坦克的國防工廠。一八八八年建成的哈爾科夫電機廠發展成為生產由俄羅斯、白俄羅斯、摩爾達維亞、格魯吉亞和烏克蘭十九家企業組成的大型電機製造廠，生產冶金、礦山所需的設備，以及各種機械化和自動化設備。

哈爾科夫的工業化工程幾乎都是烏克蘭的科研人員設計的，而這種強大的設計力量隊伍又都集中在哈爾科夫，這不僅使哈爾科夫成為烏克蘭的科技中心，而且成了全蘇聯的一支舉足輕重的科技力量。蘇聯最重要的核子物理研究所——哈爾科夫核子物理研究所對蘇聯的核研究有過開創性的貢獻。蘇聯的第一次成功核裂變就是在這個研究所進行的。正是由於這次核裂變的成功，親眼目睹了這次核裂變的蘇聯科學院院士卡皮察（Pyotr Kapitsa）後來才說：「這是蘇聯核子物理事業的真正開端。」

由北部的哈爾科夫，經盧甘斯克直下南部的頓涅茨克地區組成了烏克蘭的、全蘇聯的極為重要的工礦基地、國防重地。與這裡興起的重工業企業配套的是這裡利用當地的煤炭資源而興建起來的火力發電廠，而且這些發電廠都建造在頓涅茨克－克里沃羅格礦區周邊地帶。為了解決烏克蘭工業發展的能源問題以及向俄羅斯、白俄羅斯等地區供電，沿著由北而南、縱貫全境的烏克蘭的母親河——聶伯河開始建造多級水電站，其中在三〇年代發電的是聶伯河水電站（也是烏克蘭和蘇聯的第一座水電站）等。烏克蘭水利資源豐富，因此水電站成為第二次世界大戰前，烏克蘭和蘇聯極為重要的能源建設項目，火力發電和水力發電成了烏克蘭和蘇聯三〇

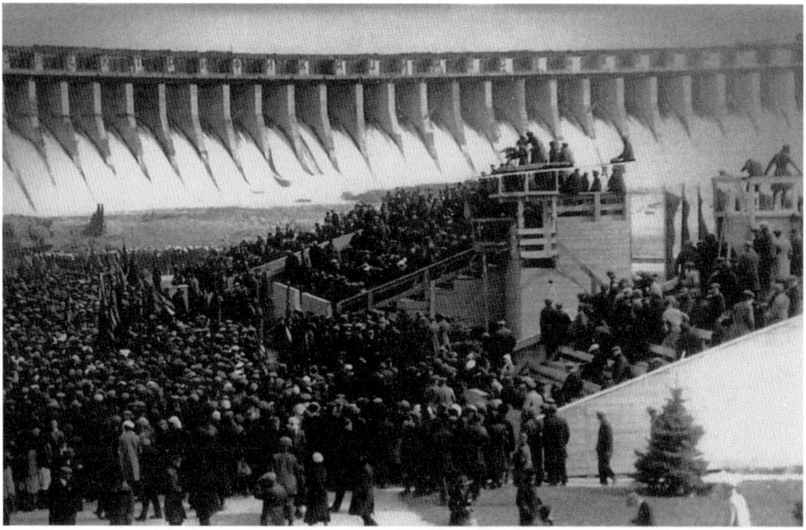

一九三二年，聶伯河水電站的啟動儀式。（達志影像）

年代工業化的特徵和標誌之一。

烏克蘭的工業化和全蘇聯的工業化是密不可分的統一進程，但是它又多了不少的「自己的、獨立共和國」的特色。這個特色最大的表現就是：烏克蘭強調烏克蘭的工業化應該由烏克蘭起主導作用，其成果主要應該由烏克蘭來享有。對這一問題，在二〇、三〇年代，烏克蘭中央領導人和蘇聯最高領導人之間是有過激烈的分歧的。蘇聯領導人強調烏克蘭的工業化必須由中央統一計畫、執行和監督，資金歸入全蘇的預算，但烏克蘭領導人卻要求在計畫、資金、執行諸方面有更多的「共和國的自主權」。這個問題，在烏克蘭的最大水電工程——聶伯河水電站的建設上暴露得十分清晰。

一九一八年，當內戰還沒有完全結束時，蘇維埃政府就在制定一個全國的經濟發展計畫——「全俄電氣化計畫」。聶伯河水電站就是這個計畫的重要組成部分，為了實施這一計畫，組成了聶伯河水電站建設委員會，主任是托洛斯基。但當時在中央政治局委員之間有著激烈的爭論，一方是堅持建設「窩瓦河-頓河運河」，一方是堅持發展聶伯河和建設聶伯河水電站。政治局委員間的這種爭論實際上反映的是烏克蘭和俄羅斯兩個共和國的利益之爭。聶伯河水電站得益最大的將是烏克蘭，而窩瓦河-頓河運河得益最大的將是俄羅斯。這場爭論持續了好多年，直到一九二五年，當時烏克蘭的領導人丘巴爾在全蘇第三次蘇維埃代表大會上提出了委婉卻類似於警告式的動議，問題才轉向最終的決定。丘巴爾說：「蘇聯的建設只有在各民族共和國獨立自主的基礎上才能繼續下去。」同時，他批評了中央政府的官僚主義，指責這種實質上是集權主義的官僚主義不僅會帶來導致政治麻煩的技術上的，而且還有政治上的問題。這最終促使中央政治局在一九二七年一月三十一日做出了建設聶伯河水電站的決議。正是烏克蘭領導人爭得了這種「共和國的獨立自主權」，才能在烏克蘭的工業化進程中多了不少「便宜行事」權。這顯然成烏克蘭工業化進程取得驕人成績的一個重要原因。

第二個原因是，烏克蘭在「共和國獨立自主權」下有了更多資金籌備和使用權。還以聶伯河水電站為例。在一九二七年一月三十一日的決議中，明確指出：「它的建設應該吸引同行的外援。」烏克蘭在美國和德國西門子（Siemens）的競爭中最終選定了美國。根據美國水電建設專家庫珀（Hugh Lincoln Cooper）的計算，水電站本身的投資為一億美元，若把閘門、相應的工廠以及附屬的居民區和社會設施包括在內，總值為四億美元。庫珀被委任為聶伯河水電站的首席顧問，而建設的資金相當大的部分也來自美國。水電站的設備重要來自三個國家：美國、德國和捷克。一九三〇年，美國的奇異公司（General Electric）運來了五台發電機組，紐波特紐斯造船及船塢公司（Newport News Shipbuilding & Drydock Company）供應了九台渦輪機。德國提供的是附屬工廠以及實驗室的設備。捷克供應的是橋樑鋼材的零件。吸收國外的資金和技術是烏克蘭工業化進程的另一個重要因素。

二十世紀二、三〇年代的蘇聯嚴重短缺的是資金，它的外匯收入主要靠出口石油、木材和糧食。對於雄心勃勃的工業化計畫這些外匯是遠遠不敷所出的。因此，人的因素，精神的力量被當成了解決資金短缺和技術落後的極為關鍵的手段。由上而下地指令開展一場社會主義勞動競賽和塑造英雄人物以帶動整個部門、行業，甚至全國經濟戰線的「趕超西方先進國家」的運動。而這一運動，恰恰是在烏克蘭的頓涅茨克礦區首先發起的。一九三五年八月三十至三十一日夜間，頓巴斯的中伊爾敏諾礦井的礦工斯達漢諾夫（Alexey Stakhanov）在中央派出的視察大員的安排下，將既要一人採煤又要同時加固採煤面的傳統採煤方法，改變為「三人小組」採煤，斯達漢諾夫只管採煤，另兩名組員是極富經驗的採煤工，他們則負責清理和加固採煤面的工作。結果，斯達漢諾夫在將近六小時工作後，淨採煤量達到一百零二噸，是當時普通定額的十三．五倍。第二天，中央的《真理報》迅速報導了這一消息，稱讚斯達漢諾夫創造了採煤世界紀錄，把西方國家遠遠地拋在身後了。

隨之，斯達漢諾夫所在的礦黨委對他做出了異乎尋常的表揚和獎勵：他被授予「礦井優秀人物」稱號，工資大幅度提高，有了高額獎金，有了住房、沙發和電話，有特別的療養證，並且在礦井俱樂部享有榮譽專座。礦黨委的決定還號召全礦開展競賽，爭當斯達漢諾夫式的優秀人物。這樣就開始了蘇聯的「斯達漢諾夫運動」，有了「斯達漢諾夫工作者」這個稱號。此後，在烏克蘭又先後出現了農業方面和冶金業方面的第一位「斯達漢諾夫工作者」。始於烏克蘭頓巴斯的「斯達漢諾夫」之風瞬間席捲整個烏克蘭和蘇聯。

「斯達漢諾夫運動」這樣的精神力量之所以在二、三〇年代的工業化進程中能起到相當大的作用，主要的原因是普通勞動者一方面對美好生活的渴望，期望這種加速的、高強度的勞動能最終給自己帶來具體的物質福利，另一方面對國家領導人許諾的「社會主義幸福未來」的信任。渴望和信任在那個特殊的時期和特殊的環境中相交織並產生特殊的力量。但是這種力量是有極限的，那就是如果連續的加速且高強度的勞動之後得不到日益豐富的物質福利，如果領導人的許諾屢屢不能兌現，人們仍不得不勒緊褲帶過日子時，這一成為積極力量的重大因素就會逐漸消退，並最終演變成為一種相反的消極力量。

烏克蘭工業化進程中，大量使用了

斯達漢諾夫（右）在一九三五至一九四五年間向礦工同事解釋他的工作流程。（達志影像）。

「人口移動」的措施。這種措施包括了兩個方面，一是將大量的以俄羅斯居民為主的居民遷入重點工程的地區，形成新的工人居住區、新的城市，促使烏克蘭農村迅速城市化。結果是，重點工程集中的哈爾科夫、盧甘斯克和頓涅茨克地區的俄羅斯族居民的人數猛增；城市工人的人數也猛增（在一九二三至一九三三年中，哈爾科夫的工人數由十二萬增至三十三萬，札波羅結由一・二萬增至六萬，聶伯彼得羅夫斯克由二・四萬增至十八・五萬，盧甘斯克由不足萬人萬增至七萬多人）。另一方面是，大量使用囚犯勞動力，這種始之於俄羅斯土地上「白海－波羅的海運河」開挖的社會主義建設方法延伸到了烏克蘭幾乎所有重點工程的工地之上。

烏克蘭工業化進程中的另一個重大因素是：以階級鬥爭為綱，採用了嚴密監控和鎮壓措施。一切違反勞動紀律和不能高速、提前完成定額者都被視為「破壞分子」、「反革命分子」。恰如「斯達漢諾夫運動」始於頓巴斯，以工業化為背景的對「破壞分子」、「反革命分子」的鎮壓也始於頓巴斯。這次鎮壓以「沙赫特案件」聞名於史冊。

一九二八年三月，「契卡」的繼承者「奧格布」向史達林遞交了一份密報，說是他們發現了一起重大的破壞事件。密報中說，在頓巴斯的沙赫特礦區發生了罷工和破壞，這是一個強大的組織幹的，它「多年來在頓巴斯煤炭工業托拉斯系統中活動。鑑於這一案件已經超出了該地區的範圍，並且事態的進一步發展需要在哈爾科夫（頓巴斯煤炭工業托拉斯總管理局）、莫斯科（蘇聯最高國民經濟委員會）進行偵查，我們被指令集中在莫斯科偵查此案，因為事實十分清楚，這個中心在莫斯科的組織不僅在我們的煤炭工業，而且在國民經濟的其他部門從事破壞活動」。密報中所指控的「強大組織」的成員包括從中央到沙赫特礦區的大量工程技術人員和礦區、礦井、企業的負責人，這些人被密報稱為「專家破壞者」、「專家反革命分子」，並將此案定名為「頓巴斯反革命經濟案」。

密報中不僅指控這些技術專家多年來蓄意進行系統破壞，而且指明他們是從波蘭、德國派進來的間諜特務，接受國外的資助，完成外國情報機構的任務。甚至明確指出：「根據一些被捕者的證詞（但尚未準確核實），在從國外運進大型設備的同時，向蘇聯發送武器。同樣是根據未經核實的材料，有從國外運進貨幣準備在哥薩克地區組織起義的部隊。」

史達林認可了這份有一系列「未經核實的材料」的報告，並在同年三月在莫斯科舉行了對此案的公開審理。只不過是將密報中的「反革命經濟案」提升到了「組建地下組織，與莫斯科的破壞分子以及國外的反蘇中心建立祕密聯繫」的新高度。於是，在三月十八日蘇聯最高法院檢察長的起訴書中「未經核實的材料」就成了「確定無疑的材料」了：「正如確定無疑的偵查材料所證實的，該組織的中心在國外，並且是由頓涅茨克礦區的煤炭企業的前資本主義所有人和股東組成的，他們與德國工業企業的某些公司以及波蘭情報機構有著密切的聯繫。對大量促使工業癱瘓的現象（縱火、爆炸、破壞機器、礦井堵塞）進行仔細分析後，就發現了反革命的罪行。隨後對罪犯的逮捕、被指控者的和偵查人員的證詞、技術鑑定都提供了極其大量的材料，準確地確定了這一有著分支機構的陰謀組織的成員、目的以及活動的手段和方式……經偵查確認，這個在許多年中進行活動的反革命組織的工作，就是組織用心險惡的罷工和隱祕的搗亂活動、以不合理的建設方法破壞煤炭經濟、浪費資金、降低產品的品質、提高成本，以及直接地破壞礦井、礦場和工廠等。因此，兇犯們的任務就是，一旦發生他們無疑指望的武裝干涉，就對整個工業進行災難性的破壞、急劇降低我國的國防能力，進而幫助武裝干涉者戰勝工農紅軍的抵抗。」

沙赫特一案總共逮捕了數百人。莫斯科審判後，有十一名工程師被槍決，六名工程師由死刑改為十年監禁。但是，「沙赫特案件」並不是唯一的「工程技術人員進行破壞活動」的案件，在它之後，在整個三〇年代，目標集中於工程技術人員和其他知識分子身上的鎮壓活動紅線一般貫穿於「向資產階級發動全線進攻」的階級鬥爭之中。這也正如把「沙赫特案件」看作一種鬥爭信號的史達林自己所說的：「絕不能認為所謂的沙赫特案件是個偶然事件。『沙赫特分子』現在還坐在我國工業的所有部門之中。他們中的許多人已經被抓了出來，但遠不是所有的都被抓出來了。資產階級知識分子的破壞活動是反對發展中社會主義的最危險形式之一。而與國際資本的聯繫就使這種破壞活動更加危險。」

希特勒的入侵中斷了烏克蘭工業化的進程。史達林曾經指望不可攻破的烏克蘭東部和東南部的工業基地和國防重鎮全部落入德國軍隊之手。那些花了無數錢財、精力，使用了各種統治方式建成的企業、工廠，不得不再次花費錢財、精力和運用各種統治方式撤離、搬遷至更遠處的烏拉爾和西伯利亞地區。於是，無論是「直接工業化」也好，社會主義工業化也好，無論是工業化的積極方面，還是消極方面都在瞬間化為烏有。蘇聯人需要贏得戰爭，蘇聯人面臨著生死決戰。直到勝利之後，在經過了戰後的蕭條和再次起步後，烏克蘭的工業才有了新的轉機。

二十世紀五、六〇至七〇年代是烏克蘭工業發展的又一個好時機。哈爾科夫、盧甘斯克和頓涅茨克不僅得到了恢復，而且組成了一個以航太和軍工為主的新的工業區。同時，強化了對發展較弱的西部地區的工業建設。在整個烏克蘭的工業新進展的全景圖中，濃墨重彩的一筆是對能源的進一步開發和利用。如果說，二、三〇年代能源發展集中於煤炭等資源上的火力發電的話，那在五〇至六〇年代，興建水電站成為高潮，而從七〇年代開始，原子能電站則成為烏克蘭工業建設的重大標誌。

在五〇、六〇年代開始建造，六〇至七〇年代中期先後投入運行的水電站和水力蓄能發電站中工程規模最大和涉及地區最廣的是聶伯河上的多級水電站。它們中有基輔水電站（第一級水電站，一九六四－一九六八）、基輔水力蓄能發電站（一九七〇－一九七二）、卡涅夫水電站（第二級水電站，位於車卡夕州的卡涅夫，一九七二－一九七五）、克列緬丘克水電站（第三級水電站，位於克里沃羅格州的斯維特洛沃茨克，一九五九年投入運行）、聶伯捷爾任斯克水電站（第四級水電站，一九五六－一九六四）、聶伯河水電站（第五級水電站，烏克蘭南方最大的水電站，保障頓涅茨克-克里沃羅格地區冶金、化工和機械製造等工業用電的水電站）、卡霍夫卡水電站（第六級水電站，一九五〇-一九五六，位於赫爾松州的新卡霍夫卡）。

與水電站和水力蓄能發電站同時進行的還有熱電站和熱電廠：北頓涅茨克熱電站（一九五二-一九七九，位於盧甘斯克州的北頓涅茨克）、布林斯丁熱電站（位於烏克蘭西部與匈牙利、羅馬尼亞和斯洛伐克接壤的伊萬諾-弗蘭科夫斯克州，一九六五-一九六九），札波羅結熱電站（位於札波羅結的埃涅爾戈達爾，始之六〇年代，一九七二年投入運行），茲米約夫熱電站（離哈爾科夫只有五十五公里，是保證哈爾科夫、波爾塔瓦和蘇梅州工業用電的），祖耶夫斯克熱電站（離頓涅茨克州的首府頓涅茨克只有四十公里，是該區的重點熱電站），庫拉霍沃熱電站（位於頓巴斯礦區的南部，處於兩大工業中心——頓巴斯和聶伯河沿岸工業區的中間，從第一個五年計畫就開始建設，一九四一年投入運行，一九六九至一九七五年間進行了技術改造），米羅諾夫卡熱電站（位於頓涅茨克礦區，一九五三-一九五七），烏戈列戈爾斯克熱電站（位於頓涅茨克州，一九七二年投入運行），赫爾松熱電站（一九五五-一九八一）。除了直屬中央的熱電站外，在頓涅茨克地區還建設了一批國營地方熱電站，如位於頓涅茨克地區的米羅諾夫卡熱電站（一九五三-一九五七）和斯拉維揚斯克熱電站（一九五一-一九六七）。

到了七〇年代下半期，在烏克蘭則開始了大規模的核電站建設，整個八〇年代是核電站建設的高潮。一九七九年，蘇聯部長會議決定建造札波羅結核電站，一九八一年動工，一九八七年全部投入運行，一九八九年進行了技術改造，第六座發電機組發電；位於沃倫－波多爾臺地、離庫茲涅佐夫斯克四公里的羅夫諾核電站是利用水－水核反應爐的第一座核電站，始建於一九七三年，全部運行在一九八六年；赫梅利尼茨基核電站，是解決烏克蘭西部供電的。一九七九年，在莫斯科的經互會執行委員會上決定由經互會國家共同建造一座核電站並共同利用。除了烏克蘭自身，收益最大的是波蘭；南烏克蘭核電站位於烏克蘭南部的尼古拉耶夫州的尼古拉耶夫斯克，是為解決南部用電建造的，始於一九七五年，一九八二年投入運行。還有，因為發生了前所未有的事故而聞名天下的車諾比核電站。

這裡所列舉的是烏克蘭土地上主要電廠和電站，而實際上經過半個多世紀的開發和建造，烏克蘭的全境都遍布電廠和電站，以頓涅茨克電網和聶伯和沿岸電網為中心，形成了一個全烏克蘭的電網。除了烏克蘭自身外，從烏克蘭的能源中獲益最大的是俄羅斯。也正是這種發達的能源工業讓烏克蘭和俄羅斯密不可分，讓俄羅斯把烏克蘭看成是自己國家不可捨棄、不能捨棄的最大利益所在。

在烏克蘭三〇年代的工業化以及其後的工業建設中，克里米亞和塞瓦斯托波爾是不可分割的重要部分，而且這種重要性隨著技術的進步、國內外局勢的變化和政治的變遷也就愈益彰顯出來。在二〇年代末和整個三〇年代中，克里米亞是緊隨烏克蘭、蘇聯土地上的工業化進程的。那時興建的最重要工程就是在重要的鐵礦區刻赤的「刻赤冶金工廠」。建廠的事是由聯共（布）中央政治局做出的決定，那還是早在一九二五年的事。建設工程持續了好幾年，從一九二九年四月到一九三一年，刻赤冶金廠有三座高爐投產，此外還有軋鋼車間、焦炭化工廠和附屬電廠先後投產。為了開發刻赤半島的鐵礦，在產區建造了卡梅申-布龍斯克鐵礦聯合工廠，一九三九年投產。

從六〇年代起，克里米亞的工業發生了重大的變化：它成了蘇聯航太計畫的研究中心之一。在克里米亞的西南部有個叫做葉夫帕托里亞的地方，這裡一年中有兩百五十天陽光燦爛普照，這是一種難得一見的天氣現象，此外，這裡廣闊無邊的草原又緊靠浩瀚的大海，這種地形被蘇聯的航太學家認為是與太空聯繫的最佳場所。蘇聯的科學家為尋找這樣的地區已經花費了差不多半個世紀的時間。於是，葉夫帕托里亞成了一座太空中心的建設地。一九六〇年，蘇聯航太設施控制和實驗中心建成，歸屬烏克蘭國家航天局。中心位於葉夫帕托里亞附近的小村莊維季諾，分為三個區，一個是維季諾航太中心，這是蘇聯第一個這樣的中心，另一個是葉夫帕托里亞遠程太空聯繫中心，第三個是研究「火星-金星」的「Mb專案」。

葉夫帕托里亞遠端航太聯繫中心實施的是研究月球和火星的計畫，它是一九六〇年建成的。一九五九年，當時的蘇聯領導人赫魯雪夫曾給蘇聯首席航太專家科羅廖夫（Sergei Korolev）下過這樣的死命令：「無論那裡的情況怎樣，你都必須在一年內建成這個航太中心。」

赫魯雪夫之所以這麼著急，那是因為蘇聯正面臨美國的「太空競賽」，誰？哪個國家首先登上月球？成了當時競賽的終極目標。從一九六一年起，這裡成了蘇聯航太計畫的發射中心。一九六一年，蘇聯發射了「金星一號」；一九六五年，「金星二號」和「金星三號」。蘇聯其後的「月球」、「火星」航太裝置都是從這裡升空的。在這裡還有一個模擬月球環境的「月球」試驗場，太空人可在此進行登陸月球的訓練。一九七八年，被蘇聯人稱為「史無前例的科研綜合設施」的RT-70射電天文望遠鏡投入使用。時至今日，葉夫帕托里亞中心仍是世界上屈指可數的太空中心之一。

葉夫帕里托亞的RT-70射電望遠鏡。葉夫帕里托亞是位於克里米亞半島西岸的港口城市，曾是蘇聯進行太空競賽的重鎮。（iStock／Victoria Koltsova）

第八章 天然氣管道：烏克蘭的血脈通途

煤炭、石油和天然氣一直是烏克蘭發展工業的主要支柱，儘管它們在不同時期對烏克蘭的工業發展起過不同作用。實際上，烏克蘭非但不是貧氣地區，而且是一個曾經有著豐富天然氣資源的國家。烏克蘭的天然氣氣田位於三個地區，一是喀爾巴阡山前地區，二是黑海沿岸和克里米亞地區，三是聶伯－頓涅茨克地區。而烏克蘭西部，即喀爾巴阡山前區的三個州：利沃夫州、伊萬諾－弗蘭科夫斯克州和車尼夫契州則是烏克蘭發現並最早開發利用的天然氣氣田；位於聶伯河左岸三州（哈爾科夫州，蘇梅州和車尼哥夫州）的聶伯－頓涅茨克地區則有著烏克蘭最大的舍別林斯克氣田；而黑海沿岸和克里米亞地區的氣田則是開發得最晚的，但也是最有前景的，從黑海水域的戈利岑氣田通往烏克蘭全境的天然氣管道是全國最長的。

天然氣一開始並沒有被烏克蘭人看成是一種新能源，在以煤炭和石油發展能源的年代，由於鑽探石油同時出現的氣體——伴生氣被認為是一種不可控制的力量，每當鑽探井口噴出這種氣體，就會馬上停止鑽探，以免發生大火和災難。在稍後，天然氣被認為是石油的伴生產品。直到上個世紀一、二〇年代，天然氣的開採和利用才在烏克蘭成為現實。烏克蘭天然氣的發現、開發和利用最早是在其西部的邊境地區。一九二〇年，在利沃夫州的一個小村莊——達沙瓦開採出了天然氣。一九二一年，從達沙瓦鋪設了一條通往區中心斯特雷鎮的天然氣輸送管道，長十四公里。但是，在這個二〇年代，由於蘇波戰爭的失敗，蘇維埃俄國不得不承認英國首相寇松勳爵建議的蘇波分界線——「寇松線」，將這些地區讓給波蘭。因此，達沙瓦和斯特雷所在的喀爾巴阡山前區正處於波蘭的控制之下，而在自詡為「大波蘭」的波蘭人的眼裡，這是被稱做「小波蘭」的農業附屬國。波蘭在這多事多變的邊境地區並不想發展什麼工業和經濟，實際上它也沒有這樣的能力。因此，當年這裡沒有什麼工業企業，當十四公里的管道把天然氣送到斯特雷鎮時，並沒有多大消耗的場所，而用得最多的是點燃街上的路燈。

隨著工業發展的需要，達沙瓦的天然氣有了多方面的用途。於是，從一九二四年起，輸送達沙瓦天然氣的管道就一延再延，一九二四年，鋪設了一條從斯特雷－德羅戈貝奇－伯里斯拉夫－斯捷普尼克，全長五十五公里的天然氣管道。於是，這條管道成了輸送達沙瓦天然氣的主要管道。這時，正是蘇維埃俄國中止「戰時共產主義」政策轉向新經濟政策，從極端的控制和壟斷轉向較為寬容和自由的轉折時期，從中央政府到已經成為蘇維埃共和國的烏克蘭的中部和東部地區正忙於調整經濟，把俄國從災難深重的邊緣拉回正常的發展軌道。而在屬於波蘭的烏克蘭西部，即在天然氣田達沙瓦的周邊地區，也正忙於新的更長的、天然氣管道的鋪設，這種開展與波蘭及周邊國家對天然氣的關注密切相關。從一九二四年到一九三四年的十年中，這裡新鋪設了兩條輸送天然氣的管道和兩處新氣田。兩條線路：一條是一九二四年的從達沙瓦，經日達切夫，到霍多羅夫，全長八十一公里；另一條是一九一九年的從達沙瓦到利沃夫，全長八十一公里。兩處新氣田：一九三三年底，在與達沙瓦相連的烏戈爾斯科伊鑽探出了天然氣。另一處是附近的奧帕拉和科科夫地區。

這時，在烏克蘭的西部天然氣的開發和利用顯然已經成了一種新興的工業部門，一個嶄新的技術領域。此時，烏克蘭境內的工業發展正進入與蘇聯同步的第三個五年計畫時期，能源主要依靠的仍是以煤炭、泥炭、焦炭的火力發電以及利用聶伯河的水力發電，天然氣的開發和利用尚未進入人們的視線，還根本談不上議事日程了。而烏克蘭西部新開發出的天然氣當時也主要向波蘭輸送，根本不會顧及蘇維埃烏克蘭的需要。

儘管在二〇年代的蘇波戰爭中慘敗，但蘇聯不僅對這次戰敗耿耿於懷，而且希冀有一天將失去的烏克蘭西部地區重新收回。這一天在一九三九年終於到來。隨著希特勒的軍隊於一九三九年九月一日入侵波蘭之後，蘇聯以「保護波蘭的西烏克蘭居民和西白俄羅斯居民」為由，大軍西進了二百五十至三百五十公里，近入了波蘭的東部。在德國軍隊和蘇聯紅軍共同占領了波蘭之後，蘇聯政府首當其衝的需求，就是最後解決西烏克蘭和西白俄羅斯歸屬蘇聯的問題。以史達林的得力助手日丹諾夫（Andrei Zhdanov）為首的專門委員會全權處理並解決了這一問題：一九三九年十月二十六日和二十八日，先後以這些地區「自願申請加入蘇聯」和「蘇聯最高蘇維埃批准」的程序，在十一月一日和二日先後將西烏克蘭和西白俄羅斯併入烏克蘭蘇維埃社會主義共和國和白俄羅斯蘇維埃社會主義共和國，也就是併入蘇聯。

在烏克蘭西部併入後，蘇聯政府就忙於將那裡的國有企業實行了國有化。由於實施第三個五年計畫的需要，解決烏克蘭本土、白俄羅斯及俄羅斯能源的不足，政府加大力度開發達沙瓦周邊地區的天然氣。一九四〇年，在奧帕拉發現了新的氣田，與一九三八年相比，天然氣的開採量猛增一倍，達到了三·四一億立方公尺。同年開始鋪設由達沙瓦至利沃夫的天然氣管道，全長六十五公里，一九四一年完工。達沙瓦的天然氣輸送到利沃夫。

這正是第三個五年計畫時期，烏克蘭的工業發展也加速了進程，所需的發電量也迅猛增加。基輔的工業企業靠的是利用頓涅茨克的煤發電，而頓涅茨克煤炭發電的大部分電量都供給了頓涅茨克本地區的工業和俄羅斯南部地區，烏克蘭中部，尤其是基輔的電力供應愈益緊張，於是決定鋪設由達沙瓦至基輔的天然氣管道，以便將天然氣輸送至基輔。但是，希特勒的入侵打斷了這一計畫，戰爭期間，達沙瓦的天然氣轉而向波蘭地區輸送。

蘇聯的衛國戰爭結束後，百廢待興，能源的嚴重短缺成為經濟恢復的攔路虎。一九四八年，從達沙瓦至基輔的天然氣管道（長五百公里）鋪設完工送氣，它成了歐洲當時最大的天然氣管道。烏克蘭的天然氣開始不再向波蘭輸送，而是轉向基輔，供烏克蘭自己所用。這時俄羅斯本身尚處於自己氣田開發的初始階段，天然氣工業還遠不成形。烏克蘭達沙瓦天然氣的前景給蘇聯領導人實實在在地描繪出了一個工業大發展的輝煌未來，史達林感覺到了天然氣能源的重要性並認為必須抓住這一機遇。於是，由中央政府決定出資統籌和集中領導鋪設從達沙瓦至莫斯科的天然氣管道，以便將達沙瓦的天然氣輸送給莫斯科及其他急需能源的地區。

一九四九年八月十五日，史達林親自簽發了蘇聯部長會議的一份決議——《關於建設達沙瓦－基輔－布良斯克－莫斯科天然氣管道第一期工程的保證措施》：

> 為了保障建設達沙瓦－基輔－布良斯克－莫斯科天然氣管道第一期工程的措施，蘇聯部長會議決議如下：
>
> 一、責成石油供應部（拜巴科夫同志）：
>
> 於一九四九年完成達沙瓦－基輔－布良斯克－莫斯科天然氣管道第一期工程長度為七十公里的建設，包括這一區段的跨河（含聶伯河）設施。達沙瓦－基輔－布良斯克－莫斯科天然氣管道第一期工程的建設始自西南鐵路的博雅爾卡站，向布良斯克方向延伸；於一九四九年十二月二十日前結束沿線的勘探工作並制定出技術方案；於十日內向蘇聯供應總局呈交一九五〇年建設達沙瓦－基輔－布良斯克－莫斯科天然氣管道所

需以及用於天然氣井鑽探的工藝、動力和其他設備名單；將烏克蘭蘇維埃社會主義共和國西部地區天然氣探測鑽探的範圍由一九四九年的三萬平方公尺擴大到一九五〇年的五萬平方公尺。

二、達沙瓦－基輔－布良斯克－莫斯科天然氣管道一九四五年建設工程造價為四千五百萬盧布（含建築安裝費三千萬盧布），將其列入石油工業部限額以上基本建設大名單，但不得改變石油工業部已定的一九四九年中央集權的基本建設計畫。

三、責成石油工業部（拜巴科夫同志）將「烏克蘭天然氣總局」聯合企業的天然氣氣田建設的限額以下中央集權基本建設投資增加五百萬盧布，但不得改變石油工業部已定的一九四九年中央集權基本建設工程計畫。

四、准予石油工業部將已定計畫外非中央集權基本建設投資的一百萬盧布用於採購正在建設中的達沙瓦－基輔－布良斯克－莫斯科天然氣管道的建設和管理處所需的辦公設備、用品和傢俱，但不得改變非中央集權基本建設投資計畫。

五、責成蘇聯財政部為本決議之第二、三和四條中所列基本建設工程撥款，款項由撥給列入石油工業部一九四九年計畫的基本建設款中支付。

六、責成石油工業部（拜巴科夫同志）核准達沙瓦－基輔－布良斯克－莫斯科天然氣管道的預算文件。

七、責成重型機械製造部（卡紮科夫同志）向石油工業部生產和提供建設達沙瓦－基輔－布良斯克－莫斯科天然氣管道的氣體燃料發動機壓縮機，每台一千馬力：一九四九年兩台，一九五〇年二十八台以及一九五一年第一季度四台。

八、責成郵電部（普蘇爾采夫同志）根據與石油工業部的合同，以自己的力量、設備和材料完成基輔－布良斯克－莫斯科天然氣管道區段的設計工作、架空選擇和城際通訊站線路的建設和安裝，所有的建設專案均需在一九五〇年第四季度投入運行。責成石油工業部為郵電部撥給用於進行上述工程的輔助工人和汽車運輸。

九、責成蘇聯供應部研究一九五〇年分配計畫中根據郵電部的申請，給其建設基輔－布良斯克－莫斯科天然氣管道區段架空選擇和城際通訊站線路及設備的安裝分配額。

十、責成河運部（沙什科夫同志）根據與石油工業部合同以及與之同意的期限內，完成基輔－布良斯克－莫斯科天然氣管道線路上建設水面寬於二十公尺的天然氣管道跨河管道及鋪設電話電纜，含於一九四九年建成跨聶伯河的水下天然氣管道。

責成蘇聯供應部在十天內審核河運部一九四九年完成基輔－布良斯克－莫斯科天然氣管道線路上建設水面寬於二十公尺的天然氣管道跨河管道及鋪設電話電纜，含於一九四九年建成跨聶伯河的水下天然氣管道所需的設備和材料，並將就此問題的建議提交蘇聯部長會議。

十一、准予石油工業部：

將薩拉托夫－莫斯科天然氣管道建設總局分為兩個建設組織——位於莫斯科市的「莫斯科天然氣管道建設托拉斯」和位於薩拉托夫市的「薩拉托夫天然氣石油建設托拉斯」；將石油工業部石油生產建設總局的現有人員編制在石油工業部中央機關編制名額外增加十人；成立位於莫斯科市的達沙夫－基輔－布良斯克－莫斯科天然氣管道建設管理處；鑑於工程量加大，需重新研究「烏克蘭天然氣」聯合企業的編制及其建築安裝機構；在達沙瓦－基輔－布良斯克－莫斯科天然氣管道建設總局下成立工人供應處。

十二、責成蘇聯部長會議所屬國家編制委員會（梅赫里斯同志）在兩週內審核和批准本決議第十一條所決定的超出石油工業部編制定額的各組織人員編制。

十三、將為薩拉托夫－莫斯科天然氣管道建設工作人員規定的工資額擴大至「莫斯科天然氣管道建設托拉斯」和「薩拉托夫天然氣管道建設托拉斯」。

十四、在石油工業部建設達沙瓦－基輔－布良斯克－莫斯科第一期工程的工作人員外再增加二十名人員的工資額，其中四人各為四千盧布。

十五、准予石油工業部動用一九四九年石油工業部收支平衡表所規定的數額為二十萬盧布的業務費撥款，用於「薩拉托夫天然氣石油建設托拉斯」的重組工作。

十六、責成基輔州蘇維埃執行委員會（奧列伊涅克同志）、布良斯克州蘇維埃執行委員會（斯塔羅托爾熱斯基同志）、卡盧加州蘇維埃執行委員會（西蒙諾夫同志）、莫斯科州蘇維埃執行委員會（布雷利切夫同志）和莫斯科市蘇維埃執行委員會（謝利瓦諾夫同志）：

建設期間，在達沙瓦－基輔－布良斯克－莫斯科天然氣管道沿線撥出寬二十公尺的土地，工程結束後寬十公尺的地帶，以及線路、住宅、壓縮站建設的用地收歸國有，但准予進行建築安裝工程，隨後的國有化按規定程序辦理；磚及其他的地方建築材料應優先保證達沙夫－基輔－布良斯克－莫斯科天然氣管道建設所用；協助「莫斯科天然氣管道建設托拉斯」和「烏克蘭石油天然氣建設托拉斯」以及天然氣管道建設管理處，保證從事達沙夫－基輔－布良斯克－莫斯科天然氣管道建設的工人和工程技術人員的住房以及管道沿線居民點、建築企業、倉庫和基地的用地；應在一九四九至一九五一年間，恢復和維護經過達沙夫－基輔－布良斯克－莫斯科天然氣管道沿線的州和區的公路的完好狀態。

十七、准予石油工業部：

將達沙夫－基輔－布良斯克－莫斯科天然氣管道永久選擇通訊投入使用前的建設和維護臨時電話、電報和無線電通訊的支出列入達沙夫－基輔－布良斯克－莫斯科天然氣管道建設總預算；將建築機構用於建設和管理處所需的租賃和裝備現有樓房和建築物的支出列入達沙夫–基輔–布良斯克–莫斯科天然氣管道建設總預算；將工人運送至距離超過三公里的工作地點的支出、根據與工業銀行協商好的預算為建設天然氣管道重新安置機械、設備、交通工具和幹部的支出撥款列入達沙夫–基輔–布良斯克–莫斯科天然氣管道建設總預算，但不將這些數額計入已完成工程的總量之中；在一九五〇年一月一日前，對達沙瓦–基輔–布良斯克–莫斯科天然氣管道建設的撥款，根據核准的計畫任務和在達沙瓦–基輔天然氣管道建設中採用的定價，以一九四九年價格計算；應將達沙瓦–基輔天然氣管道建設中剩下的設備用於建設達沙瓦–基輔–布良斯克–莫斯科天然氣管道；在達沙瓦–基輔–布良斯克–莫斯科天然氣管道建設中，對從事建築安裝工作的工人的勞動報酬採用蘇聯部長會議一九四八年二月十五日有關建設達沙瓦–基輔天然氣管道的決議所規定的累進計件工資制；准予石油工業部將自己的工作人員安排進由石油工業部及其企業工作人員騰空出來的莫斯科蘇維埃執行委員會的五十間住房，因為他們已經轉移至其他的住所。

十八、責成石油工業部（拜巴科夫同志）、重型機械製造部（卡紮科夫同志）和電氣製造工業部（卡巴諾夫同志）一月內向蘇聯部長會議呈報為達沙瓦–基輔–布良斯克–莫斯科天然氣管道製造出八座每座為六百馬力、連同發電機和控制盤的燃氣動力發電站，其中兩座於一九五〇年，六座於一九五一年。

十九、核准：

達沙瓦－基輔－布良斯克－莫斯科天然氣管道第一期工程物資技術保證的措施（見附件一）；達沙瓦－基輔－布良斯克－莫斯科天然氣管道第一期工程燃氣發動機壓縮機的措施（見附件二）。

從史達林簽署的這份決議可以看出，蘇聯中央政府從一九四八年起就開始了將達沙瓦的天然氣往俄羅斯莫斯科輸送的工作，對達沙瓦－基輔天然氣管道的鋪設進行了撥款並開展了初步的建設工作。而從這份決議起，就加速了達沙瓦至莫斯科的天然氣管道的建設工程。這份決議中以石油工業部為中心，動用了財政部、重型機械工業部、供應部、郵電部和河運部的力量，並且要天然氣管道沿線的各州委協同工作，於是就在事實上將達沙瓦－基輔－布良斯克－莫斯科天然氣管道建設計畫列入了國家建設「大單」——成了國家的重點工程。史達林的這種幾乎是竭盡全力地開發和利用達沙瓦的天然氣顯然有三個明顯的目的：一是，戰後的恢復需要加速進行，莫斯科以及俄羅斯的中部和南部地區的能源需求量激增。達沙瓦天然氣輸送至莫斯科定將加速莫斯科及周邊地區的工業恢復進程；二是，不希望達沙瓦的天然氣以及達沙瓦地區天然氣田繼續為波蘭和其他歐洲國家所利用；三是，這個時期蘇聯的俄羅斯及其他加盟共和國都尚未真正開發天然氣田，因此蘇聯尚沒有專業的天然氣工業研究、設計、開發和利用部門，從蘇聯天然氣工業發展的前景考慮，抓住達沙瓦天然氣的開發和利用，將會為蘇聯俄羅斯地區天然氣氣田的開發和利用提供技術力量和保證。

按照史達林簽署的這份決議，達沙瓦－基輔－布良斯克－莫斯科天然氣管道的建設進程必須是高速度的，從決議的文字可以看出，要求到一九五一年必須有八座天然氣發電站投入運行。實際進程基本符合史達林的要求：長達一千三百零二公里、管徑為五十三公分的達沙瓦－基輔－布良斯克－莫斯科天然氣管道鋪設完成，從一九五一年起烏克蘭達沙瓦天然氣開始向俄羅斯輸送。與此同時，包括達沙瓦天然氣田在內的整個前喀爾巴阡山地區的天然氣氣田也獲得了進一步的開發和利用，一九五九年建成了另一條長達一千七百二十五公里的達沙瓦－明斯克天然氣管道，一九六〇年起，天然氣沿著這條管道輸送至白俄羅斯的明斯克。隨後，這條管道又向西北延伸至立陶宛的維爾紐斯和拉脫維亞的里加。一九六六年，烏克蘭天然氣又輸送到莫爾達瓦。一九六七年，開始向捷克斯洛伐克，一九六八年向奧地利，一九七四年天然氣經過羅馬尼亞向義大利和保加利亞輸送，一九七五年，烏克蘭天然氣輸送至匈牙利。

與此同時，在一九五一至一九七五年這段將近四分之一世紀的時間裡，烏克蘭的天然氣工業獲得了巨大的發展。在西部，勘探出了七座天然氣氣田。而在東部，對天然氣的鑽探、開採的工作也在加速進行。六〇年代初，在哈爾科夫地區的舍別林卡發現了烏克蘭最大的，也是歐洲儲氣量最大的天然氣田（儲氣量為五千億立方公尺），於是，烏克蘭的天然氣工業中心由烏克蘭的西部轉到了東部。當一九五六年舍別林卡氣田投入運行時，也就開始了在烏克蘭東部大規模建設天然氣管道的新時期。舍別林卡的天然氣管道連接了基輔、赫爾松和基什尼奧夫。一個特別引人注目的事實是，開始鋪設從舍別林卡氣田向莫斯科的兩條輸氣管道，於是烏克蘭東部地區的天然氣絕大部分都輸送給了蘇聯的其他廣漠地區，優先輸送的地區是俄羅斯。

大量的天然氣在開採後當即通過管道向俄羅斯及其他地區輸送，因此烏克蘭東部地區並沒有什麼天然氣的儲存，再加上幾十年來的開發和利用，達沙瓦及其附近地區的天然氣即將用盡。於是，在烏克蘭出現了天然氣不足，甚至到了自己共和國幾乎利用不上的狀況。尤其是在冬季，特別是在烏克蘭西部地區，開始出現「天然氣荒」。當時的烏克蘭共產黨中央委員會第一書記於一九六七年給蘇共中央寫的一封信證實了這種不合理的情況：「儘管烏克蘭有支線眾多的天然氣管道網路，一系列工業中心，尤其是基輔、聶伯彼得羅夫斯克、札波羅結、克里沃伊羅格、利沃夫以及烏克蘭西部的其他城市，在冬季時仍存在天然氣工業供應嚴重不足的現象。」當然，烏克蘭最高領導人語氣緩和的申訴信並沒有能中止烏克蘭的天然氣大量向蘇聯其他地區，首先是俄羅斯輸送的局面。

於是，烏克蘭採取了另一種為自己存留足夠天然氣的辦法，即建設地下儲氣庫。在西西伯利亞的天然氣未開發之前，舍別林卡的天然氣開採量為全蘇開採總量的百分之六十，是蘇聯歐洲地區天然氣的主要供應者。一九六〇年，舍別林卡天然氣加工廠投產。大量的天然氣開採出來，建設地下天然氣儲存庫就成為極為緊迫的事情。一九六四年，烏克蘭第一座地下儲氣庫——奧利舍夫斯克地下儲氣庫投入運行。一九七一年，在烏克蘭的黑海大陸架發現了戈利岑凝析氣田。所以，到了一九七五年，烏克蘭的天然氣開採量達到了六百八十七億立方公尺。烏克蘭的天然氣工業發展到了一個很高的水準，它的天然氣除了通過達沙瓦－基輔－布良斯克－莫斯科向白俄羅斯和俄羅斯輸送外，還不斷向中歐和西歐輸送。

所有這一切都表明，在蘇聯的領土上，烏克蘭是最先工業開發和利用天然氣的加盟共和國，是最早建設天然氣管道的地區，也是天然氣工業技術發展最早、最快、最大和天然氣工業技術人才及隊伍形成最早的基地。而一九七五年前的二十五年中，蘇聯天然氣的開發和利用是沿著由西而東的方向進展的，也就是說，蘇聯俄羅斯、白俄羅斯、波羅的海三國的工業用天然氣幾乎全部是烏克蘭供應的。簡言之，那時烏克蘭是天然氣出口國，蘇聯的俄羅斯及其他共和國是天然氣進口國。只不過烏克蘭當時是蘇聯的一個加盟共和國，它的一切事務均由莫斯科的中央政府——蘇聯部長會議決策。因此，第二次世界大戰後，烏克蘭土地上的天然氣的開發和利用在政治上受蘇共中央政治局的絕對領導，而在預算資金上，則被列入全蘇的財政預算之內，無論是對於天然氣開發的資金，還是對天然氣利用而獲得的利潤，烏克蘭政府都沒有獨立自主的權利。從達沙瓦到舍別林卡，烏克蘭供應給蘇聯其他地區的天然氣都是不計價的，而是通過國家統一調撥和分配的方式利用的。

在烏克蘭天然氣向俄羅斯及其他地區輸送的同時，蘇聯集中力量在西西伯利亞地區、哈薩克和土庫曼斯坦的天然氣鑽探、開採也在高速進行。為了開發這裡的天然氣田，所利用的是烏克蘭天然氣工業的技術和設備，熟練工人和技術力量也都來自於烏克蘭的天然氣工業部門。可以說，烏克蘭的天然氣工業是烏拉爾和西西伯利亞天然氣工業的基礎，是隨後發展壯大起來的蘇聯天然氣工業的（無論是技術力量、設備製造能力，還是企業管理經驗）的先導。

到了六〇年代中期，也就是勃列日涅夫當政的時期，蘇聯與美國幾乎是瘋狂的軍備競賽和與鄰國中國的交惡，蘇聯的經濟狀況每況愈下。蘇聯領導人決策輸出天然氣，換回急需的資金。於是，建成了蘇聯第一條經過烏克蘭土地向歐洲輸送天然氣的管道——「多利諾－烏日戈羅德－烏克蘭西部邊境」。到了七〇年代，蘇聯領導人決策更大規模建造向歐洲輸送天然氣的管道，這是兩方面的原因所造成的：一是，西西伯利亞的天然氣氣田開始大量產氣；二是，世界市場上石油和天然氣的價格飆升。

計畫中的所有天然氣輸送管道都是經過烏克蘭的土地的，一是這樣的線路比經過其他共和國的土地要短一些；二是天然氣管道經過烏克蘭的土地將會得到烏克蘭本土技術力量和熟練勞動力的有效保證；三是，也許是更為重要的原因，當時參與決策的蘇聯最高領導人中有許多是從烏克蘭發跡並榮升到莫斯科的中央黨政機構。他們有勃列日涅夫、契爾年科（Konstantin

Chernenko）、謝爾比茨基（Volodymyr Shcherbytsky）、吉洪諾夫（Nikolai Tikhonov）和基里連科（Andrei Kirilenko）。在他們支持天然氣管道經過烏克蘭的土地多種因素中，顯然有著對「故土」——曾經治理過的土地的關照。

一九六六年，在烏拉爾的奧倫堡發現了天然氣田。這個氣田的面積廣，延及基洛夫州、彼爾姆州、奧倫堡州、伏爾加格勒州、薩馬拉州、薩拉托夫州、斯維爾德洛夫斯克州、平紮州和烏里揚諾夫斯克州。在氣田的中心奧倫堡地區，氣層厚達五百五十公尺。這對經濟處於窘境時的蘇聯無疑是天降之喜，蘇聯高層決定建造向歐洲輸出天然氣的管道，賺回急需的「綠票子」（美元），但是限於財力，無法獨自承擔。於是，蘇聯向自己的東歐盟國，也即當時的社會主義陣營的中東歐國家建議共同建造，共同利用。隨後，出資的有波蘭、捷克斯洛伐克、匈牙利、保加利亞、東德和蘇聯，故這一天然氣管道定名為「聯盟」。一九七五年動工，從奧倫堡經烏拉爾斯克、亞歷山德羅夫蓋伊、克列緬丘克、多林納和烏日戈羅德，直至蘇聯西部邊界，也即烏克蘭西部邊界。在俄羅斯與烏克蘭的邊境處（在俄羅斯一方）建有氣量計站，經過計量的天然氣再由此轉輸至烏克蘭的土地。一九七六年建成送氣，年輸氣量為兩百六十億立方公尺。

差不多就在同一時期，在俄羅斯秋明州的亞瑪律-涅涅茨自治區，緊靠北極圈的小村莊烏連戈伊發現了藏量占世界第三位的超大氣田。對於這一超大建設專案，蘇聯財力不足，不得不求助於西方國家。最後，德國的銀行財團提供三十四億馬克、日本和法國的銀行也給蘇聯提供貸款，而管道的設計工作（一九七八年）則由烏克蘭頓涅茨克一家經驗豐富的天然氣工業設計公司承擔。天然氣管道用的管道從蘇聯當時唯一能生產大管徑管道的工廠——烏克蘭的哈爾齊斯克廠購買，而管道鋪設機和其他重要設備則不得不從歐洲和美國的大工廠購買。這條管道於一九八三年完工，它始自烏連戈伊，經波馬雷，至烏克蘭西部邊境的烏日戈羅德，因此也就叫「烏連戈伊－波馬雷－烏日戈羅德」天然氣管道，全長四千四百五十一公里。它經過俄烏邊境的計量檢測站進入烏克蘭，途徑烏克蘭的九個城市，在烏克蘭境內的長度為一千一百六十公里。經過九個壓縮站後，天然氣由「烏日戈羅德」計量站出境輸入歐洲地區。

「烏連戈伊－波馬雷－烏日戈羅德」天然氣管道的建設正逢「冷戰時期」，因此蘇聯的面向西方，尋求被稱作日暮途窮的資本主義、帝國主義國家的幫助被認為是一件驚天大事。西方的媒體上把蘇聯與西方的合作稱之為「天然氣－管道交易」。關於蘇聯向德國銀行要求貸款的事，蘇聯還拍了兩部以歷史事實為依據的電影。拍於一九八五年的《世紀合同》（Контракт века）反映出了當時許多人對向德國貸款，來開發利用天然氣能源的激烈反對，以及蘇聯當局爭分奪秒開發利用天然氣的真實意圖。影片中借用一位天然氣專家對反對派、一家工廠廠長說的話，道出了其中的原委，如果不開發利用天然氣，其結果就是：「五百年後將會有其他形式的能源，我們就會坐在誰也不再需要的氣枕上。應該就在今天，現在，利用明天不再需要如此數量的天然氣。」

一九八八年，一條輸送雅姆布林斯克氣田天然氣的管道建成，這也是一條途徑烏克蘭的天然氣管道。它始自俄羅斯的雅姆布林斯克，在烏克蘭境內的巴爾與「烏連戈伊－波馬雷－烏日戈羅德」天然氣管道相連並併入該管線。

儘管天然氣田不斷被發現並且不斷得到開發和利用，但是在俄羅斯本土季節性的天然氣供應不足仍是每年都會出現的現象，這種季節性不足，在重工業迅速發展的彼爾姆州、車里雅賓斯克州和斯維爾德洛夫州尤為嚴重。此外，在秋明州北部地方的天然氣開發和利用又常常因為冬季惡劣的氣候條件而受到嚴重影響，於是蘇聯政府在蓬加這個地方建設了一座龐大的地下儲氣庫，它成了西西伯利亞唯一的一座調節季節和特殊天氣條件下用氣的地下儲氣庫。隨後，建成了一條始自蓬加，經過俄羅斯中部地區，再經庫爾斯克和奧斯特羅戈日斯克，最後進入烏克蘭的天然氣管道。這條叫做「友誼」的天然氣管道分為兩路，一路通向烏克蘭西部，另一路向摩爾達維亞送氣。

到蘇聯解體時，烏克蘭土地上的天然氣管道長達三萬七千六百公里，境內有一千六百零七座配氣站和七十三座壓縮站，十三個容量大於三百二十億立方公尺的地下儲氣庫。進氣能力為兩千九百億立方公尺，出氣能力為一千七百五十億立方公尺，其中的一千四百億立方公尺是定向往西歐和中歐國家出口的。

這三萬七千六百公里的天然氣管道中主要是由「聯盟天然氣管道」、「烏連戈伊－波馬雷－

烏日戈羅德天然氣管道」、「進步天然氣管道」和「友誼天然氣管道」及其幹線和網路組成的。這四條天然氣管道是蘇聯領土上距離最長、設備最好、輸氣量最大、支線網路覆蓋面最廣的天然氣管道。它們在經過的烏克蘭的土地，轉而與盛產天然氣的哈薩克和土庫曼斯坦等中亞國家的天然氣管道相連，形成了一個極為龐大的全蘇天然氣管道網。這四條天然氣管道又是蘇聯向歐洲國家出口天然氣的唯一通道。因此，烏克蘭土地上的天然氣管道事實上就成了俄羅斯天然氣的龐大中轉站，烏克蘭本身既享用過境的天然氣，但也受這種天然氣的控制。

於是，烏克蘭在經歷了自己的盛產天然氣和源源不斷向俄羅斯出口天然氣的輝煌歲月之後，迎來的是另一個世界、另一番天地。隨著俄羅斯的天然氣源源不斷地湧入，自己土地上的天然氣產量每況愈下地減少，甚至枯竭，烏克蘭終於蛻變成了一個不得不依靠俄羅斯天然氣生存的國家，沉落到了雖有龐大的天然氣管道網路，卻無權主宰和控制這些管道的附屬地位。

也許可以說，天然氣管道在烏克蘭土地上所形成的天然氣管道網路血管般遍布烏克蘭的軀幹，是烏克蘭的血脈通途。烏克蘭靠這些天然氣管道維繫自己的生命和生存，靠這些天然氣管道與莫斯科中央政府保持和維繫一定程度的「聯盟」、「友誼」和「兄弟」關係，以取得自己的「進步」。蘇聯依靠這些天然氣管道與西方國家保持緊密的經濟聯繫，用天然氣換回的外匯支撐艱難前行的國家經濟，用輸出天然氣保持自己在國際政治舞臺上的話語權和必要時施加壓力的手段。

烏克蘭土地上的天然氣管道是蘇聯這個國家歷史發展的產物，也是當年盛極一時的社會主義陣營留給後來者的「斬不斷，理還亂」的遺產。隨著蘇聯的解體，這份遺產變得與日俱增的沉重。被俄羅斯人稱為「藍色燃料」的天然氣變成了一把雙刃劍，俄羅斯可以用來施加政治壓力，制裁一切觸犯了俄羅斯利益的國家，而烏克蘭也可舉起這把劍，關閉自己土地上的天然氣管道閘門，實施反報復。

第九章
克里米亞：赫魯雪夫「饋贈」的歷史遺產

從十月革命之後，克里米亞問題（包括克里米亞半島和塞瓦斯托波爾）就是俄羅斯與烏克蘭之間一個交織著一系列矛盾且糾纏不清的麻煩。它牽涉到這一地區至少是三個民族（大俄羅斯民族、小俄羅斯民族，也就是烏克蘭民族、韃靼民族）之間的利害關係與衝突，進而涉及到蘇聯的整個民族政策，甚至國家領導人的私人感情和帷幄決策，最後是地區的縱橫捭闔和國際政治舞臺上的大國關係。這是一個太複雜、太糾葛的問題，對於直面這個問題的俄羅斯與烏克蘭來講，它簡直就是一把高懸在頭頂的利劍，誰都想奪此劍長空揮舞，但無論是誰又都面臨這利劍會隨時墜落頸項的危險。

也許，這問題得把話說得長一些，得打開那一扇扇積滿歷史塵埃的窗戶。

基輔羅斯之後的莫斯科公國一直是個內陸國家，也就是說，它沒有出海的通道。所以，從彼得一世（Peter the Great）起，奪取出海口就成為一項最優先的、時不待我的決策。波羅的海出海口和黑海出海口是首當其衝的選擇，波羅的海出海口面向的是西方興起的國家，而黑海出海口爭奪的是通達更廣闊世界的前沿陣地。早在一六八七和一六八九年之間，彼得一世的姊姊，當時攝政的索菲亞公主就要征服在克里米亞半島上存在了三百多年的韃靼人的克里米亞汗國，因此兩次遠征克里米亞汗國，但結果都大敗收兵。俄國擔心克里米亞會落入他人之手，因此克里米亞同時就成了俄國的心頭之患。一患是，克里米亞汗國不時地越過聶伯河沿岸的廣闊草原向俄國中部奔襲，有時甚至到達接近莫斯科的地區，莫斯科公國不堪其擾，處於膽顫心驚之中；二患是，鄂圖曼土耳其，甚至波蘭都時刻覬覦於這個半島，一旦為他人所奪，俄國將面臨巨大的威脅。

彼得一世在打敗瑞典人，建立了聖彼得堡之後，擁有了波羅的海出海口，但他的更大野心是奪取黑海出海口。他也率軍遠征克里米亞，但是同樣兵敗而回。天不借壽於這位大帝，征服克里米亞成了彼得一世的未竟之願。

到了俄國歷史上的第二位大帝，也是唯一的一位女大帝——葉卡捷琳娜二世時，烏克蘭聶伯河左岸地區的歸屬問題發生了極大的變化。葉卡捷琳娜二世是個竭力要把俄國的疆土擴展到更遠的地方，要有一個更大版圖的帝國的沙皇。在她執政的三十四年中，俄國進行了兩次俄土戰爭，三次參與了瓜分波蘭，這在俄國與烏克蘭的關係上產生了顛覆性的變化。在一七八七至一七九一年的第二次俄土戰爭中，不僅原來歸屬奧地利哈布斯堡王朝的烏克蘭聶伯河右岸地區歸屬俄國，而且烏克蘭的南部地區：札波羅結、黑海北岸等地區也成了俄國的領土，於是，烏克蘭全境歸屬俄國。從此，俄國的西部邊界線就向東移至到了聶伯河，烏克蘭西部和白俄羅斯西部就成了俄羅斯帝國與歐洲國家紛爭不斷的地區，一個雙方和多方不顧死活要爭奪的地區。

克里米亞汗國問題也在這一瓜分和爭奪的大潮中歸屬俄國。克里米亞汗國在漫長的時期內是歸屬於土耳其的，俄國與土耳其的戰爭一個重要的目的就是讓克里米亞汗國脫離土耳其。這個目的在一七六八至一七七四年的第一次俄土戰爭中得到了解決。這場戰爭因為雙方國內的情況都無法繼續打下去了，於是只好休戰，以和約結束。根據一七七四年的《庫楚克開納吉和約》（The Treaty of Kuchuk-Kainarji），在克里米亞汗國脫離土耳其獨立的旗號下，俄國實質上奪得了克里米亞西北部的刻赤、亞速夫和聶伯河南部的河口地區。而俄國統帥蘇沃洛夫則以克里米汗的「請求」為名，率領大軍進駐克里米亞，並最終扶植起聽命於俄國的傀儡汗，所以，從這時起，俄國實際上已經控制了克里米亞。

風從亞速夫和聶伯河河口吹來的黑海氣息有著巨大的誘惑力，俄國徹底征服克里米亞的腳步是不可能停止下來了。俄國最後的征服克里米亞與葉卡捷琳娜女皇的情人、俄國的軍事統帥波坦金（Grigory Potemkin）密不可分。他是一個十分明白克里米亞無可替代的戰略地位及其歸屬俄國的無上利益的人。一七八二年底，即在第二次俄土戰爭中俄軍對土耳其軍隊處於極大優勢的情況下，波坦金上書葉卡捷琳娜女皇，進言徹底征服克里米亞：「克里米亞的位置劃出的是我們的邊界……現在您該做出決斷了，克里米亞是您的，鼻子上不能再有這顆疣子了——瞧這邊界的位置多美妙啊：上帝保佑，土耳其人和我們沒有直接的邊界，所以我們得自己來搞定這件事，而不是以其他人的名義。」波坦金以統帥的粗魯語言，直抒了征服克里米亞的最大好處：女皇對克里米亞的征服「將提升俄國榮譽」。

一七八三年四月八日，葉卡捷琳娜二世頒布了《接納克里米亞半島、塔曼島和整個庫班地區於俄羅斯帝國之內》的詔書。隨後，波坦金親自到克里米亞，主持了韃靼汗和韃靼統治層的宣誓效忠俄國的儀式。一七八三年七月十六日，波坦金向女皇報告：「整個克里米亞地區自願地請求處於您女皇陛下的帝國之下；各城以及眾多的鄉村都已紛紛宣誓效忠。」

俄國兼併了克里米亞後，更名為「塔夫利達」邊疆省。與此同時，立即向那裡派遣了艦船，並開始在半島的西海岸修築船塢、防禦工事等。一七八四年，女皇下令，由波坦金建成了一個龐大的軍事要塞——塞瓦斯托波爾，行政區劃在塔夫利達邊疆省。克里米亞和塞瓦斯托波爾當時都屬葉卡捷琳諾斯拉夫總督管轄區。

克里米亞歸屬俄國後，當地原住民，韃靼人紛紛離開，逃往土耳其。隨之而來的克里米亞勞動力緊缺現象迫使俄國政府採取大量從俄國中部將俄羅斯人和烏克蘭人遷入克里米亞的措施。

一七九一年十二月二十九日，俄土簽訂了和約，土耳其承認克里米亞歸屬俄國。自從克里米亞歸屬俄國之後，俄國的黑海艦隊駐地就設在了克里米亞西南端的深水港塞瓦斯托波爾，而塞瓦斯托波爾就變成了俄國黑海之口的須臾不可失去的生命線。儘管此後俄國與歐洲國家仍舊有勢力範圍的爭奪與瓜分，但烏克蘭全境和克里米亞半島歸屬俄國的大格局沒有發生變化，並一直保留到十月革命以後的國家建制。

十月革命後，克里米亞和塞瓦斯托波爾的行政區劃的變遷大體是這樣的：一九二一年十月八日，全俄中央執行委員會通過了《關於克里米亞蘇維埃社會主義共和國》的決議。十八日，根據這份決議以民族劃分的原則，廢除了「塔夫利達」的舊稱，成立了克里米亞蘇維埃社會主義自治共和國，歸屬俄羅斯聯邦。塞瓦斯托波爾的行政區劃沒有變動，一九三七年六月四日，它才升格為共和國級別的城市，但仍在克里米亞共和國內。一九四六年六月，克里米亞自治共和國的建制被取消，改為俄羅斯聯邦的克里米亞邊疆區，塞瓦斯托波爾是邊疆區屬的城市。一九四八年十月二十九日，俄羅斯聯邦最高蘇維埃主席團頒布命令，將塞瓦斯托波爾劃為獨立的行政和經濟區，預算單列，升格為直屬於俄羅斯聯邦的共和國級別的城市，但這樣的劃分並沒有寫進俄羅斯的憲法。直到一九四七年塞瓦斯托波爾才正式具有了等同於克里米亞邊疆區的法律地位。也就是說，自此之後，是在克里米亞半島上有兩個平等的直屬俄羅斯聯邦的政治結構，一個是克里米亞州，另一個是塞瓦斯托波爾直轄市。

在蘇聯幾十年的時間裡，克里米亞雖然在行政區劃上屬於俄羅斯，但是它卻與烏克蘭有著更為緊密的聯繫。一是，它的領土遠離俄羅斯，而與烏克蘭南部緊密相連，在物質調配供應上，俄羅斯主要靠的是長達千里的鐵路運輸，而烏克蘭對其的提供資源卻幾乎是徒手之勞。二是，儘管克里米亞三面臨海，但它卻一個嚴重短缺淡水的地區，尤其是克里米亞的北部，雖然與烏克蘭南部的聶伯河隔海峽相望，但卻得不到其豐盈的水資源。三是，它自身的電力不敷所用，工業企業和生活用電都得依靠烏克蘭的能源。無論是重工業，還是輕工業，克里米亞都是與烏克蘭組合在一個網路裡的。所以，在一段時間裡，克里米亞地方領導人、烏克蘭政府領導人，最後是赫魯雪夫本人都有過使克里米亞與烏克蘭關係更緊密的方案。

與此同時，大俄羅斯和小俄羅斯的主義和權益之爭仍然長期存在。無論是地方，還是中央，都有力主烏克蘭地方利益和力主大俄羅斯利益的派別。力主大俄羅斯主義和權益者對克里米亞這個源於韃靼民族的稱謂很討厭，因此希望有朝一日恢復使用葉卡捷琳娜女皇時代的純俄國稱謂——「塔夫利達」；而力主小俄羅斯主義和權益者則著重於將克里米亞在行政區劃上歸屬烏克蘭。早在戰後，赫魯雪夫就對克里米亞北部的農業和葡萄種植因缺水而發展受阻的情況有所瞭解，他最早的想法是在克里米亞的北部建設一條運河，引聶伯河之水南下。到了一九五三年，赫魯雪夫登上蘇聯權力最高層後，解決克里米亞經濟發展滯後的「運河類」具體措施就上升到了徹底解決的政治方案。

這個政治方案的最終結果就是一九五四年將克里米亞州由俄羅斯聯邦劃歸烏克蘭共和國管

轄。這個問題是由赫魯雪夫本人在一九五三年九月的中央政治局會議會和十月的中央全會後首先提出來的，有資料表明，馬林科夫（Georgy Malenkov）、伏羅希洛夫和米高揚都沒有表示反對。隨後，一九五三年十一月中旬，赫魯雪夫去克里米亞休息時，曾親自向克里米亞州的領導人徵詢過意見。而克里米亞州委員會的領導人卻是兩派意見，第一書記季托夫（Pavel Titov）堅持克里米亞留在俄羅斯聯邦內，並且力主將名稱改為「塔夫利達」，而第二書記波良斯基（Dmitry Polyansky）則贊同將克里米亞劃歸烏克蘭。在隨後召開的克里米亞州委員會會議上，季托夫被赫魯雪夫轟出會場，支持赫魯雪夫意見的波良斯基成為州委第一書記。於是，事實上在一九五三年的十一月中旬，將克里米亞劃歸烏克蘭的事就已經定下了。

赫魯雪夫選中了一九五四年在法律程序上解決這件事。他之所以選中一九五四年，這是因為對俄羅斯人和烏克蘭人來說，一九五四年是個很有意思的年分。三百多年前，即一六四八年起，在烏克蘭西南部哥薩克人居住的地區，爆發了大規模的反抗波蘭人占領的起義。起義的領導人赫梅利尼茨基（Bohdan Khmelnytsky）組織了自己的政府——「蓋特曼」，但由於力量不足以抗衡波蘭人，幾年間屢戰屢敗，不得不反覆向俄國沙皇求助。而這時正是俄國羅曼諾夫王朝第二位沙皇在位的時期，他也陷於與波蘭爭奪烏克蘭的搏鬥之中，但又擔心自己的力量鬥不過波蘭，所以，對於赫梅利尼茨基的請求猶豫觀望。直到赫梅利尼茨基派出代表，向沙皇表示願意臣服俄羅斯，沙皇才接受了起義者的請求。這年正是一六五四年。自那時起，俄羅斯人就把這一年寫成是「俄烏統一之年」。但事實上，赫梅利尼茨基的「蓋特曼」並沒有涵蓋烏克蘭的土地，也不是一個國家政權，而且哥薩克也不能代表全部的烏克蘭民族。而沙皇認為，這是將哥薩克地區，進而將整個烏克蘭兼併過來的最佳機遇，所以才做出幫助赫梅利尼茨基的決定。在當時，沙皇政府也沒有把這看成是俄羅斯與烏克蘭統一的大事。把一六五四年定為法律上的「俄烏統一之年」並對以聲勢浩大宣傳和鼓動的恰恰是在三百年後的一九五四年。

赫魯雪夫抓住了一九五四年這個難得的機遇，在烏克蘭的基輔及其他一些地方大立紀念碑，大書「俄烏統一」或者「俄烏合併」的意義與成就。赫魯雪夫也決定先在最高領導人中間「吹吹風」。一九五四年初，在一次蘇共中央主席團會議的休息期間，主席團的成員們都去喝茶、飲酒了。赫魯雪夫想乘機在笑談中讓這個早已定下的決定被大家所接受。但他也深知在這個以俄羅斯人為主體的領導集團中，讓大家接受這個主意並非易事。他在人群中走了一陣，打量了一陣，最後像是順便提及似地說道：「嗨，同志們，有人建議把克里米亞轉交給烏克蘭。」大家睜大了眼盯住他看，似在詢問：「這是什麼意思？」赫魯雪夫解釋說：「是這樣，沒有什麼了不起。」眾人問：「為什麼？什麼叫沒有什麼了不起？」赫魯雪夫囁嚅著回答：「沒有什麼了不起，沒有什麼了不起。」

這種會議休息期間的對話很快變成了國家真正的立法行動。一九五四年一月二十五日，赫魯雪夫向蘇共中央主席團正式提交了一份草案，讓主席團批准，全文如下：

關於將克里米亞州從俄羅斯蘇維埃聯邦社會主義共和國轉歸烏克蘭蘇維埃社會主義共和國的問題。一，批准會議所採納的修正案，附蘇聯最高蘇維埃主席團關於將克里米亞州從俄羅斯蘇維埃聯邦社會主義共和國轉歸烏克蘭蘇維埃社會主義共和國的命令草案。二，認為蘇聯最高蘇維埃主席團舉行專門會議，審議俄羅斯蘇維埃聯邦社會主義共和國最高蘇維埃主席團和烏克蘭蘇維埃社會主義共和國最高蘇維埃主席團，關於將克里米亞州從俄羅斯蘇維埃聯邦社會主義共和國轉歸烏克蘭蘇維埃社會主義共和國的聯合報告是適宜的。

蘇聯共產黨中央委員會書記　尼・赫魯雪夫

主持這次會議的是馬林科夫。出席會議的除赫魯雪夫，有六名主席團委員：伏羅希洛夫、布爾加寧（Nikolai Bulganin）、卡岡諾維奇、米高揚、薩布羅夫（Maksim Saburov）和別爾烏辛（Mikhail Pervukhin）；兩名候補委員：什維爾尼克（Nikolai Mikhailovich Shvernik）和波諾馬連科（Panteleimon Ponomarenko）。中央書記蘇斯洛夫（Mikhail Suslov）、波斯佩洛夫（Pyotr Pospelov）和沙塔林（Nikolay Shatalin）參加了會議。

同一次會議上，通過了《蘇共中央關於將克里米亞州轉歸烏克蘭的決議》草案：

批准蘇聯最高蘇維埃主席團關於將克里米亞州從俄羅斯蘇維埃聯邦社會主義共和國轉歸烏克蘭蘇維埃社會主義共和國的命令草案。（見附件）

附件

考慮到克里米亞州居民和烏克蘭蘇維埃社會主義共和國居民之間的經濟共同性和管理的適宜性，以及歷史上形成的文化聯繫，蘇維埃社會主義共和國聯盟最高蘇維埃特決定：批准俄羅斯蘇維埃聯邦社會主義共和國最高蘇維埃主席團和烏克蘭蘇維埃社會主義共和國最高蘇維埃主席團關於將克里米亞州從俄羅斯蘇維埃聯邦社會主義共和國轉歸烏克蘭蘇維埃社會主義共和國的聯合報告。

蘇聯最高蘇維埃主席團主席　克・伏羅希洛夫

蘇聯最高蘇維埃主席團書記　尼・佩戈夫

一九五四年二月一日，蘇聯最高蘇維埃主席團開會，決定於二月十九日召開主席團會議最終審批轉歸的問題，並確定了邀請俄烏雙方參加的人員名單、發言程序和發言內容。

隨後，就是俄羅斯和烏克蘭的部長會議做出相應的決定並履行各自最高蘇維埃的批准手續。二月五日，俄羅斯聯邦部長會議通過了關於將克里米亞州轉屬烏克蘭的決定。在這份由當時的部長會議主席普札諾夫（Alexander Puzanov）簽署的決定中幾乎完全重複了蘇聯最高蘇維埃決定草案中的文字：

考慮到克里米亞州在領土上有依靠烏克蘭蘇維埃社會主義共和國的需要、克里米亞州和烏克蘭蘇維埃社會主義共和國間經濟的共同性以及緊密的經濟和文化聯繫，俄羅斯蘇維埃聯邦社會主義共和國部長會議決定將克里米亞州從俄羅斯蘇維埃聯邦社會主義共和國轉歸烏克蘭蘇維埃社會主義共和國是恰當的。

請求俄羅斯蘇維埃聯邦社會主義共和國最高蘇維埃主席團審議關於將克里米亞州交給烏克蘭蘇維埃社會主義共和國這一問題，同時向蘇聯最高蘇維埃主席團提交相應的報告。

這份決定用的全是當時蘇聯標準的官樣文字，沒有任何的感情色彩。

同一天，俄羅斯聯邦最高蘇維埃主席團召開會議，審批了這一報告。參加這次會議的有十五位主席團成員。俄羅斯聯邦司法部長、最高法院院長和檢察長以及克里米亞州勞動人民代表蘇維埃執行委員會副主席和塞瓦斯托波爾市勞動人民代表蘇維埃執行委員會主席應邀參加了會議。

稍後，烏克蘭也表態了。二月十三日，烏克蘭最高蘇維埃主席團做出了關於克里米亞州歸屬問題的決定：

在討論了俄羅斯聯邦蘇維埃社會主義共和國最高蘇維埃主席團交給蘇聯最高蘇維埃主席團審議的將克里米亞州從俄羅斯蘇維埃聯邦社會主義共和國轉歸烏克蘭蘇維埃社會主義共和國的報告後，烏克蘭蘇維埃社會主義共和國最高蘇維埃主席團方面認為，基於克里米亞和烏克蘭蘇維埃社會主義共和國之間的經濟共同性、領土相鄰以及緊密的經濟和文化聯繫，將克里米亞轉歸烏克蘭蘇維埃社會主義共和國是完全合理的，特是偉大的俄羅斯人民對烏克蘭人民無限信任的證明。

烏克蘭人民衷心感謝並熱忱歡迎將克里米亞轉歸烏克蘭蘇維埃社會主義共和國的決定。這是蘇共中央和蘇聯政府對於關心進一步加強俄烏人民間牢不可破的友誼和兄弟般聯繫的又一體現。烏克蘭政府將對克里米亞國民經濟的進一步發展、提高克里米亞州勞動人民的物質和文化福利予以應有的關注。

遵照俄羅斯蘇維埃聯邦社會主義共和國最高蘇維埃主席團的報告，烏克蘭蘇維埃社會主義共和國最高蘇維埃主席團特決定：

請求蘇維埃社會主義共和國聯盟最高蘇維埃主席團，將克里米亞州從俄羅斯蘇維埃聯邦社會主義共和國轉歸烏克蘭蘇維埃社會主義共和國。

烏克蘭的決定除了官方文字外，還充滿了感情色彩，它為克里米亞的轉歸自己感到高興，甚至有點喜形於色，它感謝蘇聯共產黨和中央政府，感謝偉大的俄羅斯人民。這種狀態與俄羅斯的平靜，甚至冷靜的表現成了鮮明的對比。

在俄羅斯和烏克蘭雙方完成各自的「請求」程序後，又聯合做出了關於克里米亞州歸屬的決議。決議的文字完全相同，只是有一段文字強調了俄烏之間的「兄弟般聯盟與友誼」：

將克里米亞州轉歸烏克蘭蘇維埃社會主義共和國符合進一步加強偉大的蘇聯各族人民友誼的利益，符合俄烏人民間擁有長久歷史以及在反對壓迫者和蓄意侵犯俄烏領土的外國占領者的共同鬥爭中所凝結的兄弟聯繫和相互支援的利益。從一六五四年烏克蘭與俄羅斯統一之日起，俄烏人民兄弟般的聯盟和友誼得到了加強和錘煉。現在，俄烏人民正同蘇聯兄弟各族一起共同為在蘇聯建成共產主義社會而鬥爭。

將克里米亞州轉歸烏克蘭的法律程序最終是在二月十九日的蘇聯最高蘇維埃主席團第三屆第三十五次會議上落槌定案的。伏羅希洛夫主持的會議，主席團副主席九人，主席團委員十二人（包括赫魯雪夫本人），主席團書記二人，總計二十四人與會。此外，還邀請了烏克蘭最高蘇維埃主席團主席、拉脫維亞最高蘇維埃主席團主席、俄羅斯聯邦最高蘇維埃主席團書記、烏克蘭最高蘇維埃主席團書記、俄羅斯聯邦部長會議副主席參會。克里米亞州執行委員會副主席、克里米亞州首府辛菲羅波爾市蘇維埃執行委員會和塞瓦斯托波爾市蘇維埃執行委員會主席都參加了此次會議。會上，俄羅斯聯邦最高蘇維埃主席團主席塔拉索夫（Mikhail Tarasov）和烏克蘭最高蘇維埃主席團主席科羅琴科（Demyan Korotchenko）都做了主旨發言。

下面是這次會議的速記記錄：

克·葉·伏羅希洛夫：我宣布蘇維埃社會主義共和國聯盟最高蘇維埃主席團會議開幕。今天我們要審議一項議題，即關於將俄羅斯蘇維埃聯邦社會主義共和國最高主席團和烏克蘭蘇維埃社會主義共和國最高主席團公約將克里米亞州從俄羅斯蘇維埃聯邦社會主義共和國轉歸烏克蘭蘇維埃社會主義共和國的聯合報告。

還有什麼別的建議嗎？（主席團成員們：沒有，通過。）議事日程建議被通過。我們現在轉入問題的討論。請俄羅斯蘇維埃聯邦社會主義共和國最高蘇維埃主席團委員、主席塔拉索夫同志做報告。

塔拉索夫：同志們，關於將克里米亞州從俄羅斯蘇維埃聯邦社會主義共和國轉歸烏克蘭蘇維埃社會主義共和國的問題，已報呈蘇聯最高蘇維埃主席團審議。

眾所周知，克里米亞州位於整個克里米亞半島，與烏克蘭共和國接壤，是烏克蘭南部草原的延伸。克里米亞州的經濟與烏克蘭蘇維埃社會主義共和國的經濟密不可分。從地理和經濟方面考慮將克里米亞州轉歸兄弟的烏克蘭共和國是合理的，也符合蘇維埃國家的共同利益。

烏克蘭人民自古以來就將自己的命運與俄羅斯人民相聯，許多世紀以來他們為反對共同的敵人——沙皇制度、農奴主和資本家以及外國占領者而共同鬥爭。隨著偉大的十月社會主義革命的勝利，烏俄人民源遠流長的友誼更加鞏固了，克里米亞和烏克蘭之間的經濟和文化聯繫也更加加強了。

在審議將克里米亞州轉歸烏克蘭共和國的時候，正值蘇聯各族人民慶祝烏俄統一三百週年這一意義重大事件的日子，而烏俄的統一在烏俄人民的政治、經濟和文化發展中起到了巨大的進步作用。

將克里米亞州轉歸烏克蘭共和國符合加強偉大的蘇聯各族人民友誼的利益，將促進蘇維埃烏克蘭的更加繁榮，烏克蘭的發展也是我們黨和政府始終給與極大關注的。

俄羅斯蘇維埃聯邦社會主義共和國最高蘇維埃主席團，在克里米亞州勞動人民代表蘇維埃執行委員會和塞瓦斯托波爾市勞動人民代表蘇維埃執行委員會代表們的參與下，審議了俄羅斯蘇維埃聯邦社會主義共和國部長會議關於將克里米亞州轉歸烏克蘭雖為愛社會主義共和國的建議。

考慮到克里米亞州和烏克蘭蘇維埃社會主義共和國間經濟的共同性、領土相鄰以及緊密的經濟和文化聯繫，經烏克蘭蘇維埃社會主義共和國最高蘇維埃主席團同意，俄羅斯蘇維埃聯邦社會主義共和國最高蘇維埃主席團認為，將克里米亞州轉歸烏克蘭蘇維埃社會主義共和國是合理的。

現在，我將俄羅斯蘇維埃聯邦社會主義共和國最高蘇維埃主席團一九五四年二月五日的決定提請你們審議和批准。決定如下：「關於將克里米亞州從俄羅斯蘇維埃聯邦社會主義共和國轉歸烏克蘭蘇維埃社會主義共和國的問題，鑑於克里米亞州和烏克蘭蘇維埃社會主義共和國之間經濟的共同性、領土相鄰以及緊密的經濟和文化聯繫，俄羅斯聯邦最高蘇維埃主席團決定：將克里米亞州從俄羅斯蘇維埃聯邦社會主義共和國轉歸烏克蘭蘇維愛社會主義共和國。本決定報呈蘇聯最高蘇維埃主席團批准。」

克・葉・伏羅希洛夫：請烏克蘭蘇維埃社會主義共和國最高蘇維埃主席團主席科羅琴科同志發言。

科羅琴科：同志們！烏克蘭蘇維埃社會主義共和國最高蘇維埃主席團完全同意俄羅斯蘇維埃聯邦社會主義共和國最高蘇維埃主席團主席塔拉索夫同志在這裡所提出的，關於將克里米亞州從俄羅斯蘇維埃聯邦社會主義共和國轉歸烏克蘭蘇維愛社會主義共和國的建議。

烏克蘭蘇維埃社會主義共和國最高蘇維埃主席團對偉大的俄羅斯人民在今天的大會上所展示的兄弟般援助的卓越行動表示衷心的感謝。

鑑於烏克蘭共和國與克里米亞州之間的經濟發展的共同性、領土相鄰以及牢固的經濟和文化聯繫，將克里米亞轉歸烏克蘭蘇維埃社會主義共和國是完全合理的，也證明俄羅斯人民對烏克蘭人民的無限信任和愛戴的最偉大的友好行動。烏克蘭人民清楚地知道，同偉大的俄羅斯人民、我國各族人民友好相處就能沿著黨所指引的道路，沿著自由和幸福生活的道路，沿著共產主義道路勝利前進。

蘇維埃烏克蘭勞動人民牢記並將永遠不會忘記，只是由於兄弟般的俄羅斯人民和我們祖國其他各族人民的友誼、援助、支持，由於蘇聯共產黨中央委員會和蘇聯政府的經常關心，烏克蘭人民才在本民族的社會主義經濟和文化繁榮中取得了巨大的成就。現在烏克蘭人民同蘇聯其他各族人民一道為完成五年計畫，為我們社會主義強國更加強盛而努力奮鬥。

今年是烏克蘭與俄羅斯統一三百週年，特此作為烏克蘭、俄羅斯和全體蘇聯人民一個盛大的民族節日來慶祝是蘇聯人民長期友誼的顯著體現之一。

烏克蘭蘇維埃社會主義共和國最高蘇維埃主席團請求蘇聯最高蘇維埃主席團，批准俄羅斯蘇維埃聯邦社會主義共和國最高蘇維埃主席團和烏克蘭蘇維埃社會主義共和國最高蘇維埃主席團，關於將克里米亞從俄羅斯蘇維埃聯邦社會主義共和國轉歸烏克蘭蘇維埃社會主義共和國的聯合報告。這項決定將受到全體烏克蘭人民的歡迎和感謝。

請允許我向你們保證，烏克蘭人民將對克里米亞國民經濟的進一步發展，對提高克里米亞州勞動人民物質和文化福利給與應有的關注。

請允許我宣讀我們的決定：

「烏克蘭蘇維埃社會主義共和國最高蘇維埃主席團《關於俄羅斯蘇維埃聯邦社會主義共和國最高蘇維埃主席團將克里米亞州轉歸烏克蘭蘇維埃社會主義共和國的報告》的決定」

在討論提請蘇聯最高蘇維埃主席團審議的俄羅斯蘇維埃聯邦社會主義共和國最高蘇維埃主席團將克里米亞州從俄羅斯蘇維埃聯邦社會主義共和國轉歸烏克蘭的報告後，烏克蘭蘇維埃社會主義共和國最高蘇維埃主席團對俄羅斯蘇維埃聯邦社會主義共和國最高蘇維埃主席團，對兄弟的俄羅斯人民慷慨而崇高的舉動表示衷心的感謝。

烏克蘭人民將會懷著十分滿意和萬分感激的心情歡迎克里米亞轉歸烏克蘭的決定。這是俄羅斯人民對烏克蘭人民無限信任和真誠友愛的又一明顯體現，是俄烏人民間牢不可破的兄弟友誼新見證。

烏克蘭政府將會關心克里米亞國民經濟的進一步發展和繁榮。

根據俄羅斯蘇維埃聯邦社會主義共和國最高蘇維埃主席團的報告，烏克蘭蘇維埃社會主義共和國最高蘇維埃主席團決定：「請求蘇聯最高蘇維埃主席團，將克里米亞州從俄羅斯蘇維埃聯邦社會主義共和國轉歸烏克蘭蘇維愛社會主義共和國。此決定已於今年二月十三日通過。」

克・葉・伏羅希洛夫：有誰要發言嗎？請尼古拉・米哈伊洛維奇・什維爾尼克同志發言。

尼·米·什維爾尼克：主席團各位委員同志，將克里米亞州從俄羅斯蘇維埃聯邦社會主義共和國轉歸烏克蘭蘇維埃社會主義共和國的建議具有重大歷史意義，它是兩個偉大的社會主義共和國人民間兄弟友誼的見證。

克里米亞州作為黑色冶金工業、葡萄種植業、釀酒業、罐頭和魚產品工業及畜牧業區，作為優質小麥種植區，它在蘇聯國民經濟中起著重要的作用。克里米亞州和烏克蘭蘇維埃社會主義共和國接壤。這一事實決定了克里米亞州和蘇維埃烏克蘭共同文化和經濟聯繫的發展。

眾所周知，所有這一切都是將克里米亞州轉歸烏克蘭蘇維埃社會主義共和國的前提。

將面積最大、原料資源豐富、大型工業發達、富含珍貴天然藥用原料的州轉讓出去，這只有在我們永遠從資本家和地主的壓迫下獲得了解放的社會主義國家才能辦得到。我國一向是把關心人和人的物質文化需求放在第一位的。

毫無疑問的是，這個最重要的歷史性舉動將服務於作為烏克蘭蘇維埃社會主義共和國一部分的克里米亞州的經濟進一步持續發展事業。應當指出，克里米亞是世界級的療養地。在它為數眾多的療養院和休養所中有大量的勞動人民在這裡療養休息。

克里米亞在其規模上和藥物治療上是著名的一級療養地，毋庸置疑，它作為烏克蘭蘇維埃社會主義共和國的一部分，將獲得進一步的發展，以便更有利地滿足勞動者日益增長的需求。

克里米亞州將通過擴大種植葡萄、煙草、小麥等有價值的農作物、提高公共畜牧業生產率，以使各個領域都獲得更大規模的發展。

將克里米亞州轉歸烏克蘭蘇維愛社會主義共和國將會受到我國人民的熱烈歡迎，並使他們受到極大鼓舞。因為他們把這視為共產黨英明領導的典範和蘇聯政府對蘇維埃烏克蘭進一步發展和繁榮的關心。

俄烏人民牢不可破的永恆友誼將是沿著共產主義道路發展的蘇聯經濟進一步鞏固的保證。我完全支持將克里米亞州轉歸烏克蘭蘇維愛社會主義共和國的議案。

克．葉．伏羅希洛夫：現在請拉希多夫同志發言。

拉希多夫：同志們，將克里米亞州轉歸蘇維埃烏克蘭符合我們偉大祖國的共同利益。這個最重要的、具有全國意義的行動將促進烏克蘭經濟的發展，將使烏克蘭和俄羅斯人民牢不可破的友誼更加鞏固。我們黨把蘇聯各族人民團結成一個統一的充滿友誼的大家庭。我們黨在自己英勇鬥爭的全過程中保存和鞏固了蘇聯人民的友誼，使我們的蘇維埃國家更加強盛。黨教導我們，只要這種友誼還存在並能健康發展，無論是國內的，還是國外的敵人，對我們來說，都是無所畏懼的。

克里米亞州轉歸烏克蘭正值全體人民慶祝烏克蘭與俄羅斯統一三百週年這個意義重大的日子，它成了共產黨致力於發展和繁榮我國人民創造力和精神力量的英明民族政策又一顯著的體現。這只有在我們國家才可行，這裡沒有民族糾紛和民族矛盾。為了全人類的和平與幸福，全體蘇聯人民生活在和平的創造性勞動的環境之中，對人的關心是蘇聯政府和共產黨的最高法律。

我熱烈支持俄羅斯蘇維埃聯邦社會主義共和國最高蘇維埃主席團和烏克蘭蘇維埃社會主義共和國最高蘇維埃主席團，將克里米亞州轉歸烏克蘭蘇維埃社會主義共和國的聯合報告。

克・葉・伏羅希洛夫：請庫西寧同志發言。

庫西寧：同志們！俄羅斯蘇維埃聯邦社會主義共和國最高蘇維埃主席團和烏克蘭蘇維埃社會主義共和國最高蘇維埃主席團關於將克里米亞州轉歸烏克蘭的聯合報告首先關注的是一個原則問題。也正是在這方面，它是在我們國家，在國內實行社會主義民主，實行各兄弟民族牢不可破友誼的列寧主義政策的顯著證明。只有在我們國家才能使像俄羅斯這樣偉大的民族將一個重要的州毫不猶豫地慷慨地轉讓給其他兄弟民族。也只有在我們國家才能使得把某些州的領土歸屬另一個共和國這樣最重要的問題毫無困難地經過充分協商，並完全從其合理性、經濟和文化發展的角度，從蘇維埃國家的共同利益和各族人民間友誼與信任進一步鞏固的利益角度出發得到解決。

只能從這一觀點出發來歡迎俄羅斯蘇維埃聯邦社會主義共和國最高蘇維埃主席團和烏克蘭蘇維埃社會主義共和國最高蘇維埃主席團，將克里米亞州轉歸烏克蘭蘇維埃社會主義共和國的聯合報告。從實際的和政治上的合理性來看，這個報告是完全有道理的。

因此我完全支持這一提案，希望蘇聯最高蘇維埃主席團能批准俄羅斯蘇維埃聯邦社會主義共和國最高蘇維埃主席團和烏克蘭蘇維埃社會主義共和國最高蘇維埃主席團的聯合報告。

克・葉・伏羅希洛夫：報告發言的沒有了，誰還要發言？也沒有。下面請佩戈夫同志宣讀建議並發言。

尼・米・佩戈夫：打算通過如下決議：「考慮到克里米亞州和烏克蘭蘇維埃社會主義共和國之間的經濟共同性、領土相鄰以及緊密的經濟和文化聯繫，蘇維埃社會主義共和國聯盟最高蘇維埃主席團決定：批准俄羅斯蘇維埃聯邦社會主義共和國最高蘇維埃主席團和烏克蘭蘇維埃社會主義共和國最高蘇維埃主席團關於將克里米亞州從俄羅斯蘇維埃聯邦社會主義共和國轉歸烏克蘭蘇維埃社會主義共和國的聯合報告。」

克・葉・伏羅希洛夫：還有別的意見嗎？（主席團委員們：沒有。）

請對佩戈夫同志剛剛宣讀的建議進行表決。贊成的請舉手。（主席團委員舉手表決）。請放下。反對的有沒有？沒有。棄權的有沒有？也沒有。

蘇聯最高蘇維埃主席團決議一致通過。

同志們，蘇聯最高蘇維埃主席團就俄羅斯蘇維埃聯邦社會主義共和國最高蘇維埃主席團和烏克蘭蘇維埃社會主義共和國最高蘇維埃主席團，將克里米亞州從俄羅斯蘇維埃聯邦社會主義共和國轉歸烏克蘭蘇維埃社會主義共和國聯合報告所通過的決議，是全聯盟各族人民偉大強盛的兄弟大家庭中俄烏人民的團結和牢不可破友誼的進一步鞏固。這個具有重大全國性意義的舉動再一次說明，蘇聯的各主權社會主義加盟共和國的關係是建立在真正平等和相互理解及尊重各加盟共和國繁榮的相互利益的基礎之上的。

歷史上過去沒有，也不可能有國家間的這種關係。過去，特別是在資本主義時代，國家間關係的基礎是建立在領土爭奪、強國企圖占領弱國領土的基礎上的。只有在蘇維埃社會主義共和國聯盟條件下，在各加盟共和國人民完全相互友好和兄弟般合作的條件下，在管理和經濟合理性基礎上，各加盟共和國間的領土問題才有這種公正的解決辦法。克里米亞州從俄羅斯聯邦轉歸烏克蘭符合兩國人民的利益，符合蘇維埃社會主義共和國聯盟整個國家的利益。

克里米亞州就其歷史發展、領土和經濟狀況，它對整個蘇維埃國家有著重要的意義。無論在久遠的過去，還是不遠的過去，敵人不止一次地企圖從俄羅斯割占克里米亞半島，利用它掠奪和破壞俄羅斯及烏克蘭的土地，建立進攻俄羅斯和烏克蘭的軍事基地。但是，俄烏人民在共同的鬥爭中多次沉重打擊了厚顏無恥的占領者並將他們從烏克蘭和克里米亞趕了出去。經濟利益的共同性把烏克蘭和克里米亞緊緊地聯繫在一起，這一點已被報告人和發言的同志們雄辯地證實了。克里米亞和烏克蘭之間的文化已有了重大發展並得到深化。克里米亞州轉歸烏克蘭無疑將會更加鞏固這些傳統聯繫。

同志們，這個友好舉動發生在蘇聯人隆重慶祝俄烏統一三百週年這一意義重大的歷史時刻，這不僅是烏克蘭人民的，而且也是全體蘇聯人民的重大傳統節日。各族人民的友誼是我們偉大的多民族蘇維埃國家的基礎之一，是我們國家不可戰勝的力量和繁榮強大的源泉。我們高興地知道，俄羅斯、烏克蘭和我們遼闊國家的各民族人民會一往無前的發展和鞏固自己的兄弟友誼。讓我們偉大的祖國——兄弟般的蘇維埃社會主義共和國聯盟壯大和發展吧！

今天的工作到此結束。

我宣布今天的會議閉幕。

這次會議通過的法令使克里米亞州的轉歸烏克蘭具有了法律效力。

從上面的引述可以看出，克里米亞州「轉歸」的立案和立法是完全符合蘇聯當時立法和執法程序的。這種合法立案、立法程序包括幾個核心步驟：一是，先有國家領導人的意圖和決策，再由上而下將這種意圖和決策貫徹並涉及到的機構和人員中去，在正式討論和形成決議前先形成事實上的意見統一，並保證在立法會議上不會有反對意見和反對派。二是，由下而上的提出忠實反映了最高決策的建議或者法律草案。三是，由地方蘇維埃層層批准呈報，直到最後由蘇聯最高蘇維埃通過決議或者命令。在這種立法、立案程序中，最高層的決策和立法時的無異議是核心。那時，尤其是在史達林、赫魯雪夫、勃列日涅夫統治時期，無論解決什麼重大的問題，都沒有調查民意或者公投之說，立法和執法的程序都是這樣的。

值得注意的是，在這次會議上，作為主席團成員的赫魯雪夫並沒有講話，但是為數不多的幾個人的講話都是重複了他的意見：一是「轉歸」是在「俄烏統一三百週年這一意義重大的日子」實現的；二是「轉歸」「符合加強偉大的蘇聯各族人民友誼的利益」，「俄烏人民牢不可破的友誼將是沿著共產主義道路發展的蘇聯經濟進一步鞏固的保證」；三是「轉歸」受到蘇聯人民的歡迎，並使他們受到極大的鼓舞。「因為他們把這視為共產黨英明領導的典範和蘇維埃政府對蘇維埃烏克蘭進一步發展和繁榮的關心」。最後，主席團主席伏羅希洛夫還加了一點：「蘇聯的各主權社會主義加盟共和國之間的關係是建立在真正平等和相互理解及尊重各加盟共和國繁榮的相互利益的基礎之上。歷史上過去沒有，也不可能有國家間的這種關係。」

當然，關於赫魯雪夫突然將克里米亞轉讓給烏克蘭還有其他說法，比如說他是鑑於當時美國政府對克里米亞的爭奪，欲減輕俄羅斯所承擔來自美國的外交壓力。但此話，目前尚沒有足夠的（或者說解密的）檔案材料來加以證明。在當時的情況下，儘管烏克蘭擁有相對的外交權，但如果美國真欲在實際行動上採取分裂克里米亞的措施，那就是得有蘇聯中央政府來處理的事了。因此，蘇美之間的外交關係不會簡單到讓赫魯雪夫做出將克里米亞轉歸烏克蘭這樣的程度。還有說，赫魯雪夫把克里米亞交給烏克蘭是為了讓這個半島得到進一步的發展。這個並沒有說錯，因為在當年「轉歸」的文件中，所有人都說到了，強調了這一點。

在蘇聯期間，與烏克蘭陸地緊密相連的克里米亞半島，在政治歸屬和國家管理體制上一直聽命於莫斯科中央政府。在蘇聯存在的七十多年中，烏克蘭是一個在聯合國擁有代表席位的大加盟共和國之一，俄羅斯與烏克蘭之間始終大體上保持國家發展路線和外交方針的一致。因為克里米亞半島三面環黑海，那裡的沙灘是由金色的細粒所組成的，環境優美，環境保護也做得很好（俄羅斯人待客的上品是烤羊肉串，但在雅爾達等城市都是不允許露天燒烤的），所以是蘇聯各族人民休養度假的勝地。克里米亞儘管最早是一系列當地民族居住的地方，比如，克里米亞在沙皇俄國時代就叫「塔夫利達」，這個名稱就淵源於當地最古老的居民塔夫爾人。在蘇聯的衛國戰爭中，中央政府將這裡的韃靼人等一些被懷疑可能成為希特勒「第五縱隊」

克里米亞半島三面環海，有美麗的沙灘，是當地人的度假勝地。（iStock／engineervoshkin）

的少數民族強行從克里米亞半島遷往內地深處或是邊疆地區，隨之又將大量的烏克蘭人和俄羅斯人遷進克里米亞。尤其是在塞瓦斯托波爾，由於黑海艦隊的關係，俄羅斯的居民超過了當地居民的半數。不少烏克蘭人、俄羅斯人都在這個半島上置了房產，建造起了民族風格的別墅。

當然，對於這種「轉歸」，烏克蘭是非常高興的。參加會議的烏克蘭最高蘇維埃主席團主席科羅琴科這樣表示：「烏克蘭人民將會懷著十分滿意和萬分感激的心情歡迎將克里米亞轉歸烏克蘭的決定。這是俄羅斯人民對烏克蘭人民無限信任和真誠友愛的又一明顯的體現，是俄烏兩國人民間牢不可破的兄弟友誼的新見證。」

在蘇聯是一個強大的統一國家的時期，克里米亞由俄羅斯劃歸烏克蘭管轄，無論是高層領導，還是平民百姓，都沒有產生過太大的懷疑與擔心，也都沒有想到過蘇聯有一日不復存在後這種領土的重分會產生怎樣的嚴重後果以及由此而來的矛盾與衝突。直到蘇聯解體，俄羅斯和蘇聯成了兩個獨立的國家，克里米亞的問題才提上了議事日程，並逐漸發展成越來越尖銳的國家間、民族間、政治上、經濟上、社會上以及人心上的分歧、對抗和爭鬥。

二〇〇八年，在布加勒斯特的北約峰會上，普丁說了這麼一番話：「烏克蘭——這是個歷史誤會，是一個建立在俄國土地上的國家。」

從一九五四年到二〇一四年以前，克里米亞發展的三種趨勢，或者說三種可能性一直是俄羅斯與烏克蘭的兩國關係中的難解之結。一是回歸俄羅斯，持這種意見的大多數是俄羅斯人，理由是克里米亞一直屬於俄羅斯。在這種趨勢下，塞瓦斯托波爾問題成為焦點。二是不能與烏克蘭分開，持這種意見的大多是烏克蘭族人，理由是克里米亞與烏克蘭不僅土地相連，而且民族相同。三是要求克里米亞的獨立，體現這種趨勢一部分是當地的「土著居民」，比如韃靼人，一部分甚至是俄羅斯人。

由於赫魯雪夫的這一首倡是在自己的沙皇般專權情況下生效的，因此這種「轉歸」一直在俄羅斯被譏諷為是「沙皇的饋贈」；又因為風傳赫魯雪夫是在俄羅斯的威士忌「科涅亞克」影響下做出這一決定的，所以這一「轉歸」又被稱為「醉漢的慷慨」。這樣一種定論顯然是由下述情況決定的：這種「轉歸」是大多數認為克里米亞自古就是俄羅斯的領土並且在這個半島上有著深切利益關係的俄羅斯族人所不能接受的。有著濃厚大俄羅斯主義情懷的索忍尼辛（Aleksandr Solzhenitsyn）曾經這樣評價克里米亞的「轉歸」烏克蘭：「有多少俄羅斯人懷著憤怒與驚駭經歷了我國當時那種意志薄弱的、無從聲辯的、不可能有任何抗議的、優柔寡斷的外交，那種在二十四小時內就把克里米亞交出去了，那種在以後的每次克里米亞衝突中都會有的背叛。」

很長時間以來，在克里米亞的「轉歸」問題上，人們只注意到了赫魯雪夫的專橫獨斷，而忽略了一個重要的事實，那就是當年的「轉歸」並沒有一句話、一個文字明確塞瓦斯托波爾的去留問題。作為一個直屬於俄羅斯中央政府的直轄市，塞瓦斯托波爾地位（主要是黑海艦隊的駐紮地和司令部）的特殊性並沒有在一九五四的這次最高蘇維埃會議上得到明確。儘管「塞瓦斯托波爾市蘇維埃執行委員會主席」參加了這次會議，但他沒有發言權。

還有一個問題是，在赫魯雪夫將克里米亞轉歸烏克蘭時，俄羅斯也從烏克蘭將原屬於烏克蘭的一些地區併進了俄羅斯：烏克蘭與俄羅斯交界的斯摩棱斯克、庫爾斯克、別爾哥羅德的部分地區，並且將塔甘羅格並進了羅斯托夫州。這種領土的交換似乎和克里米亞的「饋贈」有著密切的聯繫。

對於俄羅斯和烏克蘭來說，克里米亞是個不解之結。這個不解之結有兩個核心問題：一個核心是這個半島上的民族關係，準確地說是俄羅斯族和韃靼族的關係。這裡是七十個民族聚居的地方，俄羅斯民族人數最多，占第二位的是韃靼族，民族關係一直很複雜。所以，列寧對這個自治共和國的成立曾寄予了很大的希望，希望通過這個共和國進一步處理好蘇聯的民族關係問題。他說：「但願這個小小的克里米亞共和國能成為一支火炬，它的無產階級革命的光芒能照耀整個俄羅斯。」

然而，克里米亞卻沒有能成為這樣一支火炬，使這支火炬徹底消亡的是一九四四年蘇聯政府對韃靼人採取的「遷移」行動。一九四四年五月十日，貝利亞向史達林建議，「把克里米亞韃靼人作為特別移民流刑犯遷移到烏茲別克斯坦去」，理由是克里米亞韃靼人背叛了蘇聯人民，讓他們繼續住在蘇聯的邊境地區是不適宜的。史達林批准了這一建議，結果有近二十萬韃靼人被用軍事手段強行遷移出克里米亞。當年秋天，大批俄羅斯人和烏克蘭人遷入克里米亞半島。一九四五年六月二十五日，克里米亞自治共和國改組為俄羅斯屬下的「克里米亞州」。由此，克里米亞韃靼人問題成了蘇聯的一大民族問題。直到一九六七年，克里米亞韃靼人才被恢復了名譽（戰爭期間以「特別移民流刑犯」名義被遷移出原居住地的六個少數民族中最後一個被恢復名譽的），但是他們的回歸家園、居住、工作等的安排問題始終沒有得到妥善的解決。

另一個核心就是塞瓦斯托波爾這個曾經和現在的黑海艦隊司令部所在的軍港。蘇聯解體後，俄烏間關於克里米亞的爭執大都基於這個塞瓦斯托波爾。在現實世界中，塞瓦斯托波爾仍是解決克里米亞問題的關鍵，也是俄烏間關係的癥結所在。二〇一四年三月，在克里米亞通過「公投」回歸俄羅斯時，普丁不斷地提到這兩個核心。他這樣說：「俄羅斯人和烏克蘭人，克里米亞韃靼人，其他民族的人一起生活在克里米亞的土地上，保存著自己的習俗、傳統、語言和信仰。」並進而得出了一個很重要的結論：「克里米亞——這自古以來就是俄國的土地，而塞瓦斯托波爾是俄國的城市。」對於克里米亞的民族問題，尤其是韃靼民族的歷史問題，普丁的表態是：「如果在克里米亞俄語、烏克蘭語和克里米亞韃靼語是平等的語言，這將是正確的。我們尊重生活在克里米亞的所有民族的人。這是他們共同的家園，他們的小祖國。」當然，普丁也回避不了一個始終沒有得到妥善解決的問題：「應該採取一切措施來完成給克里米亞韃靼人恢復名譽的過程。」

總之，回顧歷史，顯然可以這樣說，從一九五四年起，赫魯雪夫及其叱吒風雲的後繼者們誰都沒有想過蘇聯有一天會不復存在，他們曾經讚頌過、信仰過和依賴過的社會主義民族關係原則會煙消雲散。這是誰的悲劇？是執政者的悲劇？是造反者的悲劇？還是只不過是歷史發展的一種悖論？

第十章
戈巴契夫的遺產：「不被承認的共和國」

在烏克蘭的西部和西南部有兩條河，東部是被稱之為烏克蘭母親河的聶伯河，而在西部則是聶斯特河，河對岸是摩爾達維亞（摩爾多瓦），再西邊是羅馬尼亞。這兩河之間的土地，尤其是聶斯特河沿岸的這塊狹長地帶，自古以來就是兵家必爭之地，是俄羅斯國家和聶斯特河以西的國家爭奪和劃分勢力範圍的對象。數百年間，俄羅斯國家（古羅斯、莫斯科公國、俄羅斯帝國、蘇聯）總是要把邊界推向聶斯特河，甚至欲把邊界劃到越過這條河的更遠的地方，而河那邊的國家（立陶宛大公國、波蘭、土耳其、羅馬尼亞、德國等）也竭力要把國界越過聶斯特河，劃到聶伯河這邊來。

在這種反覆的、交織的爭奪，甚至戰爭中，聶斯特河沿岸地區就在歷史的變遷中輾轉臣服、依附，受控於各種強權勢力、各個大國強君。聶斯特河沿岸地區曾是古羅斯國家的一部分，其北部曾隸屬於當時強盛的加里奇－沃倫公國，後來又歸立陶宛大公國所有。在一二四二年蒙古大軍占領後成為金帳汗國的一部分。從十六世紀中期起以後近百年的時間裡，這地區交叉受制於波蘭和俄國。直到俄國與普魯士第二次瓜分波蘭時，這一地區才歸屬俄羅斯帝國。而其南部，從十五世紀末到十八世紀初，它一直臣服於克里米亞等汗國。南部地區也是在第二次瓜分波蘭時被併入俄羅斯帝國版圖的。總之，聶斯特河沿岸地區到十九世紀時就完全處於沙皇俄國的掌控之下了。

但是，在這一地區羅馬尼亞的影響是強大和深遠的。羅馬尼亞人自信是戰無不勝的帝國古羅馬人的後代和繼承人，對這一地區有天生的統治權，而摩爾達維亞人則認為這是他們世代居住的土地。羅馬尼亞人和摩爾達維亞人在語言、習俗、文化上的碰撞，甚至爭鬥反覆出現，而這種鬥爭則集中反映在各自使用的語言上。羅馬尼亞人使用的是西方文化特徵的拉丁語，而摩爾達維亞人使用的則是與沙皇俄國相同的希臘字母，或者說斯拉夫字母組成的語言。當在這片土地上連宗教經書都是用拉丁字母印刷時，使用斯拉夫語的人們的反抗、斯拉夫語與拉丁語之間的爭鬥就日趨激烈化，並成了二十世紀初這一地區政治鬥爭的風向標。也就是說，最終演變成了拉丁派和斯拉夫派之間的爭鬥、親西方派和親俄派之間的爭鬥。對於延伸在聶斯特河沿岸土地政治舞臺上的這種莫測風雲，處於風雨飄搖中的沙皇政府也是鞭長莫及了。

十月革命後，由於蘇維埃政府與德國簽訂了屈辱的《布列斯特和約》，因此從一九一八年起，聶斯特河沿岸地區的右岸，即西部地區歸屬羅馬尼亞的比薩拉比亞，左岸即東部地區歸屬蘇聯，列於烏克蘭的行政區劃之內，後在一九二四年成立了摩爾達維亞蘇維埃社會主義自治共和國，這種情況延續到一九四〇年。換言之，聶斯特河沿岸地區的右岸在羅馬尼亞的統治下長達二十多年。而在這二十多年的時間裡，聶斯特河右岸，即在蘇維埃政府不得不割讓羅馬尼亞的地區內，反俄的情緒迅速滋生蔓延，形成了一股強大的反俄浪潮。「把俄國人趕出去」成了這土地上鬥爭的主題，那時城市的街頭巷尾都可見這樣的標語口號：「箱子——車站——俄羅斯」，「走吧，俄國伊萬，馬格丹在等著你」。「俄國伊萬」也就是「美國佬」、「美國山姆大叔」的意思，這些標語口號是對俄國人的極大侮辱，集中起來的意思就是：「俄國佬，提起行李，滾回去吧！」而語言的「拉丁化」則替代了「斯拉夫化」，隨著德國法西斯的日益逼近蘇聯西部邊界，聶斯特河右岸土地上的政治鬥爭激化，親西方派壓倒了親俄派的勢力。

而在聶斯特河左岸，蘇聯一直想把聶斯特河沿岸地區再度併入自己的版圖，與此同時，「比薩拉比亞的歸屬問題」也成了蘇聯和羅馬尼亞間棘手的外交問題。這種對峙的局面一直持續到一九三九年的夏秋之交。

第二次世界大戰前夕，一九三九年九月二十八日，蘇聯與德國簽署了友好與邊界條約及祕密協議書，分別對戰敗波蘭的東西部實行了控制。隨之，西烏克蘭、西白俄羅斯、波羅的海三國先後歸屬蘇聯。蘇聯的西部（包括烏克蘭）邊界發生了很大的變化。蘇聯沒有忘記仍被羅馬尼亞控制的包括聶斯特河沿岸地區右岸在內的比薩拉比亞，於一九四〇年六月二十六日向羅馬尼亞提出最後通牒，要求把這一地區「歸還」蘇聯，迫於強大的壓力和自身的軟弱，羅馬尼亞接受了通牒，把這一地區「歸還」給了蘇聯。一九四〇年八月五日，蘇聯最高蘇維埃頒布了關於《組建摩爾達維亞蘇維埃社會主義共和國》的法令，原屬於烏克蘭的「摩爾達維亞蘇維埃社會主義自治共和國」的大部分地區併入新建的加盟共和國級別的「摩爾達維亞蘇維埃社會主義共和國」，只有一小部分留在了烏克蘭。此時，蘇聯的西部邊界實際上到達了普魯特河。

摩爾達維亞蘇維埃社會主義共和國成立後，蘇聯中央政府在這裡採取一切強硬措施，實行實質上「俄羅斯化」的「蘇維埃化」。在這個共和國國內，尤其是鄰近蘇聯的聶斯特河沿岸地區，親俄的勢力迅速高漲，親俄的政治派別成為在這片土地上支持蘇聯中央政權的基礎。但是，親西方派並沒有停止與親俄派的鬥爭，他們以各種合法的和不合法的、公開的和隱蔽的手段持續進行反對蘇聯「占領和統治」的鬥爭，而蘇德的互不侵犯條約及其密約則是他們的鋒芒所指。隨後，是希特勒的進攻和占領，聶斯特河沿岸土地上的政治風雲不斷轉變方向，聶斯特河沿岸地區地緣政治地圖也發生了極大的變化，但在第二次世界大戰中，「沿岸地區」雖屢經變遷，但它在摩爾達維亞框架內從屬於蘇聯的地位沒有發生變化。在其後半個世紀的歲月裡，聶斯特河沿岸地區成為摩爾達維亞共和國工業發達和經濟比重分量很大的地區，但是，幽靈般纏繞在這片土地上的親西方和親俄國勢力的較量仍然如烈火般在地層深處運行。

在蘇聯末期那個動蕩不安的日子裡，原蘇聯各加盟共和國紛紛獨立的浪潮也席捲到了加盟共和國內的自治共和國的級別上來了，聶斯特河沿岸地區就成了這樣一塊地方。一九八九年夏秋之交，在摩爾達維亞共和國，政治罷工此起彼伏，目的就是反俄，反對蘇聯中央政府，其趨勢和實質與波羅的海三國當時的政治風雲處於同一個水準之上。一九八九年八月三十一日，摩爾達維亞最高蘇維埃通過了一項《語言法》，規定取消羅馬尼亞–摩爾達維亞語的字母，改用拉丁字母。這使本來就日漸高漲的反俄親西方情緒迅猛高漲。在三十一日當天的晚上，人們擁上首府基什尼奧夫的街頭歡呼，並將一條主要大街改名為「八月三十一日大街」。

一九九〇年春天，當時的美國駐蘇聯大使馬特洛克（Jack F. Matlock Jr.）訪問了摩爾達維亞。他記錄下來那裡的民族主義浪潮：脫離蘇聯，回歸羅馬尼亞。

摩爾達維亞議會幾個月前通過了一項語言法，規定恢復使用拉丁字母。這種語言已經正式被稱做摩爾達維亞語，但與羅馬尼亞語非常接近，就像美國所用的語言與英語一樣接近……傳統的羅馬尼亞藍、黃、紅三色旗取代了蘇聯的紅旗。摩爾達維亞人因勝利而喜氣洋洋，並且計畫好週末在與羅馬尼亞接壤的普魯特河岸舉行大規模遊行示威，這是迄今為止最大的一項活動。那天，摩爾達維亞人與跨過邊界的羅馬尼亞人歡聚在一起，互送鮮花，甚至連當地的共產黨也同意舉行遊行示威……共產黨第一書記盧欽斯基（Petru Lucinschi）告訴我說，他打算以個人身分參加這次遊行示威。

對這種以「改變語言」為始的政治結構變化。不僅美國人注意到了，蘇聯內部也有人觀察到了。據戈巴契夫時期蘇共中央意識形態部副部長普里亞欣（Georgy Pryakhin）回憶，當時他們向戈巴契夫提醒過這種「從基里爾字母到拉丁字母」轉變所潛藏的危險。但戈巴契夫不以為然，一笑置之。直到後來，戈巴契夫才在對普里亞欣的談話中同意這樣一種看法：「蘇聯解體的最初信號就是以拉丁字母替換基里爾字母。」

在摩爾達維亞共和國的「語言替換」之後，就是進行了各級蘇維埃的選舉，而選舉的結果是共產黨的書記們和代表門全部落選。摩爾達維亞共和國脫離蘇聯而獨立的傾向已經在變成現實。一九九〇年六月，摩爾達維亞共和國議會通過了《主權宣言》，宣布不參加一九九一年舉行的「是否保存蘇聯」的公投，這事實上就意味著摩爾達維亞的脫離蘇聯。而聶斯特河沿岸地區也不平靜，它走上了與它所屬的摩爾達維亞共和國性質相同的道路：它也要脫離共和國而獨立。因此，在一九九〇年四至六月期間，蘇聯中央政府面臨著既無法實質上譴責摩爾達維亞共和國的離心，又不能明確地對聶斯特河沿岸地區的反摩親蘇的傾向表示支持。

一九九〇年四月三日，蘇聯頒布了《與加盟共和國退出蘇聯相關問題的解決程序》的法令。這份法令實際上並沒有觸及在波羅的海三國以及摩爾達維亞共和國的獨立問題，而是模棱兩可地指出，加盟共和國有權可以退出蘇聯，並制定了一系列繁瑣的、事實上幾乎拖延得沒有盡頭的退出手續，而其結果是沒有任何一個加盟共和國可以在事實上真的實行民族自決、脫離蘇聯。歸根結柢，法令強調了民族自決的語言特徵、在所有要求主權、獨立的加盟共和國中，講俄語的居民是總人口中的絕大多數。四月二十六日，蘇聯政府有頒布了《蘇聯和聯盟各主體權力劃分》令，強調了中央政府權力的威信與必要，限制各聯盟主體與中央奪權。

到了十月，摩爾達維亞的民族主義浪潮更為洶湧，「分權令」根本無法執行。十月二十四日，蘇聯政府又公布了戈巴契夫總統令——《保證蘇聯法律及其他法規行使生效》令。這份法令對各聯盟的主體分權行動提出異議，並做出了一系列「限制」措施。法令這樣寫：「……一些加盟共和國聲明有可能在其領土上暫停行使蘇聯政府的全聯盟性質的法律和決議，他們的說法是，如果這些法規破壞該共和國或者該地區的權利和利益的話。這就損害了蘇聯的主權、蘇聯法律在蘇聯全部國土上的最高權威，而這也是組成改革政策核心的經濟、政治和社會文化措施執行不下去的主要原因之一。許多企業、機關和組織的領導人沒有採取相應的措施來履行條約的職責，從而導致了經濟聯繫的解體。」

因而，法令列出了五項措施：第一，要求各加盟共和國即使與全蘇法律和法規有分歧，也要在「新的聯盟條約簽署前」保證蘇聯法律和法規的行使。第二，加盟共和國有權提出重議蘇聯的法律，但不得暫停執行。「如果加盟共和國認為最高國家權力機構和蘇聯管理機構的某個全蘇法律、某個法規破壞了它的主權的話，可以根據蘇聯憲法第一百二十四條，由蘇聯憲法監督委員會做出結論，將問題予以解決」。第三，無論是各加盟共和國之間，還是蘇聯和各加盟共和國之間都不能將全蘇法律的強制力量作為談判的對象。分權或限制全蘇法律的權力都是損害蘇聯主權的非法企圖。第四，對於不執行本法令的企業和機構領導人可以解職。第五，對人民代表會議及其執行和管理權予以分解。

然而，即使這樣對加盟共和國和自治共和國的獨立傾向表示寬容的法令也無法阻止摩爾達維亞共和國和聶斯特河沿岸地區的民族主義浪潮了。聶斯特河沿岸地區脫離摩爾達維亞共和國趨勢演化成了「獨立」行動。而這個「獨立」行動是以聶斯特河沿岸地區舉行的「公投」開始的，公投只有一個題目：您是否同意成立「聶斯特河沿岸摩爾達維亞共和國」？一九九〇年八月五日就這一問題的舉行了公投。這次公投在四個城市（蒂拉斯波爾市、賓傑里市、杜博薩雷市和雷布尼察市）和五個地區（杜博薩雷區、雷布尼察區、格里戈利奧波爾區、卡緬斯克區、斯洛博達澤伊斯克區和聶斯特河沿岸區）進行。百分之九十五的居民參加了這次公投。結果是，百分之九十五·七的公投者投了贊成票，百分之三·一的人投了反對票。

一九九〇年九月二日，聶斯特河沿岸各級人民代表大會召開，通過了《關於聶斯特河沿岸摩爾達維亞蘇維埃社會主義共和國國家政權法令》、《聶斯特河沿岸摩爾達維亞蘇維埃社會主義共和國主權宣言》以及其他表示該地區脫離摩爾達維亞共和國、自立具有蘇聯加盟共和國地位的共和國的文件，並宣布首都設於蒂拉斯波爾市。這是個延伸在聶斯特河沿岸的「共和國」，南北長（二百零二公里），東西窄（四．四至四十七公里），面積為三千五百六十七平方公里。但它的位置極為重要，恰像是一把利刃插在聶斯特河和普魯特河之間，橫亙在蘇聯和西方國家之間，而它的存在，無論是政治上，還是經濟上都對它原來的屬主——摩爾達維亞共和國是個沉重的打擊。

蘇聯中央政府一直也沒有對這個共和國的「獨立」表示明確的意見，直到十二月二十二日才由戈巴契夫發表了一份模棱兩可的總統令：《關於摩爾達維亞蘇維埃社會主義共和國局勢正常化的蘇維埃社會主義共和國總統令》。這份總統令一開始就把摩爾達維亞目前不正常的局勢全部歸咎於這個共和國：「摩爾達維亞蘇維埃社會主義共和國的民族對抗，正達到危機的邊緣。這是與在該共和國最高蘇維埃所做出的一系列決議中損害非摩爾達維亞族居民的公民權相聯繫的。與此同時，還有所採取的成立自治組織和新機構的行動，是不符合蘇聯憲法和摩爾達維亞共和國憲法的。」

在這裡，總統令中的「不符合憲法的行動」就是指「聶斯特河沿岸」的「獨立」以及摩爾達維亞另一處地區——加告茲的「獨立」。法令呼籲摩爾達維亞政府「要立即採取一切必要措施來使局勢正常化，無條件地事實上遵守任何民族公民的權利，不允許煽動民族間的衝突」。總統令所涉及的另兩個主題，一是摩爾達維亞語言的拉丁化，二是譴責一九三九年蘇德條約及其密約和一九四〇年組建摩爾達維亞共和國為非法的法令。關於前者，總統令建議摩爾達維亞共和國最高蘇維埃，重新審議該共和國《有關摩爾達維亞蘇維埃社會主義共和國領土上各種語言的職能法》中的某些條款及其實施程序，以便保障居住於該土地上所有民族的利益；而關於後者，總統令認為摩爾達維亞最高蘇維埃一九九〇年六月二十三日有關《德蘇互不侵犯條約》及其對比薩拉比亞和北布科維納的後果，以及視一九四〇年八月二日摩爾達維亞蘇維埃社會主義共和國成立為非法的決議是沒有法律效力的。

這份總統令還對摩爾達維亞共和國一九九〇年發表主權宣言以來的所有決議表示了否定和譴責，而種種譴責都是在「損害蘇聯的主權」這個名義下進行的。這份總統令的另一個主要傾向，是以維護各族人民的利益為理由，實際上表達了對聶斯特河沿岸地區的俄羅斯民族、講俄語的人民的利益之親。這份命令所產生的後果是：反摩爾達維亞共和國，親聶斯特河沿岸共和國的趨勢更為強化。

從更廣闊的範圍來看，這時蘇聯已經處於風雨飄搖之中，戈巴契夫自身總統之位都難保了。因此，無論是離心的摩爾達維亞共和國，還是向心的聶斯特河沿岸共和國都不是蘇聯這個昔日的大國、強國所能駕馭的了。聶斯特河兩岸土地上各族人民的命運之輪只能沿著各自的方向前進了。

一九九一年三月十七日，「聶斯特河沿岸摩爾達維亞社會主義共和國」就「是否保存蘇聯」進行了公投。參加公投居民中的百分之八十四贊成保存蘇聯，這個居民中多數為俄羅斯族人和講俄語的人，他們在公投中親蘇傾向再次清晰地表現了出來。同年四月二十六日，蘇聯最高蘇維埃民族院通過了《達成摩爾達維亞蘇維埃社會主義共和國局勢正常化協定的途徑》的決議。這份決議的核心是，「聶斯特河沿岸共和國」和「加告茲共和國」這些非憲法機構之所以能存在，就是因為蘇聯的立法仍然在摩爾達維亞的土地上得不到實施，因此它呼籲要保持「共和國領土的完整」，加入復興的蘇聯。

這份決議把「非摩爾達維亞民族的利益」看做是解決問題的基礎：「呼籲聶斯特河沿岸地區和加告茲地區的居民宣布暫停導致蘇聯分裂的任何行動，而摩爾達維亞總統和議會暫停早先通過的損害非摩爾達維亞民族居民權利的法律法規的實施。」

對蘇聯中央政府的呼籲，無論是摩爾達維亞共和國，還是聶斯特河沿岸地區不僅都當成了耳邊風，而且以更激進的措施給予了否定的答覆。

一九九一年八月，雙方各自發表了「獨立宣言」。一九九一年八月二十五日，「聶斯特河沿岸摩爾達維亞共和國」最高蘇維埃發布了《聶斯特河沿岸摩爾達維亞共和國獨立宣言》：

……宣布聶斯特河沿岸摩爾達維亞共和國是個獨立國家。聶斯特河沿岸摩爾達維亞共和國的獨立是它的國家性存在的自然的和必須的條件。聶斯特河沿岸摩爾達維亞共和國是民主的法制國家，使命是保證組成聶斯特河沿岸摩爾達維亞共和國人民的各族公民的權利和義務的平等。

一九四〇年八月二日成立的摩爾達維亞蘇維埃社會主義共和國是非法的，它沒有考慮到摩爾達維亞蘇維埃社會主義自治共和國各族人民的意見，這就是聶斯特河沿岸摩爾達維亞共和國國家自決的歷史、政治和法律的基礎。

聶斯特河沿岸摩爾達維亞共和國的領土包括下述行政和領土單位：格里戈利奧波爾區、杜博薩雷區（左岸）、卡緬斯克區（左岸）、雷布尼察區、斯洛博達澤伊斯克區；賓傑里市（含格斯克村）、杜博薩雷市、蒂拉斯波爾市。上述界限內的聶斯特河沿岸摩爾達維亞共和國的領土是不可侵犯的並且只有根據聶斯特河沿岸摩爾達維亞共和國與其他國家雙方同意並考慮到人民意願的表達時才可變更。

共和國國家權力唯一源及其獨立的保障是聶斯特河沿岸摩爾達維亞共和國的人民，人民可以直接，也可以通過代表機構來行使其全部權力。

共和國的國家權力以立法、執法和司法分立的原則實現。

這份獨立宣言還表述了緊密依靠蘇聯的意願：「銀行、金融、有價證券和稅務制度職能的運轉程序由憲法、其他法規以及蘇聯與聶斯特河沿岸摩爾達維亞共和國的標準法規決定。為了保障安全，聶斯特河沿岸摩爾達維亞共和國在條約的基礎上向蘇聯武裝力量提供在自己領土上部署軍隊和武器的權利。根據聶斯特河沿岸摩爾達維亞共和國與蘇聯的法律，法制的捍衛和法律的遵守由護法機構系統予以保障。」

關於與他國的關係，宣言這樣寫：「聶斯特河沿岸摩爾達維亞共和國與其他國家的關係是建立在國家平等、相互尊重和互不干涉內政的基礎之上的。聶斯特河沿岸摩爾達維亞共和國向聶斯特河沿岸摩爾達維亞共和國人民、所有國家人民、議會和政府莊嚴保證，將遵守聯合國憲章、國際法公認的準則並願發展與所有主權國家的建設性國際合作以鞏固和平、安全和經濟繁榮。」

從這份「獨立宣言」可以看出一個十分明顯的目的，即這個共和國所追求的並不是那種基本意義上的國家獨立，而所表達的只不過是：它需要一個在蘇聯庇護下的加盟共和國地位。這個地位既能保證它能與摩爾達維亞蘇維埃社會主義共和國平起平坐，又能具有在國際舞臺上擁有類似於烏克蘭的那種雖受控制，但有某種程度的外交自主權。

兩天後，一九九一年八月二十七日，原來的蘇聯加盟共和國——摩爾達維亞共和國議會也發布了《摩爾多瓦共和國獨立宣言》[1]。這份宣言概述了這片土地上人民和國家的發展歷程，

1 編注：蘇聯時代摩爾達維亞蘇維埃社會主義共和國使用「摩爾達維亞」（Moldavia）這個名字。蘇聯解體後，一九九一年八月二十七日宣布獨立，其國名按照羅馬尼亞語的發音，改名為「摩爾多瓦」（Moldova）。

強調了「摩爾多瓦人所定居的聶伯河西岸，自古以來都是我們人民歷史的和種族區域的組成部分」。宣言譴責了歷史上對摩爾達維亞征劃、兼併等種種違背人民意願的事實，而對下述三件事的譴責尤為激烈：一九二四年摩爾達維亞蘇維埃社會主義自治共和國的建立、一九四〇年摩爾達維亞蘇維埃社會主義共和國的建立、二十世紀三〇年代末《莫洛托夫-里賓特洛甫條約》[2]所造成的嚴重政治後果。

對此，宣言「強調，蘇聯最高蘇維埃既沒有徵詢過一九四〇年六月二十八日被強行占領的比薩拉比亞、北布科維納和赫列茨地區居民，也沒有徵詢過一九二四年十月十二日組成的摩爾達維亞蘇維埃社會主義自治共和國居民的意見，甚至破壞自己的憲法權力，於一九四〇年八月二日通過了蘇聯《關於組建摩爾達維亞蘇維埃社會主義共和國》的法令及其法規，並試圖在沒有任何現實的法律依據的情況下，以此來為肢解這些領土並將其歸屬於蘇聯的一個新的加盟共和國作辯解。」

宣言實質上是完全否定了摩爾達維亞蘇維埃社會主義共和國組成的歷史依據和現實存在的法律基礎，因此它不參加一九九一年三月十七日在全蘇地區舉行的「是否保存蘇聯」的公投。且在宣言中宣布：「摩爾多瓦共和國是主權的、獨立的和民主的國家，因自由而強大的國家，在我們民族形成的歷史和種族的空間裡，根據人民的理想和神聖願望，沒有外來干涉地解決自己的現在和未來的國家。」

這份獨立宣言表明摩爾多瓦共和國脫離蘇聯和轉向歐洲、西方國家的不可逆轉趨勢。此外，摩爾多瓦的獨立顯然對聶斯特河沿岸蘇維埃社會主義共和國造成了嚴重威脅，而在實際上，摩爾多瓦共和國對自己身旁這個親蘇的「自己宣布的共和國」採取了一系列擠壓和懲罰措施。於是，聶斯特河沿岸蘇維埃社會主義共和國不得不採取行動來保護自己的「獨立」和「共和國」的存在。它的議會做出了更親蘇的決定：准予蘇軍繼續駐紮在自己的土地上、不承認摩爾多瓦共和國與烏克蘭建立海關；建立國防委員會等機構不斷強化自己「共和國」的地位，並且於一九九一年十一月，也就是在蘇聯解體前的一個月，把自己的國名更改為「聶斯特河沿岸摩爾達維亞共和國」。

這樣一來，聶斯特河沿岸地區就衝突四起，成了蘇聯解體前與波羅的海三國處於同一個動亂水準上的地區。在這一進程中，聶斯特河沿岸摩爾達維亞共和國只能不斷地向蘇聯總統、最高蘇維埃、蘇聯人民代表大會呼籲支持。從一九九〇年九月二日，這個「共和國」宣布「獨立」時起，就沒有停止過希望得到蘇聯的承認和支持並以加盟共和國的身分加入蘇聯。但在蘇聯加速瓦解且幾乎是墜落的過程中，這個「共和國」的訴求和願望只能成為一種泡影了。在這片土

2　編注：《莫洛托夫-里賓特洛甫條約》即一九三九年第二次世界大戰爆發前，蘇聯與德國在莫斯科簽訂之《德蘇互不侵犯條約》，因此約由史達林、蘇聯人民委員會主席莫洛托夫與德國外長里賓特洛甫（Joachim von Ribbentrop）通過兩次會談而簽訂，因而有此別名。

地上，久傳的對蘇聯和俄羅斯的呼籲現在聽起來像是哀鳴了，除了淒婉、蒼涼似乎也沒有更多的東西了：

俄羅斯，承認我們吧，幫助我們吧，
你看得到，我們周圍都是敵人。
人民在被殺害，在呻吟和期待，
俄羅斯你什麼時候才能來幫助我們。

俄羅斯，接受我們吧，保護我們吧，
我們孤身作戰太難了！
我們友好的人民將百倍地報償！

在蘇聯解體之後，從一九九二年起，聶斯特河沿岸摩爾達維亞共和國就與摩爾多瓦共和國不斷發生流血衝突。處在摩爾多瓦共和國和烏克蘭共和國之間的聶斯特河沿岸地區仍然堅持自己的「獨立」之路，期望俄羅斯支持和接納自己的願望從未消失。它的這種願望和期待糅雜著一系列對已經消失的蘇聯的纏綿。一九九四年，他甚至發行了蘇聯時期樣式的盧布作為自己

「共和國」的貨幣。它支持俄羅斯對烏克蘭的政策，因而聶斯特河的西岸處於與烏克蘭相向而立的立場之上。

時至今日，「聶斯特河沿岸地區摩爾達維亞共和國」不僅沒有得到俄羅斯和摩爾多瓦的承認，也沒有得到世界上任何其他國家、聯合國的承認。所以，從它宣布「獨立」的那一天起，對於蘇聯和俄羅斯來講是個「不被承認的共和國」，而在摩爾多瓦共和國的文字表述中，它則是個「自己宣布獨立的國家」。俄羅斯民族和非俄羅斯民族、摩爾達維亞人和聶斯特河沿岸地區人民、烏克蘭人和摩爾達維亞人以及聶斯特河沿岸居民的矛盾和對抗最終演變成了「聶斯特河沿岸地區衝突」，這場延續了二十多年的衝突不僅把蘇聯、俄羅斯、摩爾多瓦、羅馬尼亞捲了進去，而且把歐洲一系列國家以及歐盟和美國都捲了進來，結果使對抗、衝突不斷的「沿岸地區」成了當今世界地緣政治較量的一個有分量的地區。

「沿岸地區共和國」和「沿岸地區衝突」是蘇聯幾十年民族的產物，也是戈巴契夫在蘇聯最後幾年所執行的先是「鉗制」政策，後是以「親俄羅斯」為核心的大俄羅斯政策，最後又倒向「鎮壓」的民族政策的產物與後果。因此，可以說，這個「自己宣布的獨立國家」，這個「不被承認的共和國」是蘇聯留給俄羅斯的一個重大的政治和民族問題遺產，也是留在了插在摩爾多瓦、聶斯特河地區、烏克蘭和俄羅斯之間的一根尖利的刺，也是這一地區一有風吹草動就會產生不幸、動蕩，甚至災禍的變數。這個變數的最終解決似乎離不開俄羅斯與烏克蘭關係的最終調整。而目前對於摩爾多瓦共和國來說，就像它在《獨立宣言》中所寫的最後一行文字：「願上帝幫助我們！」而對聶斯特河沿岸摩爾達維亞共和國來說，它所期待的是恰如這土地上曾經流行過的呼籲：「俄羅斯，承認我們，幫助我們吧！」

而後在所有各方都為這裡的衝突忙得不亦樂乎的時候，戈巴契夫似乎明白了點什麼，他曾對媒體說：「『聶斯特河沿岸衝突問題』應該通過協商來解決。」當然，這種解決辦法對於他來說是為時已晚的事了，所以他不得不承認，「沿岸地區」問題的遺留是他執政時重大遺憾中的一個重大遺憾。

第二部

沙皇專制制度下的烏克蘭

第十一章
留里克：來自海那邊，還是沿河居民

我們現在稱之為「俄羅斯人」和「烏克蘭人」的群體，在一千多年前，並不叫做「俄羅斯人」和「烏克蘭人」。那時，這方土地也沒有被明確稱為「俄羅斯」和「烏克蘭」。但是，那時確實有了兩條大河，一條是西邊的聶伯河，另一條是東邊的窩瓦河。聶伯河由北而南、西南，流過茂密的森林、廣闊的原野和無邊際的草原後，注入黑海，這形成了它天生就是通向大海的通道。窩瓦河先是由北而西，再向南，同樣流經密林、原野和浩瀚的草原，注入裏海，裏海雖名為海，但卻不是通達海洋的。

人們都是臨河而居的，這是世界發展史的通例，聶伯河和窩瓦河也不例外，它們成了最早的部族居住和生育繁衍的地方，可以說都是沿河而居的人民。這兩條河沿岸的土地成了各個部族居住、生活、繁衍和融合的場所。無論是俄羅斯的史學，還是烏克蘭的史學，都沒有否認一點，他們把這片土地上最早的部族叫做「東斯拉夫人」。這個部族分布在中東歐的廣闊地區，因地形的不同，而有東西南北斯拉夫人之分。聶伯河和窩瓦河兩河之間的是東斯拉夫人的發源地，而南部的基輔和北方的諾夫戈羅德則是東斯拉夫人的兩個中心。現在，俄羅斯史學有關俄羅斯人祖先的論述幾乎都是以基輔洞穴修道院聶斯特爾修士（Nestor the Chronicler）一一一三年寫成的《往年紀事》為依據的。

這位修士對於東斯拉夫人及其國家起源的講述，顯然有兩條脈絡，一條是關於「俄羅斯人」的，一條是關於「烏克蘭人」的。聶斯特在講述了上帝締造民族和給他們劃分土地之後這樣寫：

又過了許久許久，斯拉夫人沿多瑙河，在如今的烏果爾和保加爾地區居住了下來。一部分斯拉夫人散居到各地並且有了自己的名稱……還有一部分斯拉夫人來到了聶伯河沿岸，叫波利安人，來到森林裡的那部分人叫德列夫利安人，而來到普里彼季亞河與德維納河之間的那部分人叫德列戈維奇人；來到德維納河的人叫波洛茨人，這是因為流入德維納河的支流叫波洛塔，因而就有了波洛茨人的名稱。來到伊爾梅里湖附近的人把自己叫做伊米揚人，他們建造了諾夫戈羅德並在那裡居住了下來。還有一部分人來到了傑斯納河、塞姆河和蘇拉河沿岸，叫做北方人。於是，就有了斯拉夫語，並且也有了稱為斯拉夫的文字。

涅斯特爾接著詳細描述了南部和北部的地形以及聶伯河與窩瓦河的不同地理位置：

波利安人居住在這裡的山地，有條自瓦蘭至希臘並從希臘沿聶伯河、上溯直至洛瓦季河的道路，並沿著洛瓦季河進入伊爾梅里海，而沃爾霍夫河是流入大涅瓦湖的，該湖有進入瓦蘭海的河口。而沿這一海道可通達羅馬，再由同一海路去帝都，而從帝都則可去聶伯河流入蓬蒂海。聶伯河發源於奧科夫森林，流向南方，而德維納河也發源於此森林，向北流入瓦蘭海。窩瓦河也源自該森林，流向東方，匯七十條支流，流入赫瓦利瑟海。所以，沿窩瓦河可通保加爾和赫瓦利瑟，再往東可到達閃部族的地方，沿德維納河可到瓦蘭，從瓦蘭到羅馬，再從羅馬到含部族。而聶伯河在匯流支流後流入因羅斯海而聲名遠揚的蓬蒂海……

涅斯特爾在記述了斯拉夫部族在沿聶伯河和窩瓦河定居的總的情景後，分別描述了南部和北部斯拉夫人的狀況和發展進程。關於南部斯拉夫人的情況，涅斯特爾主要講述了波利安人建造基輔的故事：波利安族有三兄弟，「老大叫基（Kyi），老二叫契克（Shchek），老三叫霍利夫（Khoryv），而他們的妹妹叫雷別季（Lybid）。基住在如今叫做鮑里切夫丘的山上，契克住在如今叫做契克丘的山上，霍利夫住在第三座山上，如今此山因而得名霍利夫山丘。他們建造起一座城，並以長兄之名取名基輔。城市周圍是大片森林，於是他們狩獵而生，他們聰慧機智，自稱波利安人，自他們始波利安人在基輔一直居住至今。」

而對於居住在北部的斯拉夫人的處境與命運，涅斯特爾的描述非常有意思。他所提供的是一幅「外來者」應邀來對北部斯拉夫人進行統治的充滿奇異色彩的圖畫。這部分居住在諾夫哥羅德地區的斯拉夫人叫做「楚德人」，他們與「瓦蘭海」南岸的瓦蘭人經常因「納貢」的事爭鬥不休，並且一度將瓦蘭人趕出海外，但是，「他們沒有法律，部落之間內訌頻起，混戰不斷。於是，他們商定求助於瓦蘭人：『我們去找個公來，讓他們來統治我們並按法理事。』」他們來到瓦蘭，對瓦蘭的公說：「我們的土地遼闊和豐饒，但是它混亂無章。請你們的公來統治我們吧。」而結果就是，一個叫做「留里克」家族的三兄弟應約而到，他們不僅自己來了，而且帶來

基輔的「三兄弟」紀念碑。（iStock／joyt）

了全部隨從、家屬，甚至大量的武士。從此在北部斯拉夫人居住的地方就由留里克的公治理，而原住民楚德人就被撇在了一邊。

根據涅斯特爾的上述記載十分清楚地表明幾點：第一，雖然東斯拉夫部族之間有南北之分，但是他們畢竟遠隔山河，並沒有生活在一起，在那個缺少任何聯繫方式、生活環境大不相同，又因地理條件等因素所造成的膜拜圖騰各異，南方的斯拉夫部族和北部的斯拉夫部族很難說是一個統一的整體。第二，在以基輔為中心的斯拉夫部族居住地，在基輔羅斯之前的時期是由「基」這樣的部族首領治理的，他們與北部的諾夫哥羅德的斯拉夫部族沒有治理或者從屬上的任何關係。第三，聶伯河南端基輔周邊地區的斯拉夫部族身處豐饒的水草地帶，與更南部的草原游牧部族有密切的來往，他們與游牧部族的混血更為顯著；而北部的斯拉夫部族居住在茂密的叢林和廣闊的田野，他們在耕作方式上和南部斯拉夫部族有著明顯的差異，而且他們更多的是與來自西北方向的部族的混血。第四，因此可以說，斯拉夫部族定居的兩個中心——基輔和諾夫哥羅德，無論在發展水準、發展趨向、人們的心理訴求和政治願望上都是不盡相同的。第五，留里克家族來到諾夫哥羅德後，諾夫哥羅德和基輔的差異就逐漸擴大。隨著留里克公在諾夫哥羅德地區統治的日益穩固、權力的逐步擴大、其家族勢力最終代替了諾夫哥羅德本地原有的勢力，這一地區逐漸並最終「瓦蘭化」——家族的分封土地、兄弟的內訌、無情和無窮盡的殖民，而最後是留里克家族的公不願也不能屈尊於諾夫哥羅德一地，向南部斯拉夫人居住地——基輔和更遠的南部的武力擴張就成為不可遏制的發展趨勢。

對於涅斯特爾所記載的留里克公來到諾夫哥羅德的事實，無論是沙皇時期，也無論是蘇聯時期，還是新俄羅斯聯邦時期，不僅沒有人否認，且都會肯定地點頭贊同。不否定、贊同的依據顯然也是涅斯特爾所提供的。因為，這位修士在記敘這一事實是，用了一個十分肯定的結論：瓦蘭人就是羅斯人。修士的兩句原話對於確定瓦蘭人就是羅斯起了鐵板釘釘的作用，一句話是：「於是，他們渡海到羅斯部族去。在那裡人們稱瓦蘭人為羅斯人。」另一句話是：「自此，瓦蘭人稱該地為羅斯。」但涅斯特爾並沒有進一步寫為什麼瓦蘭人自稱為「羅斯人」，為什麼留里克公來後，諾夫哥羅德的土地就叫做「羅斯」了。

然而，涅斯特爾的記載無疑證實了三點：一是，留里克家族，也就是瓦蘭人並不是土生土長的諾夫哥羅德人，他們與北部東斯拉夫人應該不是同一個部族，或者說他們根本就不是所謂的東斯拉夫部族。二是，他們是渡海來的，這個海被涅斯特爾稱為瓦蘭，瓦蘭的地方稱為羅斯，但事實上，這個海就是現在的波羅的海，這個「羅斯」就是斯堪地那維亞半島，這個瓦蘭－羅斯人（瓦良格人）就是斯堪地那維亞人。在那個年代，也叫「諾曼人」、「維京人」，他們是強悍的武士族，他們以劫掠其他民族而以「海盜」聞名於世。因此，這個「羅斯」與「沿河而居」的意思根本不是一回事。三是，從留里克家族公們的權力及其繼承、統治區域擴大、最終是俄羅斯民族形成的進程來說，這支來自斯堪地那維亞的諾曼部族才是事實上的「羅斯之源」。

把瓦蘭人稱為「羅斯」，涅斯特爾之說幾乎是唯一的依據，涅斯特爾本人並沒有提出任何證據，而後來者也沒有人提出任何科學的證據，蘇聯和俄羅斯史學所信奉的就是「那裡的人們自稱為羅斯人」。這樣一種信奉和堅持卻無疑證實了一點，即在俄羅斯這片土地上，無法否認來自海那邊的留里克家族是自己遠古的祖先，但是對於「海盜」的名聲卻是不敢不便承認。於是，就有了「瓦蘭人就是羅斯人」這個「科學」的「歷史」概念，就模糊了瓦蘭人與斯拉夫人的區別，最後是將他們混為一談。

因此，形成了一種悖論。對於留里克家族公們的治理並且在隨後組成了基輔羅斯這樣一個事實的承認，這是問題的一方面，而對羅斯起源的「外來者論」，或者說是「諾曼論」、「維京論」，「海盜論」則是問題的另一個方面。在俄羅斯這片國土上，可以接受既成事實，卻不能承認一個理論。接受事實，是因為事實是存在，是難以否認的，而承認一個「外來者」為國之源、族之源的理論是傷及國威、民族之威的原則性問題。所以，在漫長的歲月中，俄羅斯人就處在這種接受和否定的悖論之中，周而復始，難以自拔。蘇聯時期，「諾曼論」、「斯堪地那維亞海盜論」被痛斥為「資產階級誹謗」、反對蘇維埃、反對蘇聯的荒謬之說。而堅持羅斯的起源就是在羅斯土地的「羅斯本土論」得到了當權者的全力支持和廣為宣傳。於是，對「羅斯本土論」的辯解和解說就逐漸演化成為一種全新的理論。這種理論包括三個核心內容：一是，羅斯的起源就是存在於自基輔至諾夫哥羅德的這片廣闊土地上的文化，是居住在這裡的斯拉夫部族及其始自遠古的文化。二是，羅斯這個名稱是土生土長的，因為各斯拉夫部族都是沿著聶伯河和窩瓦河定居、生活的。在古烏克蘭和古俄語中，「羅斯」一詞是「河道」的意思，而「羅斯人」就是沿河而居的部族。三是，用各種方法和理論來證實諾曼人，斯堪地那維亞人就是斯拉夫人的一部分，因此他們被稱為羅斯人也就有了「斯拉夫之源」的部族、民族依據。

在當今的俄羅斯，在一系列的俄羅斯國史書中都有對這一問題的闡述。在一本被推為工科院校首選用書的《俄羅斯史》中就是這樣描述「諾曼論」的：「這個理論是十八世紀下半期出現並成了具有科學意義的迫切問題，當時在『德國霸權』的情況下，有關羅斯國家創立者的個人身分問題，無論對學者還是對政治家來說，都成了原則性的問題。但是，隨後在十九世紀，從索洛維耶夫（Sergey Soloyyov）和克留切夫斯基（Vasily Klyuchevsky）[1]時代起，就弄清楚，古羅斯國家的形成是東斯拉夫社會自身內部發展的結果。而留里克公（酋長）的淵源問題長期以來就成了次要的了，這一直持續到蘇聯時期重新出現了『與資產階級意識形態』作鬥爭的大風大浪時期。」

這本《俄羅斯史》承認「羅斯」部族的起源是個獨特的問題：

在上述故事中，編年史作者將這個概念等同於斯拉夫了，他認為他是「外來者」；在《往年紀事》的其他條目中，羅斯就直接歸為斯堪地那維亞人。但是，斯堪地那維亞本身就沒有叫做「羅斯」的人。這個名稱的來源有幾種假設的說法。其中之一是將羅斯與相鄰部族瑞典人和挪威人的芬蘭－烏戈爾名稱「roths」聯繫在一起並且有著古斯堪地那維亞「roths」的意義——「划船人」。另一種假設是，「羅斯」之稱源於六至七世紀，在基輔周邊及與之相連的聶伯河右岸之流——羅斯河地區最古老的早期斯拉夫國家組成。

這種引述表明，反對「諾曼論」，推崇「羅斯本土論」的論述也無法回避留里克家族不是羅斯本土的部族這樣一個基本事實。

蘇聯解體後，新俄羅斯的史學大體繼承了蘇聯時期對羅斯起源的說法與論證方法，但是也有這明顯的變化。在一本由曾一度負責蘇聯檔案解密工作的霍皮亞教授為俄羅斯聯邦總統直屬俄羅斯國家行政學院主編的《俄國史》中是這樣寫的：

> 臨近八六二年時，在《往年紀事》裡有一篇關於「邀請」三兄弟公率領下的「瓦良格人」（即瓦蘭人）的故事。兩百年來這篇文章成了意識形態論戰的場所。在羅蒙諾索夫時代，羅斯

1 編注：索洛維耶夫（1820-1879）、克留切夫斯基（1841-1911），兩人都為著名的俄國歷史學家。

國家能否或者是不是由外來的「德國人」所創立的問題所引起的已完全不是科學上的爭論。但是，到了十九世紀，學者們就得出結論，羅斯國家的組成過程首先決定於社會本身內部的發展。

在西歐，維京人（進行征伐獲取戰利品的海上武士）在九至十世紀海上征伐的結果，是向英格蘭的東部和法國的移民或者是對廣闊土地占領。正如在老拉多加的考古挖掘所證明的，斯堪地那維亞的武士－買賣人還在八世紀中葉就在羅斯出現了。老拉多加是斯拉夫人在七五三年建立的、並且成為東歐最古老的城市——亦是當時國際貿易的中心。留里克也是由

瓦斯涅佐夫（Viktor Vasnetsov）的歷史畫名作《邀請瓦良格人》（The Invitation of the Varangians）。（達志影像）

此從海上來到這裡的，而武士奧列格公（Oleg of Novgorod）在這裡建起了羅斯的第一座石頭要塞。

斯洛溫人、克里維奇人和楚德人之間紛爭的結果是依據契約（條約）邀請另一邊的公來（根據西方的史事記述，他可能是留里克·尤特蘭茨基公——一位有著丹麥王系血統的武士），合同的條件就是八至十五世紀諾沃哥羅德人所謂的「祖父輩和父輩」的法律。第一，公和他的武士沒有在所治理的土地上獲取土地的權利。第二，所有的稅和貢賦由諾沃哥羅德人自己收取並將所收的部分賦稅獻給公。考古挖掘證實了編年史的記述。斯堪地那維亞人不僅出現在拉多加；瓦良格的軍隊到過戈羅季謝（在現在的諾夫哥羅德郊區，而諾夫哥羅德只是在十世紀中葉才出現的）；瓦良格人的劫掠在克里維奇人和楚德人的土地交界處——伊茲波爾斯克和在白湖——芬蘭部族村莊的土地上都發生過。

瓦良格人在我國歷史上的作用並不僅限於「邀請」這一事實。航海家、武士、買賣人，他們沿著羅斯北部的河流和湖泊來到並且開闢了偉大的水路，起初是窩瓦河水路，而從九世紀末起則形成了「從瓦良格人到希臘人」的聶伯水路。與先前的居住區域相聯繫的斯拉夫移民們也參加了這些水路的開發。將北歐和東歐的「蠻夷」民族與中東和近東富裕的國家聯繫起來的統一的貿易之路的網路就這樣形成了。皮毛和海象骨、蜂蜜和蠟、法蘭克人的寶劍和奴僕來到東方；貴金屬、香料、金屬和玻璃器皿、錦緞和絲綢來到北方。對這些水路沿岸和羅斯最古老的城市中心所發現珍寶的研究表明，俄羅斯第一個貨幣制度的基礎是阿拉伯錢幣（迪拉姆）。

對於現在的俄羅斯史學或者政治學來說，上述引文具有相當大的權威性。但仍然可以看出幾點：第一，瓦良格人（即瓦蘭人）肯定是「外來者」，是從海那邊來的。他們是維京武士，儘管他們在北歐和西歐，劫掠和征剿如同暴風雪一般猛烈，但他們卻是「被邀請」來到東斯拉夫人諾夫哥羅德的土地上的。事實上，在此之前，維京人對東斯拉夫人土地的不請自來已經頻有發生。第二，他們是武士兼買賣人，他們精通貿易和計算之道，而無緣於諾夫哥羅德土地上的農耕之技、狩獵之術。他們的武器製造和作戰手段也大大高於東斯拉夫部族，諾夫哥羅德土地的荒於治理，其根源就在於生產力和社會的發展都落後於維京人。第三，因為他們是划船張帆的人，海和河就是他們最平坦和通達四方的路徑，因此他們的開闢「從瓦良格到希臘之路」就不是偶然的。在這條水路上，留里克家族——來自海那邊的人是主角，而沿河而居的斯拉夫部族則是配角。第四，維京人、瓦良格人、諾曼人與北部東斯拉夫人的接觸和來往是被肯定的，但是無論什麼「考古挖掘」資料，還是文獻資料都不能證實他們在被邀請來到諾夫哥羅德的土地時，就與南部的斯拉夫人有過接觸來往，而他們與南部斯拉夫人的關係不是被請去的，而是採用了另一種方式，武力征剿的方式。

事實上，霍皮亞的《俄國史》仍然堅持了兩點：一點是，被邀請來的人並不是諾夫哥羅德土地上真正的統治者，而起主要作用的是諾夫哥羅德的東斯拉夫部族的人；另一點是，諾夫哥羅德地區的斯拉夫人和基輔周圍的斯拉夫人同屬於一個「大斯拉夫群體」。關於前者的理由是，當時的邀請「契約」規定，對被邀請者的權力加以了限制，留里克家族的武士沒有獲取他們所治理土地的土地權和收稅權，諾夫哥羅德的事務將仍然要按照諾夫哥羅德古老的法律——「祖父輩和父輩」的法律行事。而關於後者的理由是，從法蘭西到烏克蘭的廣大土地上的喪葬習俗是一樣的，因此有相同的喪葬文化；是始於同一時期、進程相同的由西向東的移民浪潮將一個部族群從維斯杜拉河沿岸和波羅的海南岸遷來的。因此，統而言之，儘管存在被邀請來的留里克家族武士，但族源相同，喪葬文化相同，移民過程相同，所以從基輔至諾夫哥羅德這片地區的部族是一個早就形成的斯拉夫民族群，換言之，這地區自古就是屬於斯拉夫人的。

事實上，有關留里克家族武士沒有土地權的限制是不成立的。留里克家族一到，就開始了分封土地的事，三兄弟將諾夫哥羅德的土地分封完畢，並且將貴族武士們分封到更遠的地區去，其中有一支就南下去了基輔。而所謂沒有收稅權也是不存在的。留里克家族開始的「巡行納貢」就是一場大規模的收稅行動，而且這種稅收成了維持「從瓦良格至希臘之路」的生命線。對於諾夫哥羅德原有的主人們來說，對這種收稅行動無論是贊同還是反對，他們都是無能為力。

總之，這時，「被邀請來」的維京人、瓦良格人，甚至是諾曼人剛以統治者的身分行使權力，還談不上與當地斯拉夫部族的融合；這時，在俄羅斯民族和烏克蘭民族都沒有形成的時期，談兩個民族的「同根同源」是太早了一些，太政治化了些。而在俄國、蘇聯和俄羅斯的漫長歲月中，對歷史事實、歷史現象的政治化解釋是屢見不鮮，反覆出現的。

從我們列舉的編年史、文獻和專著來看，似乎有幾點是值得深思的。一是，中世紀，甚至更久遠的年代由法蘭西向烏克蘭地區的大移民是否真的是帶來了一個在習俗、信仰、文化以及社會結構方面已經形成了一個整體的「斯拉夫大部族群」。如果真是這樣的話，那這個部族群已經可以說是一個完整的「民族群」了，它在新居地的演變和發展就不是一個新民族的形成過程，而是一個舊有民族的完善過程了。

二是，留里克家族武士不僅是確實存在的外來者，而且也是一來之後就成為真正的王者——掌握實權的大公，並且再也沒有離去過，並且最終消失在新的民族——俄羅斯族、烏克蘭族以及其他各族人的形成之中。

三是，在基輔羅斯前的那個時期，諾夫哥羅德地區的部族，即北部的斯拉夫部族，基輔地區的部族，即南部斯拉夫部族，沒有更多的科學論據來支持這是一個完整的部族群的概念或者理論。

承認聶伯河和窩瓦河沿岸最早的居民有更多的外來者的干涉和影響因素，也許可以幫助人們更理智地、更深刻地、更準確地理解「羅斯」的真實起源問題和俄羅斯與烏克蘭民族同根同源的問題。

第十二章
基輔羅斯：和平的，還是陰謀的聯合

基輔羅斯是俄羅斯國家形式起源的觀點，這是蘇聯時期和現在俄羅斯的史學界毫無疑問的觀點，是支撐俄國國家起源學說的核心。這個觀點的最初的、最不可動搖的依據依然是涅斯特爾的《往年紀事》。因此，話也許還得從始點說起：「很久很之前，發生了那麼那麼多的事……」

被請來的統治者——留里克家族在開始對諾夫哥羅德土地的治理時，是三兄弟中的長兄（叫「帶來和平的」，老二叫「戰無不勝的」，老三叫「忠實的」）掌權的。從西元八六二年到八七九年，掌權者長兄去世。按照《往年紀事》的說法，留里克「把公位交給了自己的親屬奧列格，並把幼子托孤給他」。留里克的本意是，待幼子伊戈爾（Igor of Kiev）成龍，奧列格要「原業歸宗」。但這個奧列格是個不願只治理諾夫哥羅德土地的公，是個有著更大的領土野心和權勢欲的另一個留里克。奧列格從攝政變成了當政，並且急速地開始了他的覬覦於南方更廣大土地的征戰軍事行動。

而這時的南方，已經由隨留里克三兄弟而來的一支瓦蘭貴族武士所占領。《往年紀事》裡這樣寫的：

當時留里克手下有阿斯科爾德（Askold）和基爾（Dir）二人，他們不是留里克族的人，但也是大貴族，兩人沿聶伯河航行前往沙皇城。他們路過一座山，山上有一小城，便詢問：「這是誰家的城池？」居民回答：「是基、契克和霍利夫三兄弟建的。他們去世了，我們是他們的後裔，住在這裡，向可薩人納貢。」

於是，阿斯科爾德和基爾就不走了，留了下來開始對這片土地進行統治。

阿斯科爾德和基爾統治的基輔成了奧列格最大的誘惑物。他決心征服此地，於是派遣使者前往基輔，對阿斯科爾德和基爾說：我們都來自海的那一邊，都是瓦蘭人，同根同源，讓我們和談簽約聯合吧。阿斯科爾德和基爾相信了這樣的好話，決定打開城池之門，親自率佇列陣迎接奧列格的到來，但是奧列格的陰謀卻使這場同根同源的和談聯合變成了血腥屠城之戰，出演了一場「挾天子以令諸侯」的悲劇。《往年紀事》裡的記錄也十分詳盡：

當奧列格經過基輔山時得知，阿斯科爾德和基爾在此稱公。於是便命令部分士兵藏於船內，其他士兵斷後，自己則帶著年幼的伊戈爾。當船隻駛近烏果爾山時，奧列格讓士兵藏好，然後派人去見阿斯科爾德和基爾說：「我們是前往希臘的商人，從奧列格和伊戈爾公那裡來，我們是同族人，請來見面一敘。」二人隨赴約，但藏匿的士兵躍然而起，將他們拿下。奧列格對他們說：「你們不是公，也不是我們這一族的人，而我是。」說著讓人將伊戈爾請出，說道：「這是留里克的兒子。」士兵們殺掉了阿斯科爾德和基爾……於是，奧列格稱公基輔，並說：「基輔將成為羅斯眾城之母。」

《往年紀事》所記述的這一切它毋庸置疑地表明了幾點：一是，奧列格的「稱公基輔」是北部的留里克公不滿足於諾夫哥羅德的彈丸之地、渴求向南方向更遠的地區的擴張的必然結果。二是，這種擴張實際上是占統治地位的留里克公家族與其屬下的分支或貴族武士間內訌發展、深化的必然結局。三是，這種部族間的內訌是以陰謀的方式、狡詐的手段、武力的方式實現的。四是，在這種部族內部的內訌和爭鬥中，不僅諾夫哥羅人對事態的發展無能為力，而且基輔地區的原住民——波利安等部族的人也是被統治者；「稱公基輔」的公及其掌權層都是留里克家族的成員或者親信與親屬，是來自海外的那幫族人，而不是沿河而居的原住民——斯拉夫人。五是，奧列格的「稱公基輔」並不是留里克家族內訌的結束，而是它的新擴張的開始，只不過從諾夫哥羅德到基輔之路是一條「家族內訌之路」，而從基輔之始，則是一條以「稱公基輔」為形式的擴張與南部更遠的草原，甚至克里米亞，與西方的拜占庭帝國的部族間殺伐和軍事爭奪之路。

在這裡，我們使用了奧列格「稱公基輔」這個概念，而不是傳統上的基輔羅斯這個概念。因為「稱公基輔」是《往年紀事》的準確用語，而基輔羅斯這個名稱在《往年紀事》裡根本找不到。《往年紀事》裡這段關於奧列格南下擴張的記載是十分清楚的，也是十分有趣的。這裡有幾點很值得人們思考：一是，它用了奧列格「稱公基輔」，而沒有說「在基輔立國」，更沒有明確記載發生這一切變故的八八二年就是基輔羅斯立國之年。二是，更沒有出現基輔羅斯這樣準確的名稱。翻遍《往年紀事》，這位山洞修士只用了「羅斯」（Русь）和「羅斯之地」（Руская Земля）這兩個概念，根本就沒有作為一個國家概念的基輔羅斯。三是，不僅沒有提及「國家」這個概念，甚至連「部族聯合」的概念都沒有，《往年紀事》裡詳細記載的是奧列格率軍對基輔四周的其他部族的征剿、作戰和強行收取「納貢」，最後是向西，向拜占庭的討伐——一幅擴張和征戰的全景圖。

《往年紀事》這本編年史成於一一一三年前後，這至少可證明在涅斯特爾撰寫這本編年史時，並沒有基輔羅斯這個概念。《往年紀事》所能證實的只是：八八二年確是奧列格「稱公基輔」的年分。但是，八八二年這個年分卻被後世的俄國史學家確認是基輔羅斯立國之年。與此相聯繫的，就是將八八二年留里克家族應邀來到諾夫哥羅德的那一年稱為「在羅斯建立第一個王朝」的年分，（在《往年紀事》裡同樣沒有「建立第一個羅斯王朝」之說）。這樣一種紀年方式事實上就是將這兩個年分神聖化起來了，而神聖化的緣起，一是強調留里克家族的絕對的「羅斯」起源和身分，二是強調奧列格的「稱公基輔」是絕對的羅斯起源，三是強調來自北方的留里克家族對聶伯河和窩瓦河兩河沿岸各斯拉夫部族及其文明和文化的絕對優先地位和統領權威。

這種神聖化的最終目的是為了徹底否定和批駁「羅斯外族起源論」。在蘇聯和俄羅斯的史學著作裡，為了解釋這種難以接受的「羅斯外族起源」說，曾經出現過一系列的「科學論證」和「真實解說」。其中有一種說法是改變了在基輔羅斯中有過豐功偉績的伊戈爾公的起源和身世。雖然《往年紀事》被奉為經典，但「必要的解釋」還是與時而現。《往年紀事》明確記載伊戈爾公是第一代留里克公的嫡傳，而新的一種解釋是：伊戈爾公並不淵源於留里克家族，而是斯拉夫族土生土長的公，這樣一來，連留里克家族也就不是「被邀請來的」了，也是「土生土長」的了。所以，基輔羅斯這一名稱的出現就是應運這種科學論證和解說而出現的，這個名稱實際上應該反過來讀，即應讀成「羅斯基輔」，意思就是留里克家族是土生土長羅斯的，因此他們的稱公基輔也是對自己斯拉夫土地的治理，是土生土長、天經地義的事。

格盧舍夫斯基（Mykhailo Hrushevsky）大概是最早使用基輔羅斯這個概念的烏克蘭史學家

之一，不過他並沒有單獨使用，而是用了這麼一個短語：「基輔羅斯-烏克蘭」。現在擔任獨聯體國家研究院烏克蘭分院院長的科爾尼洛夫是這樣解釋格盧舍夫斯基的「基輔羅斯-烏克蘭」的：「『基輔羅斯-烏克蘭』這個術語在烏克蘭的政治語彙中是相當常用的，烏克蘭歷史學家格盧舍夫斯基和阿爾卡斯（Mykola Arkas）還在十九至二十世紀之交就採用了，為的是證明烏克蘭對基輔羅斯的繼承性以及俄國與這一術語的非特殊地位。」

而在俄國，最早使用基輔羅斯這一名稱的是俄國史學家索洛維耶夫，他是在對俄國歷史進行分期時使用的。他認為應該將「羅斯」分為幾個階段，而他分階段的標準是以國家的首都在哪裡為唯一依據的。根據他的分期法，羅斯有四個發展階段：基輔羅斯、弗拉基米爾羅斯、莫斯科公國羅斯和彼得堡羅斯。這只是索洛維耶夫用以分期的標準，或者說是他類比的一個符號，並不具有實質上的政治、社會和經濟意義。也就是說，在索洛維耶夫那裡，並不是因此肯定在俄國的歷史進程中存在過「基輔羅斯」、「弗拉基米爾羅斯」、「莫斯科公國羅斯」和「彼得堡羅斯」這四個相對獨立的國家。

然而，儘管如此，索洛維耶夫還是在事實上為後來的俄國史學奠定了兩個基礎，一是基輔羅斯這個名稱，二是基輔羅斯作為俄羅斯國家起源的說法。這種分期法因為強調了作為大民族的「大俄羅斯民族」的地位、作為小民族的「小俄羅斯」和「白俄羅斯」對「大俄羅斯」的依存和附屬地位，而受到維護「大俄羅斯」利益和國家權威者的熱烈擁護和支持，因而更為流傳並最終定格為一種經典的國家學說。到了蘇聯時期，一切都源於大俄羅斯，一切都決定於大俄羅斯，一切都得服從大俄羅斯的理論是符合當時的「蘇聯世界第一」、「蘇聯優越於世界各國」，「蘇聯的利益就是社會主義的利益」理論路線和方針的。因此，在一九三七年史達林親自主持並審訂的《聯共（布）黨史簡明教程》中就有了這樣明確的結論：「從十世紀起，斯拉夫人的基輔公國就被稱為『基輔羅斯』。」《聯共（布）黨史簡明教程》的結論是指示性的，也是命令性的，它對蘇聯時期的史學和整個意識形態所起的影響和作用是極其深遠的。

基輔羅斯源於羅斯的說法一開始就受到一些烏克蘭史學家的反對。其中，系統地陳述自己反對意見的是格盧舍夫斯基。他在十卷本的《烏克蘭-羅斯史》一書中旗幟鮮明地提出了一個與基輔羅斯針鋒相對的概念——「烏克蘭-羅斯」。格盧舍夫斯基的意思是很明確的：烏克蘭自古就是羅斯的土地，而這個羅斯就是烏克蘭的羅斯。他認為，現在烏克蘭土地上自西元一世紀就有斯拉夫居民居住了，而這一居民有著自己的、與其他東斯拉夫部族不同的特點。因此，他的結論是，所謂「羅斯」，實質上就是「烏克蘭國家」，而不是其他部族，諸如留里克家族的國家，「烏克蘭-羅斯」就是由此而來。在「烏克蘭-羅斯」的含義中，烏克蘭人和俄羅斯人在起源和發展進程方面都是有原則性差異的。格盧舍夫斯基所要強調的是，烏克蘭才是「基輔羅斯的真正繼承人」。在《烏克蘭-羅斯史》中，還有一個重要之點，那就是格盧舍夫斯基不同意俄國人所說的「大俄羅斯」、「小俄羅斯」和「白俄羅斯」民族之分，強調的是烏克蘭人和俄羅斯人是平等的，不應有大小、尊貴低微之分。

自《烏克蘭－羅斯史》問世後，格盧舍夫斯基就不斷遭到蘇聯和烏克蘭官方史學的嚴厲批判和指責，批評者極力維護的是大俄羅斯的利益和權威。十月革命後，由於格盧舍夫斯基曾經作為烏克蘭民族主義運動的領導人、擔任過烏克蘭中央拉達的主席，所以對他的史學觀點的批判就具有了極其強烈的政治色彩。他受到指責的觀點，或者說是罪名是：捍衛小俄羅斯的利益，要求小俄羅斯的自治；宣導烏克蘭的民族分裂主義，因而把格盧舍夫斯基譴責為「烏克蘭分裂主義之源」，而他的《烏克蘭－羅斯史》被稱為是「惡毒的造謠和誹謗」。而到了上個世紀三〇年代初，格盧舍夫斯基被指責為搞陰謀破壞蘇聯的活動，成了一個反動集團的首領。結果是，這個「集團」的全部成員都遭到了鎮壓，而格盧舍夫斯基卻奇跡般地倖存了下來。但不久，他去南方的礦水城療養，隨後在一次外科小手術中突然死亡。格盧舍夫斯基的聲音從此消沉。基輔羅斯的俄羅斯國家起源說就成為蘇聯時期不可動搖的官方理論和史學標準。

關於基輔羅斯的爭論實際上是一場有關俄羅斯民族和烏克蘭民族是否是同根同源的民族、俄羅斯民族和烏克蘭民族是否應該是平等的民族的爭論，是一場有關「小俄羅斯民族」是否應該有自己的生存和道路選擇自由的大爭論。也許，正是因為如此，蘇聯解體後，烏克蘭繼承格盧舍夫斯基史學傳統的史學家就愈來愈強硬地進行起了這場「爭名」和「正名」的鬥爭。而這場鬥爭的實質就是在俄羅斯和烏克蘭不再是一個統一的國家的新時期，誰才是基輔羅斯的繼承人——誰才有權繼承「基輔遺產」？

關於這一點，二〇一二年，基輔出版了阿列克謝·托洛契柯（Aleksei Tolochko）的《基輔羅斯和十九世紀的小俄羅斯》（Kievskaia Rus' i malorossiia v XIX veke）。作者在書中講述了這種「基輔遺產之爭」：

基輔羅斯在烏克蘭史學的構成中占有如今的地位已經是相當的晚的事了。似乎從「基輔遺產之爭」的時候起，它就不是烏克蘭史學的主要課題。然而，重要的是要記住，烏克蘭人的歷史是作為不以基輔羅斯為支撐的一門獨立學科而出現和被確認的。在漫長的時間裡，它是不以「羅斯」為轉移的，並且充分解決了自己的任務：統一性的形成、愛國主義的培育、確認往昔歲月理性的重要意義。

書中，托洛契柯有過這樣形象的描述：

基輔羅斯已經死了，沒有留下遺囑，也沒有安排好後事。它死的時候，事情分崩離析，而財產則被沒收殆盡。親朋好友們把殘存的據為己有，讓自己腦滿腸肥，無所顧忌地揮霍掉曾經是恢弘莊園的尚存的一切。隨後，根據可疑的文書和與逝者不確定親屬關係的繼承人紛紛出場。就像在類似情況下常見的，對權利的探究演變成了覬覦者們之間的一場曠日持久的爭訟。相互指責對方冒名頂替，對血緣、土地的呼籲、對逝者特殊的愛戀太過分了。當這一過程還在繼續時，莊園已經瓦礫廢墟遍地。但這恰好趕上了對廢墟的時尚。

所以，托洛契柯提出「基輔遺產」是有兩方面組成的，一是莊園的遺存，另一是文書的遺存。他這樣寫：

烏克蘭繼承的是莊園肢軀的殘存，而俄羅斯繼承的是它所掌控的文書。對「基輔遺產」放至首位要追索的是什麼，以及按照什麼法律來繼承，是按照「土地」法，還是按照「血緣」法，這場爭論從十九世紀末就開始了。

因此，托洛契柯的結論是：

從羅斯學科史的觀點來看，這種爭論是沒有意義的。歷史不可能（與期望相違背地）以這樣的方式來「科學地」解決所提出的問題。這是意識形態、世界觀、信念的問題。歷史可以追蹤爭論是如何出現的，它因何而起，如何發展，在不同的時期給出怎樣的答案。但是，這種歷史已經不是基輔羅斯、這個存在於九至十三世紀的中世紀的國家史，而是十九世紀的歷史。

這種結論所傳達出的資訊是：爭奪「基輔遺產」的爭論不是學術性的，而是政治性的，是要把基輔羅斯這個概念強加於事實上並沒有存在過的「羅斯國家」的頭上。

在烏克蘭的另一本著作《帝國》（Empire）——作者為諾索夫斯基（G. V. Nosovsky）和福緬柯（A. T. Fomenko），表述了幾乎一致的觀點：

我們大家都知道一個古老的名稱——基輔羅斯。然而奇怪的是，他們，這些歷史學家們並沒有給出他們是從哪裡知道這一名稱的資訊。

他們還特別強調了一個觀點：「在十三世紀的一些地圖上，羅斯和莫斯科公國——這是兩個不同的地區。」

綜上所述，當今烏克蘭學界和政界在基輔羅斯這一問題上的典型觀點可以用烏克蘭史家和政論家亞．穆紮法羅夫的話來概括：「今天烏克蘭的政治精英所特別關注的『基輔羅斯』的概念在歷史現實中從來沒有存在過的。如果我們去尋找史料，就會看到，在古代不存在基輔羅斯的稱謂。這個國家叫做羅斯或者更廣義些叫做羅斯之地。」

基輔羅斯從來不是俄國的、俄羅斯的，而是烏克蘭的，烏克蘭方面的這種觀點當然是俄羅斯方面堅決不能認同和接受的。俄羅斯的史學家把所有這些觀點都稱謂「當代烏克蘭史學的無稽之談」。他們所強調的主要之點有四：一是，俄羅斯和烏克蘭從遠古部族時代起，就是統一的、不可分離的整體，因為他們有共同的語言、文化和信仰。二是，從遠古以來，俄羅斯就是處於領先的發展地位，語言的出現比烏克蘭要早，文化的形成源於俄羅斯的，烏克蘭是處於從屬地位的。三是，俄羅斯從多神膜拜轉為單一信仰的時期要比烏克蘭早，因此烏克蘭是統一信仰的後進者。四是，因而，大俄羅斯和小俄羅斯之分不是政治的、意識形態的，而是歷史發展的必然結果，遵從和維護這種大小之分是理所當然的。

在阿．伊萬諾夫的長文〈當代烏克蘭史學的無稽之談〉，首先指責格盧舍夫斯基的理論是烏克蘭的「鄉土論」：

這一理論的實質就是說，早在新石器時代烏克蘭人的祖先就生活在現在烏克蘭的土地之上了。這一理論的主要目的就是尋找早在原始公社制度時期就存在的烏克蘭人和俄羅斯人之間的根本差異。而達到這一目的的主要手段就是試圖將原始社會的部族「塞進」後來形成了東斯拉夫民族的那個土地的範疇之內。格盧舍夫斯基理論的目的是顯而易見的——最大限度地把烏克蘭人存在的時間框架擴大，證明烏克蘭種族更古老的起源，並進而把自己說成是優越於其他東斯拉夫人民的。

伊萬諾夫直率地指責這是一種民族主義的表現，而這種民族主義趨勢在當今的烏克蘭史學界發展得更為猛烈：

形形色色的民族主義的特徵就是力圖證明自己的民族「優越」於其他民族，並且尤其以「祖先的古老和尊貴」為依據。因此，在當今的烏克蘭歷史科學中正在進行如此緊鑼密鼓的工作，以便尋找組成未來的烏克蘭人和其他東斯拉夫人，直至整個斯拉夫民族的古老部落。例如，把俄羅斯人的根說成好像就是烏果爾－芬蘭部族，而烏克蘭人則是特里波利耶考古文化的部族。

伊萬諾夫不同意烏克蘭人提出的「還在九世紀時，就有了烏克蘭部族、俄羅斯部族和白俄羅斯部族之分」。當時，在現今的烏克蘭地區居住過許多的部族，通常提到的是七個部族。各部族聯合，而聯盟成了發展趨勢，「只是隨著時間的推移，聯盟才變得更為鞏固，具有了國家形式的組成特徵。而最終這些聯盟（在歷史文獻中稱為『編年史中講述的部族』）轉變成為封建的公國，再後來就聯合成了古羅斯國家。無論各個部族之間有怎樣的差異，他們聯盟了，最終形成了公國——所有的部族就有了共同的語言，共同的習俗和信仰，還有一點是主要的，那就是有了相同的社會經濟發展水準。」

在一篇題名為〈烏克蘭化：淵源和原因〉（作者弗．特里波利斯基）的文章中，同樣強調：「基輔羅斯的居民接受了統一的交際語言——俄語、統一的民族名稱——羅斯、統一的精神食糧——東正教。領土的統一還加上了民族起源地的相同。」文章的作者贊同「大俄羅斯、小俄羅斯和白俄羅斯」的觀點，認為將「小俄羅斯人」變為「大烏克蘭人」的人是「熱衷於烏克蘭化的分子」。

為了證明這種「統一性」和「大俄羅斯、小俄羅斯、白俄羅斯之分」說法的天經地義性，作者還引用了曾經作為烏克蘭民族主義首領、哥薩克蓋特曼的斯柯洛帕茨基於一九一七年所寫的回憶錄中的一段話：

大俄羅斯人和我們烏克蘭人以共同的努力創造了俄國的科學、俄國的文化、音樂和繪畫藝術，而放棄自己崇高和優秀的一切，去接受高盧人般勤得如此天真地向我們烏克蘭人推薦的精神貧乏簡直是可笑和難以想像的……我認為必須讓孩子們在家中和在學校裡講母親教會他們的語言，詳細瞭解自己烏克蘭的歷史，它的地理，我認為必須讓烏克蘭人來創造自己的文化，可我也同樣認為，脫離俄國，特別是在文化方面，對烏克蘭來講是不明智的和致命的。只有在我們這裡俄羅斯和烏克蘭文化得到自由發展，我們才能發展，要是我們現在拒絕前者的文化，對其他民族來說我們將只不過是一種陪襯並且永遠也不可能創造出什麼偉大的東西來。

縱觀上述俄羅斯方面的論述，可以看出幾點：一是，不承認烏克蘭與俄羅斯的同步發展是科學理論，更不用說烏克蘭超前於俄羅斯的發展了。二是，不承認有獨立的、單獨的烏克蘭文化，烏克蘭的文化是附屬於俄羅斯文化的。三是，不存在一個獨立的烏克蘭部族，無論是基輔羅斯前期還是基輔羅斯後期，作為部族、民族的形成與發展都是包容於羅斯部族、俄羅斯民族之中。四是，因而，基輔羅斯這個名稱不是無中生有，而是一個真實國家的存在，羅斯之所以叫「基輔」，是因為它起源於來自北方的羅斯人，是作為羅斯奠基人的留里克家族創立的；最後是，因此「基輔遺產」或者「基輔羅斯遺產」的繼承權無疑屬於俄羅斯，即俄羅斯對烏克蘭擁有大俄羅斯人的特權。

雖然，烏克蘭和俄羅斯之間關於基輔羅斯及其「遺產」的爭論已經越過了上百年的時間，但在蘇聯解體、獨聯體的局勢發生激變、俄羅斯與烏克蘭的關係每況愈下的狀態下，一系列的學術爭論就具有了愈來愈濃厚的政治色彩、意識形態偏見去不掉的烙印以及雙方利益和勢力爭奪的激烈痕跡。

在俄烏之間有關基輔羅斯的爭訟中，有一系列問題很值得人們深入思考。首先，模糊了、忽略了甚或是有意規避了俄羅斯民族和烏克蘭民族形成的時間問題。在奧列格開始治理羅斯

（羅斯之地）時，無論是俄羅斯民族，還是烏克蘭民族都遠未形成，一切都尚處在部族聯合和聯盟的過程之中。事實上，把留里克家族的羅斯稱為國家是不準確的。當時的羅斯不是一個現代意義上的國家，它只是一個在當時所有的部族聯盟中最大的一個聯盟。在《往年紀事》裡，既沒有使用聯盟，也沒有使用公國這些詞。公國（Княжество）和古羅斯國家（Древнерусское государство）是後人用的。基輔羅斯部族聯盟的出現並不等於就是有了一個統一的民族，一個可以稱之為俄羅斯的民族（在烏克蘭方面，是一個統一的烏克蘭民族）；也不等於是說各部族的多神膜拜馬上就轉變成統一的信仰了。應該說，將民族形成的時期提前，並擴大已經形成的民族的作用和權威是這場爭訟的基點。

其次，無限地擴大了地緣概念，用「東斯拉夫」這個部族概念替換了部族聯合和聯盟的概念。一種觀點是，執掌羅斯權力的留里克家族是土生土長的斯拉夫人，兩河（聶伯河和窩瓦河）沿岸是屬於斯拉夫部族的，因此，留里克家族的權力和權威由北而南的擴展是正常的、合理的；另一種觀點是，居住在基輔周邊地區的各部族堅持認為自己才是這片土地上土生土長的斯拉夫人，因此，羅斯的權力和權威始於自己並應歸屬於自己。這種地緣概念深刻影響到了權力的掌控和權威的發揮作用，而在這種認識中，「東斯拉夫」這個概念就被家族化、權力化，最後是利益政治化。

第三，刻意地強調了在這一地區民族進化和形成過程中存在一個主體民族（對俄羅斯來說是俄羅斯民族，對烏克蘭來說是烏克蘭民族），並且是這個主體民族發揮了關鍵且絕對的作用。因此，強調本民族的權力和權威，反對他民族的權力和權威，以否定和批駁他民族要處於「優越於其他民族的地位」，來確認和彰顯自己的民族「優越於其他民族」，也就是說，最終出現的是，以本民族的民族主義來反對他民族的民族主義，相互指責的「民族主義分子」就成了特定的政治標籤。

應當說，基輔羅斯開始的只是一個民族融合和形成的過程。實際上，在這片土地上，隨著掌權的留里克家族的征伐和擴張，一個各部族相互溶血、融合的進程就開始了。從這一點來說，自從有了基輔羅斯，來自西北部的、海那邊的留里克家族已經不再是純粹的瓦蘭人、諾曼人了，而基輔周邊的各個部族也不再是原來的部族人了。僅就留里克家族而言，先後有好幾個公都娶了南方部族的女子為妻，他們的後代就是溶血的產物了。

最後，應當說的是，無論這種爭訟具有怎樣的性質和如何持續下去，但是卻有幾點是無法否認的。第一，基輔羅斯並不是一個歷史上存在的真實「國名」——部族聯盟的名稱，這一點不僅《往年紀事》清楚記載，而且「羅斯」的發展進程也是證明了的。「羅斯」的法典，從來沒有冠用基輔羅斯的名稱，而是用的《羅斯法典》、《雅羅斯拉夫子孫法典》、《莫諾馬赫法規》、《羅斯增補法典》等。在古老的編年史或《遠征記》中，羅斯的公都是用的「基輔公」或「基輔大公」，從沒有出現過「基輔羅斯大公」這樣的稱謂。

第二，基輔羅斯的出現開始了作為一個統一民族——俄羅斯族的形成和發展進程。但是，隨著基輔羅斯的逐漸解體、俄羅斯東北部新的公國興起，在基輔地區烏克蘭民族也開始了單獨發展的進程。這一進程歷經了數百年的時間才最終完成。也就是說，直到蒙古入侵占領二百四十年（1240-1480）之後的伊凡四世（Ivan IV Vasilyevich）時期，才最終形成了俄羅斯族、烏克蘭族、白俄羅斯族，甚至還有黑俄羅斯族。不過，這個原先的東斯拉夫各部族卻有了大小之分和尊卑之別：俄羅斯族叫「大俄羅斯」，烏克蘭族叫「小俄羅斯」。這種大小稱謂一直在俄國、蘇聯使用，在當今的俄羅斯，當俄烏關係惡化的情況下，「大小俄羅斯」的稱謂頻頻出現。而在俄國的典籍上，也是從這時起「俄羅斯」一詞才取代了「羅斯」一詞。關於俄羅斯民族和烏克蘭民族的形成完結於十四至十五世紀的說法是公認的，俄烏都沒有否認這一結論。霍皮亞的《俄國史》是這樣寫的：

從六世紀起，東斯拉夫人部族開始掌控了東歐平原的遼闊和少有人居的土地。這一過程延續了數百年的時間並且成為我國歷史的一個基本特點。斯拉夫人殖民的「浪潮」與巴爾提和烏果爾－芬蘭族系的民族發生衝撞，但是並沒有取代和消滅他們；土著居民和外來者「混雜」並且深入到各個斯拉夫部族群，而隨後——擴展到整個國家的範圍。這一過程在俄羅斯是極為漫長的。只是在十六世紀俄羅斯人才跨過烏拉爾並開始開發西伯利亞，而這時在西歐為了土地開發的國內殖民已經在十四至十五世紀完成。

第三，基輔羅斯不是部族間和平的聯合、聯盟，而是陰謀的、武力的聯合、聯盟。這一點也是所有的俄羅斯史學家和烏克蘭史學家從沒有否認過的。還是引用上述《俄國史》的文字：

……被邀請來的酋長及其武士們不會滿足於條約給他們所提供的權利。八八二年的編年史寫道，留里克的繼承人奧列格去了南方，占領了基輔並且開始控制「從瓦良格人到希臘人」的全部水路。奧列格在羅斯大公中第一人首先「布城」——其統治領土上的據點，並且向斯拉夫人的部族公國——斯洛溫人、克里維奇人、德列夫里安人、塞維里安人、拉季米奇人「攤派貢賦」。如果說諾沃哥羅德的國家政權是在契約的基礎上出現的，而在基輔——是占領來的話，那就可以說，奠定古羅斯國家基礎的則是在其後的時期裡出現的各種政治結構。最終形成了幾個「部族公國」的軍事政治聯合體——古羅斯國家「基輔羅斯」。

第十三章
何處是歸屬：赫爾松涅斯，塞瓦斯托波爾

自基輔羅斯之後，俄國的文獻典籍上就有「羅斯洗禮」之說。所謂「羅斯洗禮」就是指基輔羅斯的第四代公弗拉基米爾（Vladimir the Great）放棄本部族的原始膜拜，接受拜占庭的基督教（東正教）的事。

這個故事依然源於《往年紀事》的敘述，而這種敘述歷經變遷，最後演變成的故事梗概是這樣的：在弗拉基米爾公治理的年代，基輔羅斯的土地已經擴展到了西部與拜占庭接壤的地方，南部到達了克里米亞的北部邊緣。基輔羅斯與拜占庭處於一種既敵非敵，既盟非盟的狀態之中。它們之間既有「從瓦良格至希臘」黃金水路所支撐的貿易往來，也有為爭奪黑海沿岸土地，諸如克里米亞的赫爾松涅斯的爭鬥，甚至戰爭。九八七年，弗拉基米爾公率兵攻下了在拜占庭占領下的克里米亞的赫爾松涅斯，而此時，拜占庭由於內亂，拜占庭皇帝請求弗拉基米爾公支援。弗拉基米爾公提出要以娶皇帝的妹妹作為交換條件，拜占庭皇帝表示，信仰基督教的

人不與非信徒結婚，如果弗拉基米爾接受基督教，則此條件可以接受。

弗拉基米爾同意了。但拜占庭皇帝要弗拉基米爾來拜占庭接受洗禮並迎娶皇妹，而弗拉基米爾則堅持讓皇帝把妹妹送到赫爾松涅斯來並在赫爾松涅斯接受洗禮。最後是拜占庭皇帝的屈服，弗拉基米爾在赫爾松涅斯接受了由拜占庭來的神甫所施的洗禮。《往年紀事》還清楚寫明：弗拉基米爾公在洗禮後，攜帶新妻，班師返回基輔，把一度攻占的赫爾松涅斯還給了拜占庭。克里米亞仍歸拜占庭所有。據《往年紀事》，這事發生在九八八年。

回到基輔後，弗拉基米爾讓自己的武士、臣屬都改信東正教。但是，基輔的居民，那些祖輩膜拜神的居民對接受東正教並不感興趣，這令弗拉基米爾大為惱火，轉而採取強硬措施來迫使原居民改變信仰。基輔沒有東正教堂，不可能由神職人員按照拜占庭的方式洗禮，於是，弗拉基米爾先是以蜂蜜（對自願投入聶伯河洗禮者，賞以蜂蜜），後動用武力，將基輔的居民趕進聶伯河，他和來自拜占庭的神職人員站在河岸上，算是主持了羅斯土地上的第一次大規模的蜂蜜加武力的洗禮。關於這場洗禮的景象，編年史裡是這樣描述的：「許多居民如同牲畜般被趕進河裡」，「另一些人在統治者的面前接收洗禮不是出於愛，而是出於恐懼」。在俄國歷代有關「羅斯洗禮」的著名油畫中，畫家們在聶伯河岸上聳立的弗拉基米爾公的腳下，描繪的大多是擁擠在河水中芸芸眾生的驚恐眼神和不安的表情。

隨後，在諾夫哥羅德的沃爾霍夫河進行「集體洗禮」，但是西北部那些信奉熊和彪悍野獸的斯拉夫人對東正教的抵觸和反抗就更加激烈了，於是「武力洗禮」就成了當地居民接受東正教的幾乎是唯一方式了。流傳至今的一句俄國諺語準確地反映了這種情況：「順從者施以蜂蜜，叛逆者處治刀火。」

從《往年紀事》的描述以及其後的傳說裡，可以看出，弗拉基米爾公在赫爾松涅斯的接受洗禮完全是一種個人行為，它的基本出發點顯然是以勝利者的姿態顯示自己作為基輔羅斯公的個人權威和基輔羅斯的強盛和不可小看。而他由基輔向北，向諾夫哥羅德地區的洗禮進程也主要表現出的是統治者命令的不可違抗和各部族居民的必須絕對服從。在弗拉基米爾統治和在羅斯土地上推進洗禮進程的整個過程中，很難說是一種改天換地的文化變革，更談不上是一種文明替代另一種文明。這種文化變革，這種文明替代是其後一、二個世紀的事。

在關於弗拉基米爾公接受洗禮，改信東正教的傳統講述中，有幾件事顯然是被忽略了。第一件事是，傳統上，把弗拉基米爾公的接受洗禮當成是東正教成為羅斯國教之始。這裡有三個偏頗，一是，弗拉基米爾公是羅斯接受東正教的第一人；二是，似乎東正教一開始就有國家法令規定成了國教；三是，似乎羅斯的居民在瞬間都一起放棄了多神膜拜，改信了東正教。

第二件事是，似乎從弗拉基米爾公接受東正教起，羅斯就從一個半野蠻的、愚昧的、無堅定信仰的國家變成了一個文明的、智慧的、有堅定信仰的國家了。在這裡，宗教的起源說演變成了國家和文明的起源說。

第三件事是，也是歷來幾乎被遺忘或者被刻意模糊了的事是，赫爾松涅斯、隨之是整個克里米亞被模棱兩可成了羅斯東正教的發源地，甚至是羅斯文明的搖籃。

關於第一件事，首先，事實上弗拉基米爾公並不是羅斯接受東正教的第一人。由於「從瓦良格至希臘」的黃金水路而出現的頻繁貿易往來，基輔地區的居民最早接觸到了基督教，並且先後有人開始信奉。在俄國的典籍上確認最早接受東正教的是最早來到基輔的留里克家族的武士阿斯科爾德，其後是第三代基輔公伊戈爾的妻子奧麗加（Olga of Kiev）。阿斯科爾德要早弗拉季米爾公一百年左右的時間，而奧麗加也要早二、三十年的時間。因此，對於羅斯以及後來的俄國、俄羅斯來講，問題不在於誰先接受了東正教，而在於承認誰第一接受了東正教對羅斯立國和俄羅斯國家的發展有利。也許可以說，承認弗拉基米爾的洗禮為始遠遠不是一個簡單的史實問題，而更多的是複雜的政治問題。

其次，無論是《往年紀事》，還是後來的編年史和文獻資料都沒有明確記載弗拉基米爾公有過定東正教為國教的法令。東正教由基輔向西北部地區，後來是東北地區的傳播經過了至少上百年的時間。據《往年紀事》，九九九年，東正教傳到了莫斯科附近地區，這裡當時是羅斯托夫－蘇茲達爾公國，是由留里克家族的後代弗拉基米爾．莫諾馬赫（Vladimir II Monomakh）統治的。其後他的兒子長手尤里（Yuri Dolgorukiy，被稱為是莫斯科的奠基者）和孫子安德列（Andrey Bogolyubsky）持續了祖先的統治，結果使東北羅斯稱雄於全部土地。在安德列統治的十二世紀的最後幾年，才在其都城弗拉基米爾城大興教堂建造和制定東正教的統一規章制度與禮儀節日。東正教的許多重大節日（至仁至愛救主節、聖母節、聖母帡幪日等）都是在弗拉基米爾城的聖母升天大教堂裡制定並實行於羅斯的土地的。從這時起，才有了東正教為國教的明確法令和東正教行使國教職能的法規和制度。

而從原居民的接收東正教來說，延續的時間也許還要長。在基輔羅斯出現前的漫長時期裡，這片土地上的東斯拉夫各部族膜拜自己無法理解、感到極端恐懼的事物和現象，他們把這些事物和現象視為神，視為自己無法駕馭的超自然力量。這種膜拜隨地區和環境的不同有著不同的對象，在西北和東北地區多森林野獸，森林野獸就成為膜拜的對象，而身材魁梧、力大無窮的熊就成為諾夫哥羅德、莫斯科、雅羅斯拉夫爾等地的「神」，鹿、狐狸、狼也是這一地區的「神」；而在聶伯河和窩瓦河中游地區，多河湖草地魚鳥，河湖草地魚鳥就成為膜拜的對象。可以說，東斯拉夫人是一些信仰「多神」的部族，當然，他們也有共同膜拜的對象，如火神、太陽神、雷電神、風神和牲畜神等。此外，由於部族間征伐不斷、內訌頻起，人們認為有一種無名的力量在操縱這一切，於是就有了「戰神」。

《往年紀事》裡記載過：舊的偶像被劈了燒了，雷神被扔進聶伯河。許多斯拉夫人無法和自己的神分開，他們嚎啕大哭，和神甫廝打起來，拒絕接受洗禮。事實上，在東正教傳播的過程中，羅斯舊有的神明並沒有消失。多神膜拜現象仍然存在，並且逐漸融入了新來的東正教之中。過去崇拜雷神，現在沒有雷神這個稱呼了，但在東正教裡有了個掌管雷電的聖徒伊利亞。到處顯靈的聖徒替代了出沒無常的神明，這種多神膜拜融入東正教的進程使東正教自傳入羅斯時起就已經不是純拜占庭式的東正教了。

關於第二件事，在弗拉基米爾公洗禮時，既尚沒有俄羅斯民族，更談不上俄羅斯國家，一切都尚處於「羅斯階段」。弗拉基米爾之所以需要洗禮，改信東正教並不完全是出於信仰，也不是真心想要娶拜占庭皇帝的妹妹。他祈求的是通過此舉能使各部族擯棄內訌，在公的旗子下團結得更緊（尚談不到一些史書所說的「為了祖國的統一」，那個時候應該沒有「祖國」這個概念），在與拜占庭等西方國家結盟或不結盟時，能使自己的武功不衰、自己的統治之地擴大。因此，在某種程度上，對弗拉基米爾公來說，他把東正教與其說是作為信仰，不如說是作為執政手段和統治手腕來接受的。

弗拉基米爾的個人洗禮是某種信號，但不能說是文化、文明轉向的風向標。在一個民族尚未形成，一種信仰尚未成為全民族的信仰，一個國家尚不能在總的趨勢和方向上統一向前發展時，就不可能談什麼全民族的文化，更談不上文化或者文明的轉向。正如第一件事所說，羅斯從一個半野蠻的、愚昧的、無堅定信仰的國家，變成了一個文明的、智慧的、有堅定信仰的俄羅斯國家，這不是一蹴而就的事。將弗拉基米爾洗禮之事定格、定點、定人的做法，實際上就是將俄羅斯民族的形成和國家的發展進程定格、定點、定人了。久而久之，在俄國的、蘇聯的、俄羅斯的史學著作裡，「羅斯洗禮」就替代了「弗拉基米爾洗禮」，統治者個人的洗禮就完全國家化、民族化了。

關於第三件事，表面上是說弗拉基米爾是在此地洗禮的，但其實質是講克里米亞的赫爾松涅斯（如今克里米亞半島塞瓦斯托波爾的周邊地區），是俄羅斯東正教的發祥地，甚至是俄羅斯文明的搖籃，或者用通俗的話來說，那裡是俄羅斯民族的「祖廟」。

關於這個問題的爭論，其實多年來在俄羅斯一直沒有止息過。首先是在時間上，學者們對「九八八年的俄羅斯洗禮」之說就有存疑，也就是說，此說源於《往年紀事》，但卻沒有文獻資料證明這個年分是準確的。其次是「俄羅斯洗禮」的地點，長期以來基本上有兩種說法，一是說弗拉基米爾是到君士坦丁堡接受的洗禮，另一種說法是在克里米亞的赫爾松涅斯。《往年紀事》裡對此有過特別的說明：弗拉基米爾是在赫爾松涅斯，而不是在人們所說的基輔和瓦西里耶夫接受的洗禮。在沙皇俄國時期，「赫爾松涅斯說」很受推崇，而在蘇聯時期，由於無神論的緣故，有關的史學著作中對於「羅斯洗禮」都是一筆帶過，不少客觀的史學家因鑑於史料的不足，也在「羅斯洗禮」的時間和地點上，採取了模棱兩可的筆法。直到今日，俄羅斯的一系列史學著作雖然對「羅斯洗禮」做了詳盡的描述，但也在時間和地點上沒有明確落筆。霍皮亞的《俄國史》就是把話寫到論及時間和地點時就「到此為止」了：

弗拉基米爾率軍侵入克里米亞的拜占庭領地並奪取了赫爾松涅斯。這迫使君士坦丁堡匆匆以聯姻的方式恢復了和解關係。

……關於這一事件的時間和地點學者們直至今日都在爭論，因為對以各異的編年史系統、不同的語言寫成的史料的分析是困難重重的。

有些著作乾脆就把弗拉基米爾在赫爾松涅斯的洗禮說成是虛構的傳說：

當然，那時東正教還沒有形成為基督教的一個單獨分支，而弗拉基米爾在赫爾松涅斯的洗禮本身不如說是一種虛構的傳說，因為不存在任何史料足以證明弗拉基米爾的洗禮地點。然而，在那時的羅斯土地上，除了赫爾松涅斯的洗禮教堂又沒有其他任何的洗禮教堂。

這裡所說的「在那時的羅斯土地上」顯然把赫爾松涅斯也包括進去了，但這個結論《往年紀事》裡並沒有記載，而是說赫爾松涅斯是希臘人的，弗拉基米爾公接受了洗禮後又把它還給原主了。

儘管在「羅斯洗禮」的時間和地點上存有不同意見，但是有個事實是十分肯定的，那就是九八八年時克里米亞的赫爾松涅斯是拜占庭的領地。這個位於克里米亞半島西北部的赫爾松涅斯從一世紀下半期起絕大部分時期都處於羅馬帝國的統治之下；九世紀時，成為拜占庭帝國的一個正式的軍事行政區，位於黑海岸上的一個重要的橋頭堡。由於長期處於拜占庭帝國的控制下，居民信奉基督教，基督教對當地社會結構和居民生活產生了重大影響。而在赫爾松涅斯的四周，居住的是各個游牧部族，他們的宗教信仰各異，有伊斯蘭教，有卡拉伊姆人的卡拉伊姆教。由於地形的重要，所以歷來是各游牧部族（哈扎拉人、波洛維茨人、佩切涅格人）爭奪的對象。生活於赫爾松涅斯以及克里米亞半島北部的游牧部族常常越過南部草原，向基輔奔襲。所以，留里克的公們雖覬覦於赫爾松涅斯，但卻因窮於應付這種奔襲，而對赫爾松涅斯望塵莫及。這種情況一直延續到弗拉基米爾公攻占了它。所以，在九八八至九八九年之前，赫爾松涅斯的基督教對基輔羅斯不可能產生什麼重大影響，而基輔羅斯對這種宗教也少有實際的接觸。

九八八至九八九年的「羅斯洗禮」之後，弗拉基米爾率軍班師回基輔，把赫爾松涅斯還給了拜占庭，赫爾松涅斯一直是拜占庭在黑海岸上的重要軍事要塞。而在其後數百年的時期內，甚至到了自己的衰敗為止，基輔羅斯的公們實際上再也沒有回到過赫爾松涅斯，更不用說對那裡的基督教施加任何影響和建造什麼東正教的宏偉教堂了。在赫爾松涅斯，一直挺立到十五世紀的東正教教堂及其他宗教建築都是在羅馬、拜占庭帝國時期建造起來的。十六世紀時，一位波蘭使節在訪問過變成廢墟的赫爾松涅斯後有過一段文字記載，證實了這種「希臘人的建築」：

廢墟著實令人驚訝，這極為明顯地證明，在某個時候這裡曾是一座富麗堂皇的、富有的和光榮的希臘人的城市，人口眾多並且以自己的港灣而享有聲譽。在這遼闊的半島上，從這一岸到那一岸，現在還聳立著高大的城牆和大量的高聳塔樓，它們都是用砍削平整的大塊石頭建造的。

在談「俄國洗禮」時，除了赫爾松涅斯外，人們還常常提到塞瓦斯托波爾這個城市，說赫爾松涅斯離塞瓦斯托波爾不遠，有的甚至說，赫爾松涅斯就在塞瓦斯托波爾的郊區，還有一種說法是，赫爾松涅斯就是古時的塞瓦斯托波爾。但是，無論哪種說法，都混淆了歷史和現實，模糊了人們的視線。在弗拉基米爾洗

葉卡捷琳娜二世在位達三十四年（一七六二至一七九六），在其治理下俄羅斯逐漸復興且達到其歷史頂峰，並成為歐洲列強之一。（iStock／GeorgiosArt）

禮時，只有赫爾松涅斯這個地方，而沒有塞瓦斯托波爾。塞瓦斯托波爾是在葉卡捷琳娜二世頒布了兼併克里米亞的宣言後，才在古赫爾松涅斯附近的黑海沿岸開始建造的，一開始它就是作為軍港建造的。一七八四年，葉卡捷琳娜二世指令寵臣波坦金負責此事。她詔令波坦金用從諾沃羅西斯克土地搞到的錢財，建造一座大的要塞並定名為「塞瓦斯托波爾」。這座城市作為一個行政單位歸屬葉卡捷林諾斯拉夫省（即當時俄國管轄下的烏克蘭）。

塞瓦斯托波爾這個名稱由塞瓦斯和托波爾兩詞組成，塞瓦斯的希臘文意思是「至尊無上的、神聖的」，在拉丁文裡是「奧古斯丁大帝」的意思，托波爾是城市的意思。因此，塞瓦斯托波爾的意思就是「奧古斯丁大帝之城」，「沙皇之城」的意思。葉卡捷琳娜二世指明用這一名稱，可見她的野心與雄心。從塞瓦斯托波爾建造的時間和緣由來看，比起赫爾松涅斯來，它與「羅斯洗禮」離得更遠，根本就與東正教的傳入俄國沒有什麼關係。

不過，有一點卻是十分重要的，那就是第二次俄土戰爭勝利的決定性因素就是俄國陸海軍的強大，尤其是黑海艦隊的威力。自從克里米亞歸屬俄國之後，俄國的黑海艦隊駐地就設在了克里米亞西南端的這個深水港塞瓦斯托波爾，而塞瓦斯托波爾也就變成了俄國黑海之口的須臾不可失去的生命線。

塞瓦斯托波爾之所以被看作是俄國須臾不可失去的生命線，就是因為它有讓俄國人、蘇聯人和俄羅斯人引以為光榮和驕傲的歷史。一段歷史是俄國黑海艦隊的創立。黑海艦隊是隨著塞瓦斯托波爾港的建造而創建的。一七八七年，塞瓦斯托波爾的艦隊就有了三艘戰列艦、十二艘驅逐戰艦、六艘炮艦以及二十八艘其他的戰艦。也就是在這一年，艦隊被命名為黑海艦隊，司令部就設在塞瓦斯托波爾。在歷次的俄土戰爭中，黑海艦隊都起了極大的作用。一七九八至一八〇〇年期間，著名的海軍中將烏沙科夫（Fyodor Ushakov）任艦隊司令，他為俄國奪得了地中海的一處海軍基地。在一八七〇至一八七一年的俄法戰爭之後，黑海艦隊司令托特列邊為了保衛塞瓦斯托波爾建造起了一條由裝甲艦組成的海岸防線。一八八一年，沙皇政府通過了主要為黑海艦隊所需的船舶建造的二十年計畫。經過將近一百四十年的發展，到第一次世界大戰開始時，黑海艦隊就擁有了當時最先進的巡洋艦、無畏艦、驅逐艦和潛水艦。而到一九一七年秋天，即十月革命臨近之時，黑海艦隊人仍擁有一百七十七艘戰艦，其中包括兩艘戰列艦，並且有保障供給的運輸船隊，是俄國南部實力雄厚的海軍力量。

一段歷史是從一八八四年九月到一八八五年九月的持續了三百四十九天的「塞瓦斯托波爾保衛戰」。戰爭的起因是英國、法國和土耳其的聯合軍隊進攻並圍困住塞瓦斯托波爾。戰爭的結果是俄軍在堅守了將近一年之後，不得不在彈盡糧絕之後撤出了塞瓦斯托波爾，把一座廢墟城市留給了英法土的占領者。這場戰爭的殘酷和俄軍的英勇與慘烈成了那個時代的最強音，並被俄羅斯人歷代傳頌。

關於塞瓦斯托波爾保衛戰的慘烈，馬克・吐溫（Mark Twain）在一八六七年訪問過塞瓦斯托波爾後這樣寫：

龐貝保存下來的不知要比塞瓦斯托波爾好到哪裡去了。無論你朝哪個方向看，只有廢墟！被毀壞的房舍，倒塌的斷垣殘壁，廢墟如山——破壞殆盡。就好像是巨大可怕的地震以其全部的力量向這一小塊陸地衝擊而下。戰爭在這裡橫行了一年半之久，將城市變成一片瓦礫，天底下沒有比這更悲慘的了。沒有一處房舍不遭到過破壞，沒有一處房舍能住人。難以想像還有比這更可怕的，更徹底的破壞了。

另一段歷史是一九四一年的又一次塞瓦斯托波爾保衛戰。一九四一年六月二十二日，德國軍隊開始轟炸塞瓦斯托波爾，企圖炸壞海港，將黑海艦隊封死在裡面。德國軍隊攻進克里米亞後，塞瓦斯托波爾開始了長達兩百五十天的保衛戰（一九四一年十月三十日至一九四二年七月四日）。保衛戰在一九四二年六月至七月上旬達到了白熾化的程度。在德軍軍力優勢極大於蘇軍的情況下，七月九日，蘇軍在保衛戰中失守。其後，塞瓦斯托波爾一直在德軍的控制之下，直到一九四四年五月七日，蘇軍才發起反攻並於五月九日奪回了自己的城市。這二百五十天的征程同樣是英勇、悲壯、可歌可泣。

所以，這兩次保衛戰都是俄羅斯人刻骨銘心的記憶，都是他們的祖輩用鮮血和生命換來的生存經驗和發展財富。他們宣揚這一切、歌頌這一切，銘刻這一切是應該的。因為，他們沒有別的選擇，因為他們不可能背叛祖輩的道路。戰爭還是和平，生還是死，這是無二的選擇。但是，在許多問題上還是有選擇的，還是應該並可以選擇的。如我們通篇所說的「羅斯洗禮」地點和時間的選擇。自從有了基輔羅斯這種選擇就存在了，在這種選擇中羅斯人、俄國人、蘇聯人、俄羅斯人度過了上千年的歲月。如今歲月還在延伸，不同的人在作不同的選擇，有關「羅斯洗禮」的時間和地點似乎仍是一場無休止的爭論。芸芸眾生的爭論並不會引起翻天覆地的變化，但政治家的、領導人的選擇，尤其是國家領導人的選擇就是重鼓敲擊、落地有聲的大事了。

二〇一四年三月十八日，俄羅斯普丁在俄羅斯兩院聯繫會議上，選擇了將克里米亞重新「接納為俄羅斯聯邦成員」，選擇了「羅斯洗禮」的「赫爾松涅斯說」以及與之相連的俄羅斯文化和文明的「克里米亞搖籃說」。他首先指明了作這種選擇的前提：「要弄明白為什麼做出這種選擇，瞭解克里米亞的歷史，瞭解俄羅斯對於克里米亞和克里米亞對於俄羅斯意味著什麼就足夠了。」普丁接著詳細陳述了這個歷史：「在這裡，有古代的赫爾松涅斯，聖弗拉基米爾大公就是在裡接受洗禮的。轉向東正教，他的這一精神偉績預先決定了一種將俄羅斯民族、烏克蘭民族和白俄羅斯民族聯合在一起的共同的文化價值和文明基礎。」

普丁所指的俄羅斯的「文化價值和文明基礎」就是從一七八三年起的俄國兼併克里米亞的歷史進程和塞瓦斯托波爾黑海艦隊的建立以及兩次英勇和壯烈的保衛戰。他說：「在克里米亞，有無數俄國士兵的墳墓，正是由於他們的英勇克里米亞才在一七八三年被俄羅斯帝國所占有。克里米亞——這是塞瓦斯托波爾，一座傳奇之城、偉大命運之城，一座要塞之城和俄國黑海艦隊的誕生之地。克里米亞——這是巴拉克拉瓦和刻赤、馬拉霍夫山岡、薩蓬山，每一處地方對我們都是神聖的，這是軍人榮譽和空前忘我精神的象徵。克里米亞——這是各族人民文化和傳統的罕見的融合，也正因此它是如此的與**大俄羅斯**相像，而在**大俄羅斯**的世紀漫漫歲月中，沒有一個民族消失過、被同化過。」

對於這種民族「罕見的融合」，普丁解釋說：「俄羅斯人和烏克蘭人，克里米亞韃靼人，其他民族的人曾經相鄰

克里米亞當地的重要名勝「燕子堡」，建於一九一一至一九一二年間。（iStock／Diy13）

而居地生活在克里米亞的土地上，保持著自己的獨特習俗、傳統、語言和信仰。」

普丁對這種選擇的最後結論是：「克里米亞處於俄羅斯的疆界之外是令人憤慨的歷史不公正。因此，這些年來，公民們，眾多的社會活動家們不止一次地提出了這個問題：他們說，克里米亞自古以來就是俄國的土地，而塞瓦斯托波爾是俄國的城市。」

普丁的選擇令俄羅斯利益至上的大俄羅斯主義和大俄羅斯情懷猛烈升溫，並在瞬間席捲俄羅斯大地。在這片土地上，幾乎從未見過的俄羅斯愛國主義成了激勵處於西方制裁浪潮和經濟危機邊緣的俄羅斯和俄羅斯人民的希望和精神支柱，而普丁本人的政治威望也隨之飆升，直至今日也居高不下。

由於赫爾松涅斯被選擇成為「羅斯洗禮」之源、俄羅斯東正教之源，俄羅斯文化和文明的搖籃，進而，克里米亞就成了自古以來就屬於羅斯、俄羅斯的土地了。這顯然是符合當今俄羅斯國家的選擇，是符合執政者「俄羅斯利益至上」的治國決策的。但未來呢，對於俄羅斯來說，這是最後的選擇嗎？未來，俄羅斯歸屬何處？

第十四章
「新俄羅斯」：沙皇們的遺產

蒙古大軍入侵基輔羅斯時，如今稱之為烏克蘭的土地也遭受重創，基輔城曾被劫掠一空。在蒙古大汗占領期間，整個羅斯國家經歷了分解和重組的過程，這片土地歸屬於立陶宛大公國。後來，立陶宛歸順波蘭國並且接受了天主教。從此，基輔的執政者在三個世紀中（十四至十六世紀）不得不在兩個強國之間求生存。於是，也是從這時起羅斯的東正教和波蘭的天主教不和與抗爭的種子就下栽到了這塊邊界之地的土壤裡。

到了十五世紀下半葉，在羅斯的土地上為爭奪「誰是基輔羅斯的繼承國」的鬥爭中，莫斯科公國日益強大，俄羅斯西部邊界的土地（包括烏克蘭西部和白俄羅斯西部）逐漸轉向莫斯科，所以從十六世紀初始到十七世紀初的整整一個世紀中，俄羅斯（莫斯科公國）就與波蘭國出現了更加激烈的邊界之爭。到了十六世紀七〇年代末，經過一場爭奪土地的利伏尼亞戰爭之後，立陶宛和波蘭組成了一個新的國家——「大波蘭王國」。於是，大波蘭王國和莫斯科公國為爭奪「邊陲之地」不斷地打仗，先是烏克蘭地區的沃倫、波得拉謝、波多里埃、布拉茨拉夫和基輔地區歸屬波蘭，後來，俄波又打了一仗，波蘭不得不把斯摩棱斯克省、車尼哥夫省和北方省讓給了俄國。烏克蘭的西部地區再次在動蕩和戰爭中搖擺不定。

一六五四年，烏克蘭地區哥薩克赫梅利尼茨基起義的最後結果是，他所建立的「蓋特曼」權力機構接受了對俄國的臣屬。因此，這一年在俄國和蘇聯的史書上被寫成為「俄國與烏克蘭合併日」。宗教紛爭和農民起義的頻發表明了烏克蘭、還有波蘭對這一事實的否認和抗爭，波蘭和俄國對相互之間邊界土地的爭奪隨之更為激烈。於是，出現了自此持續至當代的「烏克蘭聶伯河右岸」，即「烏克蘭西部邊界」的政治問題。十七世紀中期，烏克蘭的西部邊界持續紛爭的結果是，「烏克蘭聶伯河左岸」土地歸屬俄國，「烏克蘭聶伯河右岸土地」歸屬大波蘭王國。大波蘭王國和俄國成了恩怨不解的對頭冤家，而烏克蘭就不得不周旋於兩個國家之間，在艱難維持的平衡中防止大國衝突、爭鬥，甚至戰爭帶來的傷害。從十七世紀末到十八世紀末的整整一個世紀中，烏克蘭都處於大國的爭鬥之中。十七至十九世紀，歐洲國家對東方土地的爭奪和俄羅斯帝國對西方土地的爭奪達到了極為尖銳的地步，而這種爭奪的中心地區就是波蘭和烏克蘭。波斯、鄂圖曼帝國想掌控波蘭和烏克蘭，俄國想掌控波蘭和烏克蘭，而作為被爭奪對象的波蘭也覬覦向東方，即向俄國，首先向「烏克蘭聶伯河左岸」擴展自己的疆土。於是，俄國和歐洲國家對波蘭的多次瓜分以及隨之而來的烏克蘭邊界之地的反覆變化、俄國與波蘭之間的分分合合成了這一時期歐洲局勢的主要風向標。

而如今烏克蘭的東南部地區（即頓涅茨克、盧甘斯克和哈爾科夫）尤其是這一歷史進程中的關鍵因素。在那個古老的基輔羅斯時代，這片遼闊的土地曾是一眼望不到邊的茫茫草原，既豐饒又荒無人煙，成了來自東方的和當地的一系列游牧民族放牧的最佳場所。彼得一世雖然奪得了波羅的海的出海口，但是俄國仍然是個內陸國家。烏克蘭東南部的這一地區還不在俄國疆土之中，處於韃靼汗國和其他游牧民族奔襲的威脅之下。直到十七世紀的中期，在這一地區建成了「自頓涅茨克至斯洛博達的烏克蘭要塞線」，烏克蘭成為俄國的一個省，隨之，在一七七四年整個亞速海地區併入俄國版圖後，這一地區才成為俄國直面克里米亞的南部邊陲，但它仍處於游牧民族常年奔襲的危險中。

葉卡捷琳娜二世的執政徹底地改變了這一地區的政治地圖和結構，這位女皇本人對烏克蘭的前途命運起到了決定性的作用。烏克蘭南部和東南部的一些地區被女皇組合成了俄國的新的行政區域，於是，一個新的名稱出現了——「新俄羅斯」。而七十多年後登上沙皇位的另一個強君亞歷山大二世則讓這個「新俄羅斯」成了俄羅斯帝國無畏於歐洲政治舞臺和國力強盛的新風向標。從「葉卡捷林諾斯拉夫省督府」到「葉卡捷琳諾斯拉夫省」，所有這些名稱都確定無疑地註定了烏克蘭從此往後歸屬俄羅斯帝國的宿命，也註定了這一地區永遠會是俄羅斯帝國的新邊疆、新開發區、新移民區。而「新俄羅斯」的東南地區（即現在烏克蘭東部和東南部的三個州：頓涅茨克、盧甘斯克和哈爾科夫）成了葉卡捷琳娜二世首要關注的地區。她關注的原因基本有二，一是政治上的，二是經濟上的。

在政治上，女皇面臨來自兩方面的壓力。俄國權力中心所在的西北部和東北部由於農奴制更深入、更強化地發展，農奴買賣盛行一時，這裡的農奴開始向「新俄羅斯」各地大量逃亡，於是，烏克蘭的東南部和亞速海及窩瓦河出海口的裏海地區成了他們嚮往的歸屬之地。荒無人煙之地和茫茫無邊的草原成了他們想像中的沒有沙皇、莊園主、憲兵和員警的「自由之鄉」。然而，這個「自由之鄉」並不是逃往農奴的「天堂」，這種情況

烏克蘭奇吉林的哥薩克紀念碑。（iStock ／ igorbondarenko）

在俄國著名戲劇家格里鮑耶多夫（Alexander Griboyedov）的《聰明誤》（Woe from Wit）中有過這樣的描述：「到農村去，到姑媽那裡去，到荒涼的地方去，到薩拉托夫去！在那裡，你將痛苦傷悲。」相反的是，逃亡者逐漸形成了一個被稱之為「哥薩克」的特殊群體，他們彪悍、勇猛、渴望強力。由於置身於草原，因此良馬和優秀的騎術成了哥薩克人的傳奇。農奴的逃亡和哥薩克的出現成了對葉卡捷琳娜政府的巨大壓力。這是一方面。另一方面，「新俄羅斯」之所以稱為新，就是因為它是俄羅斯帝國的新邊疆，一處尚沒有鞏固設防和沒有足夠防禦實力的新邊疆。疏導這種無序的農奴逃亡，使他們成為政府可控的、有序的移民，並將他們納入屯兵戍邊的軌道，就成了女皇不二的選擇。

從一七七四年起，葉卡捷琳娜二世就明令可以往這一地區移民和定居，對移民定居者給予大片的土地以及輕賦減稅的政策。於是，政府鼓勵下的合法移民和政府迫切需要的屯兵戍邊就結合在一起，為開發「新俄羅斯」準備了條件和提供了物質基礎。最早的移民是俄羅斯人和烏克蘭人，隨後就有各個民族的人相繼湧入「新俄羅斯」。隨著移民的定居和屯兵戍邊哨所的建立，一個個的定居點陸續出現。頓涅茨克的斯拉維揚斯克就是一處較早的屯兵和移民點，因為斯拉夫人（俄羅斯人和烏克蘭人）的聚集和定居，所以這個屯兵和移民點就叫做斯拉維揚斯克——「斯拉夫人的村莊」。

隨後，塞爾維亞人、日爾曼人、猶太人，來自更遠處的波蘭農奴和形形色色的冒險家也來到了這裡，於是，民族的紛爭、利益的爭奪，也就隨之頻頻發生。儘管如此，當時的斯拉維揚斯克和整個頓涅茨克地區一樣，雖然在新建的「葉卡捷琳娜省」的管轄之下，但仍然是「荒涼的南部邊疆」。俄國著名作家契訶夫（Anton Chekhov）曾在一八八七年描寫過斯拉維揚斯克的情景：

城市有點像果戈里（Nikolai Gogol）筆下的米爾哥羅德：有理髮館、有修錶匠，也許可以設想，大概在千年後，斯拉維揚斯克會有電話。牆壁上和柵欄上懸掛著動物園的海報。柵欄下堆積著糞便，生長著帶刺的鉤藤。豬、母牛和其他家畜在灰塵撲面又綠蔭如蓋的街上蹓躂。住房看起來親切和溫馨，像是善良祖母的溫存：路面舒坦，街道寬闊，空氣中飄忽著丁香和金合歡的香味；夜鶯的歌唱、蛙聲、狗吠、手風琴聲，還有一個婆娘的尖叫聲不時從遠處傳來……

斯拉維揚斯克的這種景象也是當時整個頓涅茨克地區的景象。

當然，雄心勃勃的葉卡捷琳娜二世絕不會滿足於這種狀態，她不可能在擴張的國策下有任何的退縮。於是，從移民、屯兵戍邊到經濟開發就成了必由之路。對烏克蘭的開發是與葉卡捷琳娜二世的整個國策密切關聯的。這位女皇在引進西方技術的同時，也引進了許多的西方科技人員，在軍隊裡也大量利用外籍軍官。

由於戰爭和擴展疆土的需要，武器，尤其是大炮的製造成為女皇從西方先進國家引進新技術的重要領域，製炮新技術的引進首先是在首都周邊地區進行的。蘇格蘭籍軍官薩繆爾．格雷（Samuel Greig）在一七六八至一七七四年的俄土戰爭是上尉，但因立功，很受葉卡捷琳娜的賞識，女皇曾經親筆書令，將他從尉官提升為將軍，並任命他為喀琅施塔得區的長官。

這時，蘇格蘭的製炮專家查理斯．加斯科恩（Charles Gascoigne）發明了一種射程更遠、火力更強大的新炮——「加農炮」。他向格雷推薦此炮可用於俄國的艦隊。格雷在參觀了加農炮工廠後，高度稱讚了這種新炮。他當即向葉卡捷琳娜二世力薦採購此種新炮來裝備俄國軍隊。女皇接受了這一建議，便讓格雷負責與加斯科恩簽訂購買加農炮的合同並負責合同的執行情況。這也恰是這位女皇詔令兼併克里米亞的年分，一七八三年。第二年，即一七八四年一年中，俄國用以購買加農炮的支出達到了三千四百英鎊。女皇是精於計算的，她認為購買不如直接把加斯科恩請到俄國來製造加農炮，於是向加斯科恩發出了邀請，答應了極其優厚的條件：加斯科恩的年薪為一萬五千盧布，技師們也可以拿到高額的年俸。

一七八六年，加斯科恩應邀來到俄國，還帶來了一批技師和必要的設備。最初，加斯科恩在聖彼得堡地區工作，建造起了奧洛涅茨工廠、利佩茨克工廠，在亞歷山德羅夫製炮廠培養起了俄國的第一批鑄造和製炮技術人員。對黑海、亞速海沿岸的爭奪，鞏固南部邊疆的需要促使女皇做出新的決策：在「新俄羅斯」的頓涅茨克地區建立新的鑄造廠。她把此任務交給了加斯科恩。加斯科恩對頓涅茨克的資源情況進行了全面的勘察、瞭解並選定了新工廠的廠址——盧甘河畔的頓涅茨克縣。一七九五年十一月十四日，葉卡捷琳娜二世以加斯科恩的書面呈報為准，頒發了《關於在盧甘河畔頓涅茨克縣建造鑄造工廠和安排開採該地區尋找到的煤炭》的詔令。一七九六年開始建廠，工廠也就定名為「盧甘斯克鑄造廠」——盧甘的鑄造廠。也就是在這一年，雄心大略、壯志未酬的葉卡捷琳娜二世突然中風而亡，沒有能聽到盧甘斯克工廠大炮的轟鳴。

一七九七年，工廠開工生產，周圍新建的住宅區也就以「盧甘的工廠」來命名，於是，就有了盧甘斯克這個地名。

建設盧甘斯克工廠的工人和工程技術人員大部分是從加斯科恩在北部各省創辦的工廠裡調過來的，小部分來自國外。骨幹力量來自奧洛涅茨、利佩茨克和亞歷山德羅夫三家工廠。有著建造莫斯科等處克里姆林宮優秀傳統工藝水準的木工和瓦工業也從雅羅斯拉夫爾省調了過來。管理層的行政技術人員則全部是加斯科恩請來的英國人。這就是說，盧甘斯克工廠的建造集中了當時俄國國內外最先進的、最精悍的工程技術和管理人員。隨著這一工廠的建設，大批的俄羅斯族人來到了烏克蘭的這個荒僻的處所，同時外國人也逐日增多。於是，盧甘斯克地區的人口和社會情況也愈益複雜起來。「盧甘斯克工廠」成了頓涅茨克地區最早開發和發展的工業基地。

加斯科恩對於盧甘斯克還不僅止於大炮的鑄造生產，他利用新科技開拓的頓涅茨克的新礦井一個接一個的產出大量的煤。斯拉維揚斯克盛產優質的湖鹽，但一直被偷運和走私，葉卡捷琳娜二世曾嚴令在這一地區私自煮鹽。加斯科恩組織開發了斯拉維揚斯克的湖鹽，使之不再被偷運和走私。這裡產的優質鹽占全俄鹽產量的百分之七十，從此俄國不再進口鹽。隨著盧甘斯克的繁榮，貿易接著發展起來，有了鐵路和港口，整個頓巴斯連成了一片，曾經閉塞的荒原成了俄國借助外國力量開發起來的工業重鎮。也許，甚至可以說，加斯科恩創辦工廠的盧甘斯克地區是俄羅斯帝國最早的「經濟開發區」。所以，加斯科恩在葉卡捷琳娜二世時官居高位。

葉卡捷琳娜二世去世後，俄國又經過了保羅一世（Paul I of Russia）、亞歷山大一世（Alexander I of Russia）和尼古拉一世（Nicholas I of Russia）三代沙皇的統治。盧甘斯克以及整個頓涅茨克地區的工業開發繼續進行，在一八一二年抗法衛國戰爭中，俄軍所使用的大炮和彈藥全是由加斯科恩的這家工廠生產供應的。一八五五年，亞歷山大二世（Alexander II

亞歷山大二世。（iStock ／ GeorgiosArt）

of Russia）當政，這是位使俄國的實力極度增強和疆土無限擴張的君主。在他的治理下擴張和戰爭的需求加強，加速了全國的工業發展進程，而在盧甘斯克－頓涅茨克地區以機械製造為主的重工業和軍事工業發展尤快。另一個外國人在這裡的出現又為當地的開發和發展增添了新鮮元素。這個人就是威爾斯工業家約翰・休斯（John Hughes）。

與加斯科恩不同，休斯是作為冒險家自己來到俄國的。他選中的是「新俄羅斯」南部的如今叫做頓涅茨克的地方。他選中這塊地方是因為他看中了這裡潛藏的巨大的煤炭能源。一八二〇年，在如今的頓涅茨克地區的亞歷山德羅夫卡村首次發現了煤礦藏，於是，陸續出現了開採的小煤礦。二十一年後根據當時省督的命令，在頓涅茨克建造起了最早的三個亞歷山德羅夫斯克礦井。小礦井的開採都是原始的、手工的，進程也很緩慢。休斯的到來改變了這裡的現狀。他在這裡辦起了一座冶金工廠，這座工廠在一八七二年煉出了第一爐鐵。

休斯應了一句古話：適逢其時，鴻運當頭。這時，俄國沙皇亞歷山大二世全神關注的是製造裝甲艦並為此目的尋找適合的材料和製造廠家。這位沙皇本來是把目光對準歐洲的製造廠家的，但是在對法國和英國工廠的鋼甲，進行檢驗後，其品質不能令他滿意，而對休斯工廠的產品的檢驗結果卻完全符合要求：堅固和可靠。於是，一八六九年四月十八日，亞歷山大二世准予休斯的工廠來生產俄國戰艦所需的鋼甲並同意為此成立一個「股份公司」——新羅西斯克煤炭、鐵路、鋼鐵和鐵軌生產協會。

俄國政府和休斯簽約敲定。根據簽約，休斯將承擔下述責任：

一、開採煤炭，其開採量應達到政府所需要的數量，即每天兩千噸；

二、不遲於簽約後九個月，應建成並全部開工，煉鐵爐的出鐵量不應少於每月一百噸；

三、鐵軌工廠的建造應於簽約後兩年完工並用自己煉出的鐵壓制鐵軌；

四、建造機械修造廠，生產工程所需的機器和所有鐵製品。

因為俄語的發音裡沒有「休斯」這個音節，所以，工人們叫他「尤斯」。而在這份正式的約書上，也用了這個稱呼。除了上述條款外，俄國政府要求：「尤斯有責任儘快完成全部工作。」一週後，俄國政府又附加了一個條款：「如果尤斯不能履約，將罰款兩萬英鎊並取消全部簽約。」

這個煤炭和鋼鐵組合在一起的工廠的建設過程並不如沙皇所渴望和需求的那樣快。工程進行得緩慢、曲折，但卻是從沒有停頓下來。但是，亞歷山大二世這位強君在一八八一年被民意黨人炸死，未能看到這個綜合煤炭、鋼鐵、機械製造在一起的工業區的投產運轉。一八九〇年十二月一日，這已經是尼古拉一世沙皇在位的時候了，休斯寫了一份很長的書面材料，呈交康斯坦丁·尼古拉耶維奇大公（Grand Duke Konstantin Nikolayevich of Russia）並通過他向沙皇本人彙報了冶金工廠建設的進展情況：一號高爐已經建造完工；配備高爐所需的機器和其他附屬設備在加快進行安裝。休斯還詳細寫到了煤炭的開採：

我恢復了一號煤井的開採，這個煤井最初是由列文公爵開發的，後來由於開採枯竭而停產。我盡可能地對它採用了英國的開採方法，將礦井內的窄軌鐵路延伸至方便輸送煤的地段。在我開採的出口處增加了設備，據我所知，這是在南俄羅斯的這一地區第一次採用。現在，我能開採出大量的煤炭，產量一天比一天增加。

休斯還描述了這一地區煤炭蘊藏和開採的前景：

自我來到這個工廠，我就和我的礦山工程師們仔細尋找優質煤來供應黑海和亞速海地區。研究目前尚沒有最終的結果，所以我不能向親王殿下報告什麼具體的東西，但我很高興宣布，我已經取得了極好的結果。

休斯甚至提到了工廠周圍居住地的建造：

我在工廠附近建起了足夠數量的木房子供工人和其他人員居住，其中有辦公室、貨棧、馬廄和各種工廠，它們將按照需要隨時擴大。

根據休斯親自書寫的這份報告，可以看出兩點：一是，一個以煤炭為基地和資源、以冶金機械製造為主的工業區即將出現在這個「南俄羅斯」地區。二是，一個圍繞這個工業區而興起的新城市將出現。這個囊括工廠和居民點的地區當時就以休斯的名字命名，叫「休斯鎮」。但是俄羅斯人習慣叫它「尤佐夫卡」——「尤斯的地方」。

尤佐夫卡迅速發展成為工礦重鎮。到了十八世紀的最後十年，「休斯鎮」的冶金工廠擴大成了俄國首屈一指的機器製造廠（現在頓涅茨克礦山機械製造廠的前身）。頓涅茨克地區成了俄國的冶金、礦山機械製造、煤礦開採、優質鹽生產的重要基地。隨著工貿的蓬勃發展，頓涅茨克的南部有了馬里烏波爾港口，有了連接馬里烏波爾、頓涅茨克、盧甘斯克和哈爾科夫的鐵路。

隨著工礦企業的發展，大量的外來人口湧進頓涅茨克和盧甘斯克地區。據一八九七年俄羅斯帝國的人口普查資料，在如今的頓涅茨克地區就有五十八萬六千五百人口。而在盧甘斯克，人口猛增至兩萬多人，按民族來分，大俄羅斯人占了絕大多數，達到了將近一萬四千人，其他是小俄羅斯人將近四千人，猶太人約一千五百人，白俄羅斯人只有七百多人。

東正教也隨之在這一地區獲得快速的傳播和發展。到二十世紀初，這裡就有了六座東正教教堂。由於民族的雜居，也就有了猶太教堂、羅馬天主教教堂以及路德派新教教堂等。

從葉卡捷琳娜二世時起直至二十世紀初的一百多年中，「新俄羅斯」的發展進程具有幾個十分明顯的特點。其一，這個地區是在沙皇們擴張俄羅斯帝國領土和爭奪更多的霸權與地位的旗號下發展的，一切都離不開戰爭和準備戰爭。其結果是，使這一地區從無序的農奴逃亡、移民、哥薩克「自由之鄉」，從屯兵戍邊之所成了俄羅斯帝國的新邊疆。其二，這一地區的開發是在外國技術人員的主持、外國資金的湧入、外來設備的裝備下進行的，所有這一切都組成了隨後世紀俄國發展進程的前提和基礎，而這種對「外國」的引進是促使俄國強大的重大因素，也是葉卡捷琳娜二世和亞歷山大二世這樣的沙皇具有世界目光的體現。其三，這一地區之所以得到如此重大的、富有成果的開發，根本的原因是這裡的煤炭資源充足，也就是能源後備力量強大。以煤炭開發為先導，以鑄造機械冶金為骨幹，輔以化工企業，形成了一條足以迴圈和不斷更新的工業發展鏈條。其四，以軍工工業為核心的發展是這裡的主線，由於自葉卡捷琳娜二世至亞歷山大二世的整個歷史期間，戰爭頻發，俄國捲入戰事的環境始終沒有消失，因此以軍工為核心的重工業能得到持續不斷的發展並產生有效的連鎖反應。其五，工業的發展，工礦區逐日擴大，隨之出現的是人口向這一地區的大量流動，俄羅斯人成了這裡的占絕大多數的居民，俄羅斯人的信仰——東正教成了這裡的主流宗教，俄語成了這一地區通用的「官方語言」。

但是，在這一進程中，除了民族的融合與合作，也產生了民族的隔閡、隔離、紛爭、仇視和對抗。所有這一切都是葉卡捷琳娜二世、亞歷山大二世這樣的君主留給他們後代兒孫的遺產——俄羅斯文化、文明的物質與精神遺產，後代的俄羅斯人不得不繼承，無法抗拒，也不能抗拒的遺產。

除此之外，「新俄羅斯」發展的結果是使如今烏克蘭的東南部——頓涅茨克、盧甘斯克和哈爾科夫組合成了一個獨特的區域，一個因地理相連、發展方式相同、命運共存而形成的、在俄國再也找不到類似地區的「聯合體」。從地理位置上來說，它們比肩而鄰。頓涅茨克離哈爾科夫二百九十三公里，離盧甘斯克一百五十二公里，它們組成了一個「金三角」，這是一個當年的俄羅斯帝國、是葉卡捷琳娜二世、亞歷山大二世創立並竭盡全力保持的「金三角」。它們由南而北與俄羅斯的克拉斯諾達爾邊疆區、羅斯托夫州、沃龍涅日州以及別爾戈羅德州山水相連，邊界之處狗吠雞鳴相聞，人聲和市聲混雜。數百年來，它們既與俄羅斯有過斬不斷理還亂的恩怨情仇，又與西方，尤其是英國與荷蘭有過說不清道不明的利用與開發的感情交織。它們地處中歐的要衝地帶，派別力量的矛盾、各種勢力的紛爭、國家權力的干預似乎都形影不離地伴隨著它們的歷史步伐，陰霾般地時隱時現地籠罩在這片土地的上空；發展與停頓的相交織，自由與控制的影隨行，荒涼與繁榮的互更迭成了這一地區人民必須要忍受和承擔的宿命。

後來的蘇聯繼承了葉卡捷琳娜二世和亞歷山大二世的這筆遺產，並且又賦予它一系列的

「蘇聯榮譽和光環」。「蘇聯第一」就是最大的榮譽和光環。在這一地區有過一系列的「蘇聯第一」。第一台重型蒸汽機車，第一輛電車，第一個非首都城市的全蘇足球冠軍，全蘇最大的高爐，全蘇最大的五金工廠，全蘇最大的汽輪機廠，全蘇第一個女子拖拉機隊，世界生產割煤機的最大車間，全蘇首創的先進生產者運動——「斯達漢諾夫運動」等。而在哈爾科夫，則是蘇聯太空人之鄉。來自哈爾科夫市及哈爾科夫州的太空人數量多達三十多人，其中有第一位進入太空的，也有在太空飛行長達三百九十一天之久的太空人。總之，這是一個蘇聯引以為驕傲的工業重地，是當年史達林社會主義現實的金字招牌，

頓涅茨克礦工。（達志影像）

是蘇共寄予極大希望的軍工國防工業基礎。

然而，蘇聯的解體卻使這筆「新俄羅斯」遺產的繼承發生了問題。烏克蘭成了一個不再聽命於莫斯科的獨立國家，頓涅茨克、盧甘斯克和哈爾科夫自然也就不再是俄羅斯的核心軍工基地。因此，這裡的一切，煤、鹽和各種礦藏、重工業工廠、軍工國防工廠、煤炭產地和儲藏、培養太空人的學校和機制、高度科技化的知識精英及其培養機構全部成了烏克蘭的寶貴財富。對這樣的財富，對這樣的歷史積重，對這樣有著廣闊空間的發展現實和前景，誰肯捨棄，又有誰願意拱手讓與他人？即使解體了，分離了，俄烏政府間的，俄羅斯民族和烏克蘭民族間的，頓涅茨克、盧甘斯克、哈爾科夫等地區間的分分合合、恩恩怨怨又焉能在一夜間雲消霧散？何況這一地區幾百年來就是烏克蘭人和俄羅斯人共同居住的土地（在盧甘斯克，烏克蘭人為居民總數的百分之五十，俄羅斯人為百分之四十七；在頓涅茨克，烏克蘭人為百分之四十八稍多，俄羅斯人接近百分之四十七；在哈爾科夫，烏克蘭和俄羅斯人的比例大體相同）。還有一點是值得關注的，那就是，無論是烏克蘭人還是俄羅斯人大都把俄語作為母語來使用，而且多數人信奉的東正教。這種民族的、宗教的淵源聯繫是隔不斷的，歷史的積重總會在關鍵時刻、危難時機起到緩衝和平衡的作用。而現在呢？當下呢？

第三部

俄烏與周邊地區的地緣政治關係脈絡

第十五章
烏俄國家關係：難解的歷史之結

「烏克蘭問題」，或說「烏克蘭危機」，是當今國際舞臺上最為棘手的問題之一。它的紛繁複雜是因為牽涉到一系列的國家及其相互間的關係，它的白熾化程度是由於各種利益永不止息的相左與爭奪所造成的，而它的冰凍三尺非一日之寒的狀態又淵源於它所處的極為重要的戰略地位。因此，概而言之，「烏克蘭問題」，或「烏克蘭危機」是由國家關係和地緣政治交織在一起的難解之結。

一、烏克蘭的「國家」和「非國家」

作為一個國家，烏克蘭的國家歷史是短暫的。在漫長的歷史歲月中，烏克蘭的發展道路一直混雜於羅斯、俄國的進程之中。在羅斯、俄國與聶伯河西岸國家的爭奪中，烏克蘭總是處於面對強敵的戰爭危險之中，總是動蕩不止，災禍頻發。在一六五四年哥薩克統領赫梅利尼茨基向沙皇表示忠心後，烏克蘭就處於了對俄羅斯帝國的臣屬地位。而在一七八三年，從葉卡捷琳娜二世的「新俄羅斯」時期起，它就一直是羅曼諾夫王朝的一個「省」，直到俄國一九一七年十月革命成功。

十月革命勝利後，渴望有自己國家的烏克蘭民族主義者成立「烏克蘭人民共和國」，「中央拉達」宣布其領土包括五個小俄羅斯省和四個新俄羅斯省，即基輔省、波多爾斯克省、沃倫省、尼哥夫斯克省、赫爾松省和塔夫利達省（不包括克里米亞）。中央拉達還聲稱，它要通過談判方式將俄國豐饒的「中央黑土區」的庫爾斯克省、霍爾姆斯克省、沃龍涅什省以及當地居民主要是烏克蘭人的地區合併到烏克蘭來。

布爾什維克政府領導人在經過了激烈爭辯與審慎謀劃後，決定讓烏克蘭建立起一個獨立的國家。一九一七年十二月三日，列寧在《告烏克蘭人民書》中稱：「我們人民委員會承認烏克蘭人民共和國，承認它有權同俄國完全分離或同俄羅斯共和國締結建立聯邦關係或其他類似的相互關係的條約。」[1]一九一九年十二月，列寧在《為戰勝鄧尼金告烏克蘭工農書》中明確表示：「烏克蘭要成為一個單獨的、獨立的烏克蘭蘇維埃社會主義共和國而同俄羅斯社會主義聯邦蘇維埃共和國結成聯盟（聯邦）呢，還是同俄羅斯合為一個統一的蘇維埃共和國？這個問題，所有的布爾什維克，所有覺悟的工人和農民都應當仔細加以考慮。」[2]列寧還說：「共產黨人只要在反對資本壓迫和爭取無產階級專政的鬥爭中能夠團結一致，就不應當為國界問題，為兩國的關係是採取聯邦形式還是其他形式的問題發生分歧。」[3]列寧主張烏克蘭成立自己的共和國，他大聲疾呼，怒斥「可恥可恨的大俄羅斯沙文主義偏見」。[4]

一九一九年三月十日，烏克蘭蘇維埃社會主義共和國在哈爾科夫宣告成立。一九二〇年二月二日，列寧在全俄中央執行委員會的報告中稱：「全俄中央執行委員會和烏克蘭蘇維埃共和國中央執行委員會之間之前就訂立了條約，這個條約意味著兩個共和國在反對帝國主義國家的鬥爭中結成了親密的聯邦關係，我們在這個條約的基礎上正在建立日益親密的聯盟。」[5]一九二〇年四月，烏克蘭成為「烏克蘭社會主義蘇維埃共和國」。一九二二年十二月三十日，組建蘇聯的條約簽署，烏克蘭成為蘇聯的一個加盟共和國。

烏克蘭國家的出現實際上是俄羅斯與烏克蘭數百年來有關「國家」和「非國家」爭鬥的階段性結果。對於這樣的結果並不是所有的俄羅斯人都接受了的。儘管在這個革命大高潮時期，

1 《列寧全集》，第三十三卷，第四十頁。一九八五年版。
2 《列寧全集》，第三十八卷，第四十五頁。
3 同上，第三十八卷，第四十七頁。
4 同上，第三十八卷，第四十八頁。
5 同上，第三十八卷，第一〇九頁。

國家的利益，雙方的領土，民族的紛爭都被暫時擱置了，兩國的發展和前景也表面無驚地融合在「蘇聯」這個框架和結構之內。但是，烏克蘭和俄羅斯，以及隨之而來的兩國與周邊國家，在利益、領土、民族、信仰上的矛盾和爭鬥也就在地下運行，「國家」和「非國家」之爭就潛伏成了烏克蘭和俄羅斯，烏克蘭和俄羅斯與其他相關國家間關係的核心問題，一切矛盾的最原始的出發點。

在蘇聯時期內，也恰如列寧所說的，烏克蘭和俄羅斯也同樣將雙方的利益、領土、民族、信仰問題暫時地擱置了起來，或者被用某種方式、某種手段這樣那樣地解決了、協調了，或者隱藏起來了。甚至，在一九五四年赫魯雪夫將克里米亞劃屬烏克蘭，俄羅斯不僅沒有什麼大動靜，反而在媒體上連篇累牘地宣揚「俄烏統一三百年」的光榮與偉大，俄烏兩國人民的友誼「萬古長青」。

從一九一九年三月到一九二二年十二月，作為一個獨立的共和國的烏克蘭只存在了三年多的時間。而此後，直到一九九一年蘇聯解體，烏克蘭和俄羅斯在蘇聯政治框架內運行了近七十年，烏克蘭名義上是個獨立的、甚至在聯合國有個外交席位的國家，但是它卻與俄羅斯始終未能在政治、軍事、經濟和思想上真正成為一個統一的國家，烏克蘭和俄羅斯各有所求，為所求而各有不同，就像一輛三套馬車在窩瓦河與聶伯河的之間廣闊的土地上艱難奔走，時而顛簸，時而平穩，時而險象環生，後又拉緊轡繩繼續前行。而烏克蘭和俄羅斯與其他相關國家的關係也就隨之發生了相應的變化。

一九九一通常都被說成是蘇聯解體的一年。但是，蘇聯解體並不是一個節點，而是一個過程。這個過程先是幾個主要的加盟共和國（首先是蘇聯的核心加盟共和國——俄羅斯）的宣布退出蘇聯，成了蘇聯事實上解體的序幕。隨後是烏克蘭於一九九一年八月二十四日發布獨立宣言，十二月，當選為新獨立的烏克蘭國家總統的克拉夫朱克宣布退出一九二二年建立蘇聯的聯盟條約。十二月七日，新獨立的三個國家：俄羅斯、烏克蘭和白俄羅斯的總統在明斯克的「別洛韋日森林」簽署協定，宣布要建立獨立國家聯合體。「別洛韋日森林」是「野牛森林」的意思，新獨立國家則是指的宣布退出蘇聯的前加盟共和國，而俄、烏、白三國的總統恰也像是森林中奮勇而出的「野牛」，成了蘇聯的終結者。在這三位總統會晤後，是一個接一個的加盟共和國宣布退出蘇聯，宣布自己的國家獨立。

蘇聯解體給了烏克蘭第二次立國的機會。這次立國是一次與俄羅斯的「分家」。一開始「分家」沒有涉及領土、邊界等作為國家的實質性問題，而雙方首先進行的是「黑海艦隊的分家」。「黑海艦隊的分家」所表明的是俄羅斯對烏克蘭的立國在領土與邊界問題上沒有提出異議，只是位於烏克蘭克里米亞半島塞瓦斯托波爾的「黑海艦隊」對俄羅斯的關係極為重大，俄羅斯不能完全交給烏克蘭，所以一起提出了「黑海艦隊」的「分家問題」。

在烏克蘭第二次立國時，蘇聯的黑海艦隊已經是一支武器裝備極其先進，力量極其強大的世界級艦隊。它擁有包括潛艇、反潛驅逐艦和導彈驅逐艦在內的八百三十六艘艦船；駐艦官兵達到十萬人，工人和服務人員有六萬之眾。全部黑海艦隊的財產是個天文數字，達到了八百億美元。黑海艦隊每年都要從各個海灣出發進行大約一百次的軍事演習，其基地從伊茲梅爾延伸到巴圖米。這樣的遺產是俄烏都不可能捨棄的。一九九一年十月，在宣布獨立後一個月的時間，烏克蘭最高蘇維埃就通過了將黑海艦隊歸屬烏克蘭的決定。為此，俄羅斯與烏克蘭在葉爾欽的整個任期以內進行了一個黑海艦隊「分家」的談判，一九九五年六月九日，葉爾欽和烏克蘭總統庫奇馬（Leonid Kuchma）最終簽署了瓜分黑海艦隊的協議：俄羅斯黑海艦隊和烏克蘭海軍部隊分別成立，各自的艦隊基地和司令部都設在塞瓦斯托波爾，蘇聯黑海艦隊的財產也進行了分割，俄羅斯得百分之八十一．七，烏克蘭為百分之十八．三。[6] 一九九七年五月二十八日，烏俄再次就黑海艦隊的「分家」問題達成新的協定──《烏克蘭和俄羅斯聯邦關於俄羅斯聯邦黑海艦隊處於烏克蘭領土上若干問題協定》。根據這一協定，黑海艦隊的軍艦、飛機、武器裝備歸俄羅斯，為此，俄羅斯採取三項賠償措施：一是，賠款五．二六五億美元；二是，將價值兩億盧布的核材料給與烏克蘭；三是，租用原黑海艦隊的所在地、沿岸的基礎設施以及海岸附近的水域，為期二十年，每年向烏克蘭支付九．七七五萬美元。

普丁執政後，繼續了這種「分家」政策，繼續向烏克蘭租用塞瓦斯托波爾的土地和附近海域，致使俄羅斯的黑海艦隊的基地和司令部在原址不變。二〇一〇年四月，烏俄雙方在哈爾科夫簽署了《哈爾科夫協定》。根據這一協定，將俄羅斯黑海艦隊的租用期在二〇一七年後再延長二十五年，作為交換，俄羅斯出售給烏克蘭的天然氣打折，每千立方公尺降價一百美元。

俄烏的這次「黑海艦隊分家」持續了好幾年的時間，歷經葉爾欽和普丁兩位總統。這一進程很清楚地表明了兩點：一是，俄烏雙方的會談和協定都是國家對國家級的，都是在「友好」、「相互諒解」的氣氛中進行。二是，雙方都承認黑海艦隊所在地塞瓦斯托波爾沿岸是歸屬烏克蘭的。因此，黑海艦隊「分家」的最後解決辦法是俄羅斯租用烏克蘭的土地。三是，都沒有對克里米亞的歸屬烏克蘭提出異議。

這一切表明，在二〇一〇年《哈爾科夫協定》的這段時間之前，烏俄雙方的關係是十分微妙的，既是「國家」又是「非國家」的關係。所謂「國家」關係，那就是雙方都承認對方是獨立的國家，是用處理國家關係的外交手段來解決黑海艦隊的問題的，而所謂「非國家」關係，那是指無論是烏克蘭，還是俄羅斯，又都沒有將對方看成是絕對的另一個國家，又都寄希望於在曾經存過的「兄弟般情誼」的基礎上解決歷史遺留的問題。這段微妙關係的重大背景是，在北約的東擴問題上，俄羅斯與歐盟國家這時取得了某種諒解，俄羅斯與歐盟也簽署了相關的協定，使彼此的關係得到了某種程度的積極改善。

6 安德列．西多爾尼奇克，《世界史》，AIF. RU. 二〇一五年五月九日。

但是，這段十分微妙的關係於二〇一四年四月二日走到盡頭。這一天，普丁簽署了《關於俄羅斯聯邦黑海艦隊處於烏克蘭土地上的諸協定停止生效》的聯邦法令。這些協定包括：一九九七年五月二十五日和二〇一〇年四月二十一日協定中的全部條款。對俄羅斯來講，這就意味著黑海艦隊的「分家」決策取消，關於「分家」的種種條款失效，也就是說，黑海艦隊的問題將不再採用「分家」和「租地」的辦法來解決，俄烏間的關係也將不循舊道。[7]

烏俄之間的「國家」和「非國家」關係發生顛覆性變化。

二、烏克蘭的「天然氣管道化」和「非天然氣管道化」

二〇一四年三、四月，基輔的烏克蘭國家政權發生親西方的激烈變化，親俄羅斯的總統被趕下臺，反對派領導人掌控了基輔的國家最高權力。這是普丁終止有關黑海艦隊的所有協議的時代背景，是烏俄關係裂變的標誌性事件。烏克蘭四月的這些突發事件被稱為「顏色革命」。而這種稱謂其實並不確切，因為這時的烏克蘭和俄羅斯已是兩個性質沒有太大差異的國家，相互間的較量並不是什麼「白色」與「紅色」之爭，也不集中在意識形態上，而是「親俄」與「反俄」、「俄烏結盟」與「俄烏對峙」的較量。

但這是一場嚴峻的較量，俄羅斯反擊北約的東擴和烏克蘭加入歐盟的進程，首先是以「全民公投」、「自願回歸」的方式，將克里米亞半島和黑海艦隊所在地以及獨立的行政單位塞瓦斯托波爾市併入了俄羅斯聯邦，一勞永逸地解決了俄烏兩國有關黑海艦隊的無休無止的爭論，使俄羅斯擁有了對這片土地、這片海域的絕對主權。俄羅斯的這種立場極為強硬，不可逆轉，而烏克蘭對失去克里米亞也絕不甘心，誓言要奪回克里米亞。這成了此後俄烏間爭鬥不斷的最基本的出發點，也是導致俄烏關係至今不能得到妥善解決的關鍵問題。俄羅斯為此大量的投入，後來有俄羅斯人自己形容：這要比用錢將整個島嶼買下來昂貴多了。

烏俄關係的急速惡化，對峙的愈益嚴重是在歐盟和美國改變對烏俄的政策同時發生的。對俄羅斯，西方以嚴厲的經濟制裁做出回應，迫使俄羅斯退讓，而針鋒相對之策，是譴責俄羅斯的「收回克里米亞」是對烏克蘭的侵略；對烏克蘭，則以擴大烏俄之間裂痕為策略，加強烏克蘭對俄羅斯的對抗，代替原先的將烏克蘭擴進北約的決策。俄烏間的對抗迅速發展成為西方國家與俄羅斯的較量，烏克蘭成為歐亞通道上的一個政治力量重組、勢力範圍再分的主要中間地帶，各方政治和軍事力量戰略轉移的博弈場。從此，俄羅斯與烏克蘭不再處於「國家」和「非國家」間模棱兩可的關係之中，而成為相向而立的敵視敵對國家。俄烏兩國的關係也就激變為世界舞臺上一場新的地緣政治之爭。

7 Федеральный закон № 38-ФЗ，二〇一四年四月二日。

俄羅斯反擊基輔和歐盟的另一項重大行動是：打一場「藍色燃料之戰」，一場「動力之戰」。俄羅斯的土地上，天然氣和動力資源極為豐富，而且開發得也相當先進。在蘇聯時期，莫斯科對各個加盟共和國和華約國家的天然氣供應和電力輸出數量就很大，影響甚至控制了這些國家和地區的經濟發展。就天然氣輸送管道而言，蘇聯時期，鋪設了數千公里的輸送天然氣的管道向各個加盟共和國、華約國家以及一些歐洲國家輸送天然氣。這些管道都延伸在烏克蘭土地上，除此，蘇聯沒有其他向歐洲輸送天然氣的管道。可以說，蘇聯已經是一個「天然氣管道化」的國家了，莫斯科通過這些密如蛛網的天然氣管道不僅控制利用天然氣國家的政治決策，而且深刻影響了他們的經濟、社會發展進程。但是，這份珍貴的、難計其價值的遺產並沒有被俄羅斯獨享，而是主要與烏克蘭分有了。這種沒有協議保證、沒有法律程序的天然氣及其輸送管道遺產的分享，就像對黑海艦隊遺產的處置，也是俄烏不和愈烈，爭議不斷的最主要原因之一。

在蘇聯解體後的那些艱難日子裡，向歐洲輸送天然氣成了新俄羅斯試圖重新崛起極其重要的經濟和政治手段。但是，新俄羅斯聯邦通過烏克蘭土地上的管道向歐洲國家送氣已經是一件很難的事了。之所以說它難，一是因為這時烏克蘭不僅已經是自立一國，而且天然氣管道的進出口閥門都在烏克蘭的土地上。因此，烏克蘭接受了蘇聯這部分遺產後，事實上也就成了某種程度上的「天然氣管道化」國家。這就是說，俄羅斯的天然氣能不能順利輸送給歐洲國家，並不由俄羅斯一家說了算，其中相當大的控制權掌握在烏克蘭的手中。

蘇聯時期出現的、俄羅斯所繼承的「天然氣管道化」是一個莫斯科絕對集權的過程，在這個過程中，烏克蘭對管道運營、利用、收入沒有任何決定權。因此，烏克蘭對俄羅斯天然氣管道控制權的抵制實際上是一個「非天然氣管道化」的進程。所謂「非天然氣管道化」就是：一，烏克蘭不再承認俄羅斯對這些管道的絕對占有權；二，管道鋪設在烏克蘭的土地上，進出口閥門掌控在烏克蘭的手裡，烏克蘭應有一份權益；三，不是烏克蘭不要「天然氣管道化」，而是不要俄羅斯的「天然氣管道化」，要烏克蘭自己的「天然氣管道化」。這種「天然氣管道化」和「非天然氣管道化」的爭執和對抗是當前烏俄關係最難解決的問題之一，也是這一地區地緣政治較量中的關鍵問題。

俄羅斯政府為了擺脫烏克蘭的這種掣肘，便大力開始在「非烏克蘭」的土地上鋪設新的向歐盟國家輸送天然氣的管道，也就是鋪設「不經過烏克蘭土地」的天然氣管道，於是先後鋪設「北溪一號」和「北溪二號」。「北溪一號」是由俄羅斯天然氣公司與德國合作鋪設的，在二〇〇六年「北溪一號」第一個接點的焊接儀式上，俄羅斯天然氣公司董事長米勒（Alexey Miller）和德國經濟部長格羅斯（Michael Glos）出席，出席的還有當時的俄羅斯總理弗拉德科夫（Mikhail Fradkov）。這個投資四十億歐元的新管道，其起點是西伯利亞北部沃洛格達州，經聖彼得堡，由波羅的海下通往歐洲大陸，它於二〇一〇年建成。這是一條只建立在俄羅斯土地上的管道，不經過烏克蘭和其他傳統管道經過的國家。「北溪一號」輸氣管道的投入使用，也是普丁得以最終解除與烏克蘭有關黑海艦隊的一切協定以及以最強硬的態度「收回」克里米亞的最重要的政治、軍事和技術先決條件。

二〇一四年四月後，歐盟、美國和烏克蘭拒絕俄羅斯天然氣的輸出，而俄羅斯也責令烏克蘭必須向俄羅斯買氣，雙方緊張關係再度升級。而此時，在天然氣的歐洲出口方面，俄羅斯面臨了三大難題：一是，歐洲各國對天然氣的需求大幅度增長，原因是從二〇一五年起，歐盟各國的熱電站大量轉型，使用天然氣代替傳統的煤等燃料。考慮到俄羅斯天然氣輸送上難以解決的問題，各國紛紛尋找其他的天然氣來源。二是，因此在歐盟的天然氣市場上，俄羅斯的份額處於下降的趨勢。而美國的「降價天然氣」湧入歐盟各國，對俄羅斯天然氣的輸出造成嚴重威脅。三是，俄烏緊張關係沒有緩解的趨勢，這使俄羅斯經過烏克蘭土地上的天然氣輸送量大幅減縮，而「北溪一號」的輸送能力又不能完全替代烏克蘭土地上的那些傳統管道。

鋪設一條新的「不經過烏克蘭」的天然氣輸送管道就成為俄羅斯的急需。二〇一九年二月，俄羅斯與歐盟各國達成協定，再鋪設一條經由波羅的海底至德國的管道，這個管道被命名為「北溪二號」。按計畫，「北溪一號」和「北溪二號」一起向歐盟各國輸送的天然氣總量將達到五百五十億立方公尺，而這個五百五十億是俄羅斯向歐洲輸出天然氣總量的四分之一多。尤為重要的是，在這項工程中，是俄羅斯的「天然氣公司」控股。對於俄羅斯來講，「北溪二號」的重要性遠遠不止於經濟利益上的，直到目前為止，俄羅斯天然氣向歐洲的輸送還有相當大的數量仍然要經過烏克蘭土地上的傳統管道，而目前的輸送量已經縮減到一百至一百五十億立方公尺的水準。所以，俄羅斯期望「北溪二號」趕快鋪設成功送氣，使俄羅斯可以不再利用烏克蘭的傳統管道，完全擺脫烏克蘭的限制和封鎖。二〇二一年一月二十三日，歐盟做出了對俄羅斯的新的制裁決定，其中一項就是有關「北溪二號」的。這條天然氣管道的未來也就有了更多的變數。

在天然氣輸送問題上，俄羅斯還打了一場價格之戰。普丁制訂的天然氣價格是按照與俄羅斯的親疏關係來決定的。和俄羅斯不好的，價格高，和俄羅斯好的，價格低；高的高得出奇，低的也就是「隨行就市」。對於那些二心要參加北約的前加盟共和國，普丁說過一句狠話：「想過歐洲的日子嗎？那就按照歐洲價格來買天然氣吧！」在烏克蘭二〇一四年四月政變後，普丁這個定價標準更為強硬，俄羅斯政府對烏克蘭供應的天然氣價格一直處於高位不下，雙方為此談判、討價、爭吵不休。

隨著烏克蘭和俄羅斯關係的不斷惡化，俄羅斯一方將天然氣的供應視為一種政治手段，對烏克蘭實行制裁，而烏克蘭也不示弱，用掌控的進出閥門與俄對抗，限制俄羅斯利用烏克蘭土地上的管道向歐洲送氣。一時間，這個被稱為「藍色燃料」的天然氣成為一把「雙刃劍」，隨之，每當冬季來臨，「藍色燃料之戰」就周而復始地出現。而這把「雙刃劍」並沒有達到預期的效果，反而在某種程度上加速了烏克蘭的「西傾」。俄羅斯對歐盟限制天然氣的供應，也在很大程度上限制和壓縮了烏克蘭對俄羅斯天然氣的利用。

烏克蘭曾是個天然氣資源極為豐富的國家，也是當年蘇聯國家內第一個鋪設管道向莫斯科、白俄羅斯以及其他東歐國家輸送天然氣的國家。由於天然氣產地資源枯竭，烏克蘭西部的這個長達一千三百零二公里第一個天然氣輸送管道運行到七〇年代末關閉。現在，烏克蘭對天然氣的需求幾乎完全依靠俄羅斯。這幾年，隨著俄羅斯向歐洲輸送天然氣數量的不斷下降，作為轉運國的烏克蘭所能利用的天然氣也在逐年急劇減少。由於「北溪一號」的運行，到二〇二〇年時，俄羅斯輸送至歐洲的天然氣有百分之四十不再經由烏克蘭轉輸。

而烏克蘭對天然氣的需求量是很大的（二〇二〇年，烏克蘭的天然氣使用量為三百零九億立方公尺，而在二〇一三年，當烏俄關係沒有惡化時，為五百零四億立方公尺）。二〇一四年後，俄羅斯嚴格控制並大量削減對烏克蘭供應天然氣，烏克蘭就轉向歐洲買。於是，出現了一個天然氣供應的怪圈：輸送到歐洲的天然氣回輸到烏克蘭。根據烏克蘭的官方材料，二〇二〇年，由歐洲回輸到烏克蘭的天然氣為一百五十九億立方公尺，比二〇一九年增長百分之十二。這一切促使天然氣價格不斷上漲，其結果是，烏克蘭政府於二〇二〇年八月宣布天然氣漲價，價格按照市場關係調節。而天然氣的緊缺，與煤炭的短缺一樣，也嚴重影響著熱電站的發電。在當前，尤其是天然氣價格的大幅度上漲和一系列地區的缺電嚴重影響了民生，持續引發了抗議，甚至暴亂。

至於說到「動力之戰」，這在當今的烏俄關係以及烏俄相關國家的關係中也是一個無法忽略的多變因素。

翻看歷史，烏克蘭本是個電網發達、供電充足的國家。它的土地上布滿了各種各樣的電廠、電站。自從上個世紀二〇年代中期，蘇聯開始以「五年計畫」為主體、為核心的「工業化」進程，烏克蘭就是個重中之重的地區。在第一個「五年計畫」的一千多個全國重點企業中，烏克蘭就占有四百個，所占比重達到了三分之一。而這四百個企業幾乎全部是鋼鐵、冶金、機械製造和電力，其中的絕大部分集中於現在札波羅結和古拉霍沃熱電站所在的地區。這樣一種布局正如一九二六年十月烏克蘭聯共（布）黨的決議中所說的：「這一地區豐富的資源，再加上有廉價的能源，就能保證這些工業部門在今後的增長和發展，提高在國外市場上的競爭力，並能創建新的部門。」

為了這個「廉價的能源」，從一九二七年修建聶伯河水電站開始，烏克蘭土地上出現了一個蓬勃發展的電廠、電站建設進程。這個進程有三條線，一條是水電站，另一條是熱電廠和熱電站，第三條線是核電站。上個世紀六〇至七〇年代，建成了聶伯河上的七級水電站。從五〇年代到八〇年代初，建成了大批的熱電廠和熱電站，其中的札波羅結熱電站於六〇年代開始興建，一九七二年投入運行，其發電能力為烏克蘭全國電網四分之一；庫拉霍沃熱電站位於頓巴斯礦區的南部，處於烏克蘭的兩大工業中心——頓巴斯工業區和聶伯河沿岸工業區的中間，一九四二年投入運行，一九六九至一九七三年進行了四年的技術改造。從一九七九年代開始，大規模建設核電站，與札波羅結熱電站相距不遠的札波羅結核電廠六台機組全部投入運行。尤其是，克里米亞也逐漸形成了一個獨立的電網。這一切的最終結果是，以頓涅茨克電網和聶伯河電網為中心，形成了一個全烏克蘭電網。

隨著能源不斷開發和利用，烏克蘭對俄羅斯的依靠也逐漸加深，從而在經濟上形成了一種依附的狀態；另一方面是，對於得益者最大的俄羅斯來講，烏克蘭的電力、煤炭、水利和核能是個「廉價的能源」，進而把這個「廉價能源」看成是自己國家不可捨棄和不能捨棄的最大利益所在。

所以，在蘇聯時期，與「天然氣管道化」並行的是「動力的電網化」，而在當時水源和電力供應都來自烏克蘭本土。二〇一四年四月後，烏克蘭當局認為，「沒有了烏克蘭的電力，克里米亞將不可能生存」，於是，對俄羅斯實施「制裁」，切斷了烏克蘭本土對克里米亞的電力供應，致使克里米亞的民用電力供應每天只能維持六至八小時。俄羅斯沒有預料到烏克蘭會採取這一措施，不得不緊急從赫爾松地區向克里米亞送電。其後俄羅斯在克里米亞建造熱電站以及其他輸電設備。二〇一八年三月，位於塞瓦斯托波爾的巴拉克拉沃熱電站和位於辛菲羅波爾的塔夫利達熱電站，以及從俄羅斯克拉斯諾達爾邊疆區的塔曼向克里米亞送電的輸送設備建成。三月十八日，普丁還親自參加了巴拉克拉沃熱電站投入運行的剪綵儀式。

而在烏克蘭，煤炭資源愈益短缺，電廠電站發電能力大幅度下降。到二〇一八年，烏克蘭的煤炭供應出現了一個「怪圈」：它自己無法直接採購和利用頓巴斯的煤炭，而必須從白俄羅斯購買。白俄羅斯自己並不生產煤炭，它供應給烏克蘭的是從俄羅斯倒賣過來的頓巴斯的煤。俄羅斯也沒有完全停止向烏克蘭銷售煤炭，但是由於莫斯科實施對基輔的制裁，俄羅斯的煤炭企業不能將煤直接賣給烏克蘭，而必須先行運往歐洲，再轉運至烏克蘭的有關口岸。從二〇一八年五月一日起，俄羅斯對這種轉運又嚴加限制。到了二〇二〇年十一月，烏克蘭熱電站的煤炭存庫量銳減了將近六倍，只有四三六．八千噸，煤炭供應處於危機狀態。最終，發生了烏克蘭電網中兩個大電站（其中，札波羅結熱電站占全烏克蘭電網四分之一容量）的爆炸停工事故。根據烏克蘭電力部的正式文告：在上述兩個熱電站發生事故的同一天，二月二日，五分之三的熱電站，無煙煤只有一至四天的存量，十一分之七的熱電站裡天然氣只有一至五天的存量。此外，還有七個電站的十一個機組因事故在檢修。

這種電力、能源之戰將不僅在經濟上，而且會在政治上更深層次地反應到俄羅斯與歐盟和美國的關係上來。電力、能源是雙方爭鬥的經濟層面，而對烏克蘭地區的極為豐富的資源、極為重要的戰略地位的覬覦與爭奪，則是雙方永不會改變的地緣政治決策。烏克蘭不會停止向歐盟和美國的「西傾」，這種政治和戰略上的需求會在經濟上，尤其是在電力、能源之戰中反覆出現。在電力、能源的「西傾」方面，烏克蘭已經表示，到二〇二三年，烏克蘭將完全脫離俄羅斯和白俄羅斯電網，而與歐盟的電網相接。儘管歐盟對此尚未表態，烏克蘭的這種「西傾」的願望與決心並沒有變化。

三、烏克蘭的「工業化」和「去工業化」

「工業化」和「非工業化」是烏俄兩國關係中的癥結，是美國、歐盟與俄羅斯爭奪烏克蘭的一個主要的領域。二〇二〇年二月，普丁在回答塔斯社記者安德里・萬登科（Andrei Vandenko）的二十個問題[8]時，就是用「去工業化」一詞來描述造成俄烏關係相向而立的原因。普丁是這樣說的：「如果與俄羅斯斷絕關係的結果是，喪失掉導彈製造業，艦船製造業，發動機製造業，這實際上就是出現了國家的去工業化進程，這對烏克蘭人民有什麼好處呢？這對誰有利呢？」[9]在這段話裡，普丁特別強調了「去工業化」的三個核心領域：導彈製造業，艦船製造業和發動機製造業。

而這三個領域正是蘇聯時期「工業化」的主要內容，以它們為中心的「工業化」正是蘇聯社會主義建設的特徵和核心。如果用一句話來表述這個「工業化」，那就是「我們落後於先進國家五十至一百年。我們應該在十年內跨越這一距離」。為實現「工業化」，蘇聯政府竭盡全力做了幾件事。一是，編製一種將絕大部分資金用於國防的國家預算，集中一切力量發展軍事工業以及與軍事工業密切相關的工業企業；二是，隨之，國家的全部經濟生活置於「戰時」，甚至「戰爭」的動員軌道之上，並逐漸形成為一種社會發展和生活的常態；三是，為此，號召並要求全國人民節衣縮食，「勒緊褲帶」，為趕超英美而艱苦奮鬥；四是，要全國人民絕對相信，相比於西方資本主義制度，蘇聯的社會主義制度具有無比的優越性，社會主義必勝，資本主義必亡。

烏克蘭是這場「工業化」的重點、核心地區。因為烏克蘭是當時蘇聯資源最豐富、工業基礎最強大，技術力量最集中的地區。且自基輔羅斯以來，烏克蘭和俄羅斯是「一家親」，有共同的信仰和語言，是執政者認為最可靠的地方。再來是對戰略的考慮，蘇聯國土遼闊，但以俄羅斯和烏克蘭為一整體的歐洲國土，是蘇聯的「中軸線」，是任何入侵者難以染指也無法染指的土地。於是，從烏克蘭聶伯河沿岸，東至哈爾科夫，並由哈爾科夫南下直至頓巴斯的烏克蘭東南地區就成了蘇聯「工業化」的核心基地。而在烏克蘭的土地上，有了眾多的鋼廠、冶金廠、金屬加工廠、機械製造廠，有了煤炭和礦山工業、有了廉價的水電廠，能提供極為豐富的能源。

8 https://putin.tass.ru/en

9 “Стенограмма интервью Владимира Путина для ТАСС”, AIF.RU. 04.03.2020.

最終，烏克蘭成了集「導彈製造業，艦船製造業和機器製造業」於一身的國防重地。

蘇聯與西方國家的經濟通道大都要經過烏克蘭，比如，蘇聯天然氣出口歐洲的管道全部集中在烏克蘭的土地之上、蘇聯和西方及世界各地的貿易幾乎都要經過烏克蘭的海陸空港口。烏克蘭的「工業化」地位甚至已經超出俄羅斯本土所占的比重。在整個蘇聯時期，烏克蘭的「工業化」規模、比重和成就占蘇聯整個「工業化」的三分之一，可謂是蘇聯的「半壁江山」。而烏克蘭的特殊地理位置既使它成為蘇聯和歐洲的一個緩衝地帶，又使黑海沿岸一線成為蘇聯堅不可摧的南疆和向海外爭奪權益的基地。也許，還有一點是更具政治和戰略意義的，那就是烏克蘭雖然是隸屬於蘇聯的一個加盟共和國，但它在聯合國安理會擁有一票否決權。這是蘇美英三國元首在德黑蘭和雅爾達會議所談判協商的結果。所以，烏克蘭的「工業化」不僅支撐了蘇聯在二戰中的偉大勝利，而且保住了蘇聯在「冷戰」中對強國地位的訴求和爭奪。

在烏俄新的國家關係中，「工業化」進程雖一時癱瘓，但「工業化」所造就的「導彈製造業，艦船製造業和機器製造業」已經歸屬烏克蘭。葉爾欽政府沒有顧及此事。普丁在第一任總統期間，似乎也沒有把失去烏克蘭這塊「工業化」基地看得很嚴重，在恢復國家「強國」地位的同時，他把眼光放在了「俄羅斯本土」，期望通過「強國先強軍，強軍先強海軍」的措施，來使俄羅斯重新崛起。所以，俄羅斯聯邦與烏克蘭共和國的早期關係並不針鋒相對，更談不上兵戎相見。普丁更多考慮的是想通過向烏克蘭租借的辦法，來保持住克里米亞半島上的黑海艦隊基地。在一系列俄烏關於黑海艦隊的協定中，俄羅斯甚至同意將在烏克蘭生產的核材料留給烏克蘭。

二〇〇八年經濟危機時，俄羅斯面臨了艱難的困局。而烏克蘭也開始了一個自己的「工業化」進程。烏克蘭的「工業化」的實質是「去俄羅斯化工業化」，將歷史上的「工業化」說成是對烏克蘭的控制、掠奪、壟斷、兼併。在烏克蘭迅速背離俄羅斯，倒向美國和歐盟的情況下，這個「去」字的開始，首先就是烏克蘭土地上的一系列核心、骨幹企業不是停產，就是破產倒閉：烏克蘭的巨型機器製造、鋼鐵、化工等綜合企業——以及基輔、馬里烏波里等工業中心的金屬熱處理工廠、鐵路機車車輛廠、大型礦山機械和起重機工廠、飛機發動機製造廠、艦船製造廠、航天設備廠等大型工廠停工，它們的機械設備瞬間變成了「廢銅爛鐵」。其後，就是將航太、導彈、航母製造、飛機、發動機企業的設備進行大拍賣，將它們最尖端的科技低價、廉價轉讓。烏克蘭的這種「工業化」對俄羅斯的經濟和軍事產生了足以讓俄羅斯心驚膽戰的後果。二〇一二年：普丁多次公開表示：「需要上個世紀強大的綜合性突飛猛進。」而這個「綜合性突飛猛進」正是二十世紀二、三〇年代的「工業化」模式。

與此同時，普丁抨擊了烏克蘭的「去工業化」。在普丁看來，這個「去工業化」不僅是對抗俄羅斯的，也是違背烏克蘭民族主義先輩們的願望的。普丁特別強調：「烏克蘭民族主義先驅、奠基者從來沒有說過一定要和俄羅斯吵翻。甚至在他們十九世紀的重大著作中就寫過，烏克蘭，一是多民族的，因而也應是聯邦的國家；二是，一定要與俄羅斯建立友好的關係。」普丁指責在烏克蘭推行「去工業化」的人是「不顧烏克蘭人民利益」的「當代的民族主義者」。他們違背祖先傳統，將蘇聯「工業化」時期積累的財富據為己有。「非工業化」的後果就是，既分裂了俄羅斯與烏克蘭，更是削弱了大俄羅斯的競爭力。普丁指責說：「我們一齊的努力曾經多次提升了我們的競爭優勢，為什麼現在要這樣做呢？為什麼要失去這一切？為什麼應當要把這一切都拋棄呢，為什麼呢？」[10]

由此可以看出，普丁抨擊烏克蘭「去工業化」的需求很明顯，一是要烏克蘭立即停止拋棄「工業化」成就的「去工業化」進程；二是烏克蘭要尊重歷史，重回俄羅斯大一統的「工業化」之圈；三是烏克蘭要從大一統的「工業化」之圈，進入大一統的俄羅斯戰略圈，成為南守黑海大區、西衛歐疆通途的堅強碉堡。

但是，烏克蘭依然堅持自己的「去工業化」道路，不斷擴大與俄羅斯的距離，以祈求縮小烏克蘭與歐盟及美國政治、軍事、經濟力量之間的距離。

四、烏克蘭的「不被承認的國家」和「不被承認的基輔」

在二〇一四年基輔當局發生激變、俄羅斯收回克里米亞後，烏克蘭東南部的三個州——哈爾科夫州、頓涅茨克州和盧甘斯克州，先後「自行宣布成立共和國」。「哈爾科夫共和國」很快就被基輔當局以「恐怖、分裂行動」鎮壓了下去，而「頓涅茨克共和國」和「盧甘斯克共和國」卻存在下來了，將烏克蘭東南部這兩個州的地區變成了不受基輔控制並以軍事力量對抗的衝突不斷地區。但直至今日，這兩個「共和國」沒有得到世界上任何一個國家的承認，存在幾年以來，成了「不被承認的國家」，而對於它們來說，所謂「烏克蘭政府」也只是個「不被承認的基輔」。

頓涅茨克和盧甘斯克是「工業化」的核心基地，這裡的軍工生產會源源不斷地支援任何一場戰爭。無論是過去，還是現在，都是這個國家，也是俄羅斯的生命線之所在。它們自成立伊始就向俄羅斯聯邦請求支援，聲稱自願加入俄羅斯聯邦，這是對依屬烏克蘭歷史關係的決絕行動。對烏克蘭來說，在經濟和政治危機深重的時刻，失去了這兩個地區，就不僅等於失去了三分之一的工業、經濟力量，而且失去了極為重要的政治依靠力量。在烏克蘭脫俄親歐的需求下，烏克蘭是無法承認和接受這兩個「共和國」存在的現實的。此外，這兩個「共和國」之間歷來矛盾重重，相互強調在該地區的政治領導地位和經濟領先作用。此外，這兩個「共和國」歷來與哈爾科夫一起組成了一個特殊的經濟「金三角」，成了占烏克蘭工業三分之一的重鎮地區。

10　同注9。

由於哈爾科夫的缺失，自這兩個「共和國」宣布成立時起，就潛藏著它們的存在、聯合的危機。

這兩個「共和國」與基輔當局的對抗首先深刻影響並激化了它們與基輔的關係，隨之是烏克蘭與俄羅斯的矛盾關係。從歷史演變的角度來說，這兩個地區與俄羅斯的關係要比與烏克蘭的關係更為久遠。早在十八世紀中期起，俄羅斯帝國沙皇葉卡捷琳娜二世就將以聶伯河兩岸為中心的烏克蘭與其東南部合為一體，取名為「新俄羅斯」，並採取一系列措施（移民、墾荒、屯兵），將其開發成為俄羅斯帝國的新邊疆。在對這東南地區的開發中，這位女皇所採取的措施對帝國的命運具有深遠的影響，其中最主要的就是「經濟開發」。正是這位沙皇將英國製造大炮的先進技術和科技人員引進到了盧甘斯克地區，該地區才逐漸發展成為包括整個頓涅茨克地區的工業重鎮。而在葉卡捷琳娜二世之後，另一個沙皇亞歷山大二世又利用荷蘭人的資金和技術，在這裡全力高速發展以冶金和製造為主的軍事工業。隨著軍事力量的增長，「新俄羅斯」成為俄羅斯帝國向歐洲展示國力強盛和霸權意向的新風向標。這位沙皇在「新俄羅斯」先後設置了「葉卡捷林諾省督府」、「葉卡捷林諾省」。這標誌了「新俄羅斯」從此永遠歸屬俄羅斯的宿命。而進入蘇聯時期，這裡又注入了相當數量的德國技術和人力資源。於是，盧甘斯克、頓涅茨克，和再往北一點的哈爾科夫就組成了一個「聯合體」，形成了支撐起這個國家命運和前途的「經濟開發區」。

在這一進程中，大量的俄羅斯族人被遷居到這片土地之上，他們帶來了俄羅斯帝國的一切：道德觀、生活方式、行為準則，而又糅合了隨同先進技術和人員的引進而來的歐洲風尚。對此，我在前文中這樣描述過：「數百年來，它們既與俄羅斯有過斬不斷理還亂的恩怨情仇，又與西方尤其是英國和荷蘭有過說不請道不明的利用與情感的交織。它們地處中歐的要衝地帶，派別力量的矛盾、各種勢力的紛爭、國家權力的干預，似乎都形影不離地伴隨著它們歷史的步伐，陰霾般地時隱時現地籠罩在這片土地的上空：發展與停頓相交織，自由與控制影隨行，荒涼與繁榮互更迭，就成了這一地區人民必須要忍受和承擔的宿命。」

盧甘斯克共和國和頓涅茨克共和國在成立時，也同時簽署了一份「新俄羅斯聯邦」的協定，但最終也沒有成為現實。俄羅斯沒有公開答覆，烏克蘭極力反對，尤其是這兩個「共和國」相互間的差異和爭鬥也障礙了它們的聯合。無論在資源上、人力上、經濟上、生活水準上、媒體的發達與控制上，頓涅茨克是更有力量的強者，而盧甘斯克則居於次位。一個令人們關注的現象是：這兩個「共和國」在沒有宣布獨立之前，也就是它們尚是基輔當局治理下的地區時，相互間的關係就不那麼友好。它們雖然地理位置緊密相連，雞犬之聲相聞，卻相互間有「邊界」，有「設崗的哨所」，有「海關」，雙方居民過境時，都要嚴格查驗身分證。而當它們各自宣告「獨立」後，這種兩國關係式的狀態就更為嚴格和嚴峻。

在這兩個「自行宣布的共和國」的發展進程中，歐盟國家和美國對烏克蘭的逐漸增強的支持和烏克蘭對歐盟與美國的愈益傾斜，使烏克蘭和俄羅斯、烏克蘭和俄羅斯與這兩個「共和國」

的關係越出了雙方的邊界及三方的空間，成了國際政治舞臺上須臾不可忽視的一件大事。歐盟和美國對烏克蘭的爭奪是意在對這一地區勢力的重新分割，重組新的霸權關係，而俄羅斯對此做出反應的強力也是與日俱增，不允許西方國家在這裡對俄羅斯的傳統（數百年來該地區對俄羅斯的依附臣屬、俄羅斯對該地區的實際控制、權力的實際歸屬等）提出挑戰、進行勢力範圍的重新瓜分和霸權力量的重組。雙方都反覆重申，這是他們的利益所在，是處理和解決各自國家、民族利益的底線。

在這錯綜複雜的關係中，有兩個焦點，一是利益，二是地緣政治的較量。關於利益，既有兩個「不被承認的共和國」之間的利益衝突，兩個「共和國」與烏克蘭基輔當局的權益之爭，還有這兩個「共和國」在利益上與俄羅斯的討價還價，更有烏克蘭和俄羅斯對歷史舊賬的清算與對現實領土的再爭奪。而在地緣政治方面，這兩個「共和國」的存在以及圍繞它們的紛爭與衝突，是世界上正在重新整合的各種力量對於有重大戰略意義地區的爭奪和瓜分。在這一場場密室裡策劃、帷幕後爭奪的過程中，各方的利益是肇始，是助推，是現於表面的脣槍舌戰和兵戎相見，而地緣政治的需求、謀劃、策略才是這兩個「共和國」得以存在、發展，並最終導致地區武裝衝突，甚至局部地區戰爭的根本所在。

頓涅茨克共和國和盧甘斯克共和國的地理位置很特殊，很重要，在烏克蘭的東南部，恰恰是處於一個極為重要的地緣政治中心地區，這個地區就是「大黑海沿岸地區」。它們位於「大黑海沿岸區」的北部，東邊緊鄰俄羅斯，而隔塔甘羅格海峽，又是與俄羅斯相望。頓涅茨克離黑海北岸的塔甘羅格和瑪律庫波里分別只有二三三和一一五公里，而離黑海最西端的俄羅斯的亞速夫只有一百五十八公里，隔塔甘羅格海灣與俄羅斯南部黑海邊上的埃伊斯克的距離只有一百三十公里。

在俄羅斯這個國家的歷史上，黑海沿岸地區是勢力瓜分和霸權重組的關鍵地區，而黑海的西端更是各方勢力爭奪最激烈的地區。在當今世界，當黑海地區成為各個超級大國，地區大國必爭的地區、空間時，對烏克蘭東南部這兩個「自行宣布的共和國」的關注和爭奪，就是一場地緣政治之戰。誰控制了這一地區，誰就掌控了「大黑海沿岸地區」的主動權，甚至是控制權。

在這幾年的時間裡，這兩個「共和國」得以存在也是這種地緣政治之戰所造成的。首先，它們一直是烏克蘭與俄羅斯之間頻繁衝突，甚至發生熱戰的地區。雙方都有著各自充分的理由，烏克蘭指責這是俄羅斯搞的「傀儡國家」，是用來肢解烏克蘭的，而俄羅斯認為，它們是自己宣布成立的，向俄羅斯請求援助是它們自己的事。由於這兩個「共和國」地處烏克蘭與俄羅斯的邊界之地，對這裡不斷升級的衝突和熱戰，雙方的解釋也各異，烏克蘭認為，兩個「共和國」的武裝力量是在俄羅斯支援下，利用俄羅斯提供的軍火，不斷向烏克蘭挑釁和進攻的結果；而俄羅斯則堅決否認，這兩個「共和國」的武裝力量以及它們的行動與俄羅斯無關。

至於這兩個「共和國」本身，它們則在這樣一個立場上從不後退——「不被承認的基輔」

的武裝力量的進攻是前提，「共和國」的軍事行動不過是對「入侵者」的以牙還牙的打擊。於是，幾年來這兩個「共和國」的存在和行動成了烏克蘭和俄羅斯解不開的死結，並使這兩個「共和國」以及與烏克蘭和俄羅斯接壤的邊界地區成為當今世界上最熱的「熱點地區」之一。

在這一進程中，有個極為關鍵的問題——這兩個「共和國」一直沒有放棄要加入俄羅斯聯邦的請求，而俄羅斯也一直沒有公開答應接受這樣的請求。俄羅斯需要的不僅僅是頓涅茨克和盧甘斯克，而是俄羅斯帝國概念裡的「新俄羅斯」。但是，這個需求牽動著俄羅斯的方方面面，俄羅斯不敢輕易下這著棋，權衡輕重的結果是，當頓涅茨克和盧甘斯克已經在俄羅斯的實際影響和說明下，俄羅斯沒有必要冒巨大的風險，去將這兩個「共和國」收入自的領土範圍之內。保持它們目前的狀態對俄羅斯更為有利。它們與基輔的衝突和戰事，能為俄烏雙邊關係的運籌帷幄提供一張又一張的牌。

這兩個「共和國」也是基輔手中的一張牌。基輔的最強需求是將「獨立」出去的這兩個「共和國」重新置於自己的控制之下。對於這兩個「共和國」實際決策，烏克蘭領導層意見也並不一致，一種意見是，促進它們的聯合，以利於強化基輔對它們的控制，而另一種意見是，保持這兩個「共和國」的分離狀態，加強它們的不確定性，以削弱俄羅斯對它們的影響。因此，在烏克蘭看來，保持這兩個「共和國」目前的現狀有助於實現基輔對它們的最終控制並進而影響烏克蘭對克里米亞的訴求。而事實上，這幾年來圍繞這兩個「共和國」的衝突，甚至戰爭，都是因它們的聯合還是分離而引起的。二〇二一年三月初開始的大規模軍事對峙和近期強化武裝衝突的一個重要誘因，就是雅努科維奇（Viktor Yanukovych）當總統時代的一些「政治精英」提出要強化「頓涅茨克共和國」的「國家性」，他們並宣稱自己要去那裡當「總統」。

這兩個「不被承認的共和國」的存在和變化受三個基本因素的影響：一是，受他們原屬國，即把它們看做是自己國家領土的國家的影響。這些原屬國不希望，也不可能允許它們的「背離」與「分割」；二是，不是原來的屬國，但卻在經濟、政治，甚至軍事上支持這些地區「獨立」的國家，這些支援者所圖的是自己在它們中的利益和霸權；三是，「大黑海沿岸地區」如今成為世界範圍內重分勢力範圍和霸權重組的重大戰略區——「大黑海戰略區」，爭鬥的大國中，美俄的對峙、爭奪、寸土不讓是個極為嚴峻的事實。正如「大黑海戰略區」不是一日形成那樣，在這個戰略區中誰當霸主也將會有一個瞬息萬變的、漫長的過程。在這場博弈中，雙方、各方都需要一個「緩衝區」，一旦失手時，有喘息和待機重起的陣地，一旦取得進展時，有一個繼續征戰的橋頭堡。而頓涅茨克和盧甘斯克恰恰是這樣一個「緩衝區」。而這樣實際上存在、又不被承認的「緩衝區」，就是當今地緣政治離不開的話題和原則。

地緣政治有個理論和法律依據，也促成了這兩個「共和國」的出現和存在。這個理論和法律依據就是：「國家領土的完整」和「民族自決權」。作為原屬國的、宗主國的、利害關係相連國的立場是：「國家領土的完整」是不可討價還價的，是最後的底線，而這些「共和國」則渴望有自己的領土，並在這土地上享有自決權，因此，對他們來說，歷史是可以更改的，現實是需要重新謀劃的。在這兩者相抗衡之中，強者自強，弱者自若，強弱的抗爭使原本統一的「國家領土完整」和「民族自決權」理論、原則變成了一種悖論。

從「大黑海戰略區」這個角度來看，頓涅茨克共和國和盧甘斯克共和國是有別於俄羅斯這個國家歷史上所出現的「共和國」不同的「共和國」。俄烏雙方的、俄烏以及這兩個共和國三邊的利益雖然在它們出現的時期起過重要的作用，但是這兩個「共和國」今後的生存與發展會在很大程度上取決於「大黑海戰略地區」的局勢演變，取決於大國在這一地區勢力的再瓜分和霸權的重組。

五、歷史，烏克蘭和俄羅斯都翻不過去的一頁

烏克蘭與俄羅斯的關係是十分獨特的，而這種獨特性在世界各國關係中卻是少見的。烏俄關係獨特性就在於：第一，他們的生存、發展道路曾在千年的歲月中交織在一起，無論烏克蘭的地位是臣服、從屬還是加盟，烏俄都用的是同一個國號：羅斯，俄羅斯。第二，他們幾乎在同一時期，從多神膜拜轉向了一神教——東正教，經歷了東正教成為國教、東正教與皇權、政權相結合的艱難歷程。第三，在極為近似的環境中，在差異不十分明顯的條件下，在幾乎相同

的時期內形成了各自的民族——烏克蘭族和俄羅斯族，而這個各自的民族又在一段時期內統一成了「蘇聯人」、或「蘇維埃人」的稱號。第四，進入二十世紀後，烏俄兩國的關係從傳統的歷史、文化、經濟的「自瓦良格至希臘」之路，急速轉到了「盟友、戰友、同志加兄弟」的「自莫斯科至基輔」的軌道上來了。於是，鞏固聯盟的需要，國家發展的需要，政治鬥爭的需要，戰爭的需要，改善人民生活的需要，俄烏關係就成了鋼甲裝備的「三套馬車」，而這輛「三套馬車」最終成就了蘇聯在抗擊德國法西斯戰爭中的偉大勝利。

這就是曾經的烏俄兩國的歷史。在漫長的時期內，烏俄兩國官方似乎對這種歷史都沒有異議。但從二〇一四年四月起，對這種一度統一的歷史的分歧與爭議就頻頻發生。這些分歧和爭議歸結起來大致如下：第一，民族和語言問題。烏克蘭方面提出，烏克蘭民族的形成和烏克蘭語的出現要早於俄羅斯族和俄語。這就是說，烏克蘭民族早在羅斯人之前就生活在基輔周邊的土地上，他們有自己的語言、文化，因此，最早在基輔出現的「部族大聯盟」——基輔羅斯是屬於烏克蘭人的，基輔烏克蘭人的語言是俄語的先導，它才是基輔羅斯的「官方語言」。所以對於烏克蘭方面來講，結論就是：烏克蘭和俄羅斯並不是「同根同源的一個民族」，而在歷史進程中，俄羅斯民族始終是「大俄羅斯民族」，而烏克蘭民族始終是「小俄羅斯民族」。但是，俄羅斯方面不僅絕不認可這一說法，而且給與了猛烈的抨擊。

普丁就對烏克蘭出生的記者安德里・萬登科這樣說，「我認為，我們是同一個民族」，這是俄羅斯官方和普丁本人一貫的看法和立場。而普丁在闡述這個問題時，給「同民族、同語言」問題加了明確的時間概念，承認了俄語和烏語是有差異的。他說：「在十一至十三世紀之前，我們在語言上沒有任何的差異，只是在十六世紀時，才開始出現語言上的差異。」而在俄羅斯本土內，在十四至十五世紀之前，所有的人都叫「俄羅斯人」，「出現語言上的差異更要晚得多」。[11]十四、十五世紀確實是俄羅斯歷史上的重要時期，因為在俄羅斯的歷史典籍和官方論著中，都寫得很清楚：俄羅斯民族是十五世紀才最終形成的，隨之也就有了烏克蘭民族。所以在十五世紀之前，是沒有「俄羅斯民族」這個稱謂的。不過，普丁的分析卻有一個很重要的結論：自十五世紀後，俄烏兩個民族的語言發展就有了越來越多的差異。

第二，信仰和文化淵源的問題。烏克蘭方面認為，雖然同屬東正教，而在烏克蘭的土地上，最初的幾位羅斯大公已經捨棄多神信仰，改信東正教了，而且是以一種虔誠的、和平的方式完成的，而俄羅斯所大力頌揚的弗拉基米爾大公的皈依東正教卻要晚好多年，是以戰爭的方式完成的，它的傳播也是強力的。因此，結論是：在東正教的傳播中烏克蘭是先行，聶伯河的作用要遠遠大於窩瓦河。而俄羅斯方面則強調，弗拉基米爾大公在赫爾松涅斯接受東正教洗禮是俄羅斯文明的搖籃，是俄羅斯國家立國的開端。所以，其後的國家東正教化進程是俄羅斯人首創的。在這個問題上，烏俄雙方再次在誰是真正的立國者：烏克蘭人和俄羅斯人問題上陷入極其激烈的爭論漩渦。烏克蘭堅持自己的說法，譴責俄羅斯對烏克蘭東正教會的干預。對此，普丁的回答也是針鋒相對的：他認為烏克蘭東正教會雖然處於莫斯科大牧首教區內，但它是完全獨立的，即使在烏克蘭東正教會主教們的選舉上，莫斯科大牧首教會也沒有施加任何影響。而烏克蘭西部邊界的居民，與天主教世界的歐洲國家毗鄰，因此他們信奉天主教並曾經認為自己是獨立的，是不從屬於俄羅斯國家的。普丁對此的結語是：「如何對待這種情況？我已經說過：要尊重。但也不能忘記我們的共性。」[12]

很長時間以來，「同民族、同語言、同宗教」一直是俄烏關係惡化的關鍵問題，也是俄羅斯期望重啟改善俄烏關係之門的鑰匙。然而，俄羅斯愈是高聲宣揚俄烏是一個民族，同信一個宗教，將此作為收回烏克蘭的土地和權益的理論基礎和行動準則，而烏克蘭則愈是激烈的反對、對抗、衝突，愈是倒向西方，尋求自救自強的出路。

第三，烏俄統一、合作，共同發展，增強競爭力的問題。烏克蘭方面認為，烏克蘭的臣屬、依附和加盟俄國之路本身是一條不平等之路，在「俄烏統一、合作、共同發展、增強競爭力」的旗號下，烏克蘭是被剝奪者，是國家和民族利益受損者。因此，烏克蘭方面所著力的事情，就是重新認識和解讀蘇聯時期的烏克蘭歷史。對此，俄羅斯方面當然要堅決反對。在俄羅斯看

11　同注9。

12　同注9。

來，烏克蘭之所以能自立一國，都應該歸功於當年的「工業化」、「天然氣管道化」、「集體化」、「意識形態統一化」，正是由於這種統一、合作、先後支持和支撐了當年的蘇聯和如今的俄羅斯與烏克蘭。對此，普丁也是有明確的判斷與結論：「我們一齊的努力曾經多次提升了我們的競爭優勢，為什麼現在要這樣做呢？為什麼要失去這一切？為什麼應當要把這一切都拋棄呢，為什麼呢？」[13]

這就是烏克蘭和俄羅斯國家的歷史問題。在目前烏俄關係不斷升級的局勢下這是一篇翻不過去的歷史。雙方都要在這歷史篇頁中強調自己對這歷史的掌控和占有權，尋求走出國家關係困境之路和在這地區縱橫捭闔地緣政治的手段。

總之，自二〇一四年至今數年中，「烏克蘭問題」或者「烏克蘭危機」已經突破了烏俄兩國國家關係的框架，進入了群雄爭奪這戰略要地的地緣政治之戰中。從目前總的趨勢來看，各方似乎都不特別著急解決這個問題、這場危機。從利益瓜分、權力重組這個角度來看，對各方來說，拖延「烏克蘭問題」的解決，或保持「烏克蘭危機」的現狀，似乎比終結「烏克蘭問題」，消弭「烏克蘭危機」更要有利。因此，在未來可見的歲月裡，烏克蘭東南部的兩個「不被承認的共和國」會繼續存在，他們與基輔的對抗會打打停停，周而復始；烏克蘭本身也會因此動亂不止，它與俄羅斯的矛盾與爭鬥也不會消停，雙方間的指責和緩和也會輪番登場，此去彼來。

但是，烏克蘭地區衝突的戰略會繼續發生根本的轉變，一是，「工業化」、「天然氣管道化」、「軍事化」將是美國、歐盟與俄羅斯爭奪和對抗的焦點，它們對俄羅斯的制裁也將集中於這條主線。烏克蘭的「西傾」將轉變為在歐盟和美國支援下的「非工業化」、「非天然氣管道化」上，西方將扶植一個有自己「工業化」和「天然氣管道化」的烏克蘭。二是，俄羅斯也將把對抗的焦點從調整俄烏兩國關係轉向更強力對抗西方對烏克蘭的扶植，加快「非烏克蘭土地」上的輸氣管道的鋪設，並在這種管道的談判與鋪設進程中，強化俄羅斯與歐盟各國力量的重組。在計畫鋪設「非烏克蘭土地上」的天然氣管道的初始，俄羅斯曾計畫在南北兩個方向同時鋪設——「北溪」和「南溪」。後來因為「南溪」線路地區的動蕩不定而作罷。重啟「南溪」管道的鋪設應該始終是俄羅斯的南下西行的目標。三是，真真假假的談判會接二連三，虛虛實實的協定和方案將陸續出臺，停停打打的武裝衝突會在烏克蘭的東南部，甚至會在與俄羅斯接壤的邊界地區此起彼伏。四是，黑海沿岸地區的爭奪會強化、激化。對俄羅斯來說，從彼得一世時起，黑海沿岸就是俄羅斯帝國欲置於治下的目標，經過長達百年左右的戰爭而取得的黑海艦隊所在地塞瓦斯托波爾以及整個克里米亞半島是絕不會讓給他人的。這正如普丁所表示的：「克里米亞問題永不再議！」[14]但烏克蘭當局卻在不斷聲稱：「不奪回克里米亞誓不甘休！」

13　同注9。
14　同注9。

而美國和歐盟也絕不會放棄黑海，因此鼓動和支持烏克蘭「收回克里米亞」成為他們制裁俄羅斯的重要決策和行動。各方勢力的較量與爭鬥使黑海沿岸成為一個舉世矚目的「大黑海戰略區」。這個「戰略區」的東段是刻赤灣，而這海灣的北部就是兩個「不被承認的共和國」，在西端，是進入大西洋，通往世界各地的出海口，而這個出海口的西端就是俄羅斯黑海艦隊扼守的克里米亞半島。刻赤和克里米亞成了俄羅斯「大黑海戰略區」中兩個最敏感的神經點。

「烏克蘭問題」，或「烏克蘭危機」成了「大黑海戰略區」的中樞神經，誰也碰不得，誰都不能碰，可又誰都想去碰，誰又都想成為這個「戰略區」的實際掌控者。也許，問題就在這裡。

二〇二一年三月

第十六章
在同一條軌道上：白俄羅斯和俄羅斯

二〇二〇年，白俄羅斯總統盧卡申科（Alexander Lukashenko）成了世界舞臺上的政治明星。白俄羅斯的社會現實及其發展前途成了各行各業國際問題分析家們關注的焦點。一種傾向性的結論和預測可歸結為兩點：一是，白俄羅斯是現存唯一一個蘇聯制的國家，盧卡申科是這種統治的「最後一個暴君」；二是，明斯克的大規模遊行預示著這種統治的最終結束，但是，如果綜合更多的情況（面的、點的、線的）來看，似乎這種結論沒有充足的依據。

從面上來看，白俄羅斯並不是一個蘇聯解體後留下的最後一個沒有發生變化的「加盟共和國」，也許歷史的進程可以提供這方面的依據。在蘇聯末期，白俄羅斯是參與蘇聯解體最早的、最堅定的加盟共和國，是在蘇聯最高蘇維埃宣布「蘇聯不再存在」前，就宣布獨立的。蘇聯解體的一個重大座標是俄羅斯、烏克蘭和白俄羅斯三國的「別洛韋日森林」會晤以及隨之簽署的事實上解體蘇聯的《別洛韋日協定》。這是一九九一年的事，當時簽署協定的是白俄羅斯領導人舒什克維奇。此時的盧卡申科三十七歲，蘇共黨齡是十二年（一九七九年入黨），但已經是舒什克維奇的反對派，是白俄羅黨內派別「爭取民主派」組織的一名領導人，並且成為新的民主黨派「人民團結一心黨」組織委員會的兩主席之一。

《別洛韋日協定》所解決的問題，也是三國領導人「別洛韋日會晤」（一九九一年十二月八日）的唯一問題，就是各自的國家獨立。組成「獨聯體」（「獨立國家聯盟」）。這種「獨立」的浪潮是從葉爾欽開始的，俄羅斯的「退蘇獨立」（一九九〇年六月十二日）促成了別洛韋日會晤及其協議的簽署。白俄羅斯議會在審批這一協定時，作為人民代表的盧卡申科沒有參與投票（一說是，他投了反對票；二說是，他棄權了；三說是，他沒有參加會議）。盧卡申科的這種表現與其說是反對蘇聯的解體，不如說是他不同意與俄羅斯的分道揚鑣。以後的行動也許能說明盧卡申科在《別洛韋日協定》投票中「缺席」的真正用意。

在蘇聯解體和新俄羅斯發展的進程中，盧卡申科緊隨俄羅斯的步伐，先是葉爾欽，後是普丁。一九九四年七月，盧卡申科當選為白俄羅斯總統。八月初，葉爾欽訪問明斯克。在代表大會宮舉行的晚宴上，盧卡申科和葉爾欽舉杯祝酒，為白俄羅斯和俄羅斯的友誼乾杯。瞬間，盧卡申科按照古老的風習，把香檳酒杯摔在地板上，興奮地對葉爾欽說：「就照老爹說的，就這麼辦！」這一年，盧卡申科進行了第一次「公民投票」，他把一個「與俄羅斯一體化」政治決策給了白俄羅斯人。這個「一體化」的主要內容是將俄語作為白俄羅斯的國語，建立與俄羅斯統一的支付和關稅聯盟。由此，盧卡申科就將白俄羅斯緊緊地掛在了俄羅斯的列車上：一九九六至一九九七年間，盧卡申科就是白俄羅斯－俄羅斯共同體主席，而在二〇〇〇年一月初，兩國建立聯盟國家的條約生效後，就成了「俄羅斯和白俄羅斯聯盟國家最高國務會議」主席。

而二〇〇〇年是白俄羅斯與俄羅斯關係之間最重要的標誌年分。這一年，普丁正式當選為俄羅斯總統，在其後的二十年中，盧卡申科的白俄羅斯和普丁的俄羅斯一直在普丁倡導的集體安全條約和歐亞聯盟的框架內相互協作、支援。盧卡申科把白俄羅斯的現在與未來都寄託在了普丁和普丁的俄羅斯的身上。二〇〇〇這一年，普丁四十六歲，盧卡申科四十四歲。盧卡申科稱葉爾欽為「老爹」也許是恰如其分，因為葉爾欽比他大二十三歲，是個父輩的人物。「老爹」這個詞既有「老爹」，也有「老兄」的意思。隨後到了普丁時代，這個「老爹」就該變成「老兄」了。二〇〇〇年也是這個稱謂徹底換代的時分，盧卡申科和普丁成了「老弟」和「老兄」。而到了二〇二〇年代，在媒體和學人們的筆下，「老爹」這個顯赫一時的詞，最終又落到了盧卡申科自己的頭上。為什麼呢？因為他「專權」、「獨裁」、「靠鎮壓維持權力」。

從點上來看，也就是說從國家治理，或者說保證國家正常運轉和執政手段的這個特定點上來看，現在的白俄羅斯並不完全是舊蘇聯制度的最後殘存。也許，當今白俄羅斯的國家治理方式，或者說盧卡申科的統治手段，與其說是蘇聯式的，不如說是新俄羅斯式的，或者普丁式的。在紛繁複雜的治理之術中，也許下述事實能顯明地解釋這種新時代下新的國家治理方式。

從一九九四年盧卡申科第一次當選為總統以來，至今的二十多年中，他六次競選總統。而這六次競選卻有著一些相同的特點。首先，每次選舉都要相應進行一次全民「公民投票」，把一個響亮的口號，或者說是莊嚴的承諾作為選舉的旗幟，從「拯救人民於水深火熱之中」到「獨立、民主、自由」、「繁榮昌盛的白俄羅斯」，而為了「拯救」，就必須要「專權」。

其次，他總是以高得票率當選：一九九四年百分之八十．三四。二〇〇一年百分之七十五．六五，二〇〇六年百分之八十三。二〇一〇年百分之七十九．六五，二〇一五年八十三．四七，二〇二〇年百分之八十．一。

其三，他總要對現行法律，甚至憲法進行修改：一九九四年他自己提名為總統候選人；一九九六年，修改憲法，將總統任期由四年改為五年，擴大了總統個人的權力；在二〇〇一年當選後，於二〇〇四年，再次修改憲法，取消了憲法中「一人擔任總統不得超過兩屆限制」的條款。這一修改賦予了盧卡申科可以無限期地參加總統競選的特權。

其四，隨著一系列事件的出現：「莊嚴的承諾」得不到實現，反對派的出現、遭到鎮壓以及他們的「人間蒸發」，盧卡申科總統競選的高得票率越來越受到質疑，一種由無聲懷疑到有聲抗議的行動就不斷發展。在這方面，二〇一〇年是個轉捩點。這一年，投票選舉後，在明斯克爆發了遊行集會，反對派指責選舉結果造假，人群還試圖衝擊政府大廈。

其五，每次對憲法的修改都會引起歐洲國家和美國的制裁：一九九八年，歐盟以「競選造假」、「破壞人權」為名，首次對盧卡申科以及三十五名白俄羅斯官員實施制裁，美國隨後也參與制裁；二〇〇六年，歐盟和美國再次以「競選不民主」對盧卡申科實行制裁，不允許他入境。二〇一一年，歐盟擴大了對盧卡申科的制裁，其中包括禁止盧卡申科本人及其兒子進入歐盟國家並凍結他們在歐洲國家的銀行帳戶；二〇一六年，歐盟國家的制裁解除，但美國仍然保持「有限的制裁」。

普丁在俄羅斯總統的競選之路上似乎與盧卡申科留下了幾乎相同的軌跡。從二〇〇〇年至今，普丁歷經了四次總統競選（二〇〇〇年、二〇〇四年、二〇一二年、二〇一八年）。

首先，普丁的得票率雖然不如盧卡申科那樣絕對的高，但也是處於高勢之中的：二〇〇〇年百分之五十三．四，二〇〇四年百分之七十一．九，二〇一二年，百分之六十三．六，二〇一八年百分之七十六．六九。但是，俄羅斯著名的民測機構——列瓦達中心的一組數據可以作為這個得票率的補充。普丁在其民意測驗中的威信度是：二〇〇〇年，百分之七十六．九二；二〇〇四年，百分之八十三．五一；二〇〇八年，百分之八十六．七三；二〇一二年，百分之六十八．六九；二〇一八年，百分之八十．八一。

其次，在競選總統的這一跑道上，出現了兩次修改憲法的大行動，一次是二〇〇八年，梅德韋傑夫（Dmitry Medvedev）當選為總統後所做的第一件事，就是修改憲法，將總統的任期由四年改為六年，並且在公布憲法修正案時表示，這一修改從下一屆總統開始實施，也就是說是為普丁於四年後重新當選總統特意的修憲。另一次是，二〇二〇年，普丁親自宣導修憲，修憲的核心內容是：取消一人擔任總統的任期只能兩屆的限制，這就像當年盧卡申科那樣，有了這個新憲法，普丁就有了可以無限期競選總統的可能。

第三，俄羅斯國內反對總統競選「舞弊」、「造假」的群眾遊行集會逐漸增多，聲勢越來越大，一直形成了種種的反對派，而當局對反對派行動的鎮壓、分化、瓦解，甚至精心策劃讓反對派領導人消失的事也頻頻發生。

第四，歐盟國家和美國對俄羅斯的「制裁」，持續不斷，時有升級，這對俄羅斯國家的經濟發展和改革產生了深刻的不利影響。

將盧卡申科和普丁兩位總統作這樣的比較並非為它，而只是想說明白俄羅斯和俄羅斯在蘇聯解體後的國家前進之途是相當交織的，有著斬不斷理還亂的治理特色。普丁雖長盧卡申科兩歲，但卻比盧卡申科晚五年才當總統。不過，在他們當總統時，都有一個共同的標記：既都是有二十年以上蘇共黨齡的黨員，又都是在蘇聯官階體制的上升到較高位置的權勢人物。因此，他們在思想意識深處和執政理念與手段上不時地回望，從消失的歲月中去尋求當今治理國家所需的理念和手段，是一種符合邏輯的現象。

而從線上來看，也就是說從國家發展的歷史軌跡來看，當今的白俄羅斯（如同俄羅斯），雖有蘇聯的體制的各種殘存，但並不是一個完全的蘇聯制國家。這條線有兩個方向，一個方向是白俄羅斯自身的發展，另一個方向是白俄羅斯與俄羅斯關係的進程。

從白俄羅斯自身的歷史來講，這條歷史之線至少延伸了千年之久了。儘管「白俄羅斯」這個稱謂是在十六世紀左右才出現的，但是他們自稱自己的祖先是「立陶宛人」。在這千年之中，白俄羅斯有六百多年與立陶宛關係密切，甚至曾是一個國家（留里克王朝，十至十三世紀；立陶宛大公國，十三至十六世紀），兩百多年與波蘭共一個國家（一五六九－一七九五，波蘭貴族共和國），處於俄國治理下只有約一百五十年的時間（一七七二－一九一七，沙皇俄國），作為蘇聯的加盟共和國存在了七十三年的時間。白俄羅斯人認為自己國家在歷史上長期處於戰爭狀態之下，而與之作戰時間最長的正是俄國。

從這個方向來看，白俄羅斯在千年的時間里，實際上都沒有「獨立」、「自主」的地位，也就是說沒有「自己的國家」，而在蘇聯時間雖然有了「白俄羅斯蘇維埃社會主義加盟共和國」的稱謂，但一切內政外交的決策權都集中在莫斯科，「獨立」、「自主」一直是白俄羅斯祈求、奮鬥的目標。所以，白俄羅斯脫離蘇聯就是以宣布自己的國家獨立為旗號的。一經獨立，明斯克市中心的「列寧廣場」就改名為「獨立廣場」，橫貫全城的「列寧大街」就改名為「獨立大街」。「獨立」、「自主」，這大概就是當今白俄羅斯對俄羅斯最主要的訴求：白俄羅斯可以與俄羅斯同發展，共命運，但白俄羅斯的獨立、自主不能丟。

在另一個方向，即白俄羅斯與俄羅斯的關係這個方向上，俄羅斯對白俄羅斯的定義與決策，事實上在相當大的程度上影響、甚至決定著盧卡申科的國政治理和白俄羅斯國家的發展。在俄羅斯看來，在十八至十九世紀，「白俄羅斯」才最終被俄羅斯帝國所認可。而在三次瓜分波蘭之後，葉卡捷琳娜二世就以「白俄羅斯」為名，在兼併過來的土地上建立了「白俄羅斯省」。從此就有了「俄羅斯，烏克蘭，白俄羅斯三位一體」、「神聖三兄弟」的說法，組成了雙頭鷹下的「同源、同族、同文化」的俄羅斯帝國。所以，在俄羅斯看來，白俄羅斯不是另外一個國家，而是自古附屬於俄國的土地：白俄羅斯人和俄羅斯人都淵源於斯拉夫族，白俄羅斯語是在俄語的基礎上形成的，俄羅斯文化是白俄羅斯文化的根基。於是，白俄羅斯土地上的「俄羅斯化」進程就與日強化。

盧卡申科第一次當選總統後，雖然宣布俄語為白俄羅斯官方語言，但在其後的執政中，卻開始了語言的「白俄羅斯化」，也即「非俄羅斯化」的進程。現在，人們走在明斯克的大街上就可以發現，政府機構、企業、地鐵站的名稱已經改用白俄羅斯文來標誌了。來到白俄羅斯的人發現到處可見蘇聯的遺跡：以蘇聯領導人命名的街道廣場，高聳的烈士紀念碑和蘇式建築，他們就會說：「真像回到了蘇聯！」但白俄羅斯人會說：「它們是歷史，而我們活在現在！」隨之而起的是信仰、文化的「白俄羅斯化」，白俄羅斯強調自己的信仰、文化有別於俄羅斯的信仰與文化。俄羅斯人說，白俄羅斯語和俄語是相同的，白俄羅斯人會說：「我們的語言是半俄語半波蘭語；我們的信仰是半基督教，半天主教！」

在烏克蘭與俄羅斯的關係撕裂之後，這種「白俄羅斯化」，即「非俄羅斯化」進程加速。那種俄羅斯在數百年中所張揚的「俄羅斯、烏克蘭、白俄羅斯三位一體」、「神聖三兄弟」的經典理論發生動搖。盧卡申科選擇了「老兄」俄羅斯，與烏克蘭關係的弱化，導致了「三位一體」理論和實踐的進一步削弱。雖然，「明斯克會談」成了俄烏重新調整關係的中間橋樑，但這橋樑並不平穩，難以保證撕裂的俄烏雙方經此橋，渡過分裂之河。

綜上所述，在蘇聯解體後的這三十年裡，白俄羅斯和俄羅斯是在同一軌道上運行的。俄羅斯之需要白俄羅斯，既有傳統的歷史之念，更有現實的迫切需要。在北約不斷東擴，歐盟與美國不斷制裁的艱難局面下，白俄羅斯是俄羅斯的最後一道屏障。這到屏障是廣義的，它包括了政治、軍事、文化和經濟上的綜合含義。僅就白俄羅斯與俄羅斯的地理位置來看，兩國就不僅難以煢煢孑立。白俄羅斯是既無高山峻嶺，也無大河深谷，從白俄羅斯的西部邊界，一馬平川，可直達莫斯科的城下。所以，一八一二年拿破崙的入侵和一九四一年希特勒的不宣而戰都是從白俄羅斯的土地上開始，並從這毫無阻隔的土地上慘敗回國的。

沒有了白俄羅斯這塊平坦之地，俄羅斯、莫斯科就完全暴露在來自西方的敵人面前。而沒有了俄羅斯作為後盾，白俄羅斯就沒有了退守之地。白俄羅斯不像烏克蘭，沒有在政治、軍事、經濟上與俄羅斯抗衡的力量。白俄羅斯在蘇聯時期曾經擁有核武器，但新俄羅斯建立後，在九〇年代初，這些核武器被俄羅斯要了回去。「俄白聯盟」一直是自葉爾欽至普丁的在處理兩國關係中的首要決策，而「俄白聯盟」也一直是「獨聯體」的核心，所以「俄白聯盟」的總部就設在明斯克。也許，在「俄白聯盟」這個問題上，俄羅斯更為關切，更為需要。二〇〇八年，當普丁兩屆總統期滿之後，俄羅斯當局曾有過這樣的政治設計，就是讓普丁擔任「俄白聯盟」的「元首」，繼續保持對國家的領導權和實際執政的地位。因此，無論從權力的更迭與繼承，還是國家關係的縱橫捭闔上，白俄羅斯和「俄白聯盟」都是俄羅斯棋盤上的一枚不可替換的棋子。

白俄羅斯和俄羅斯雖然在同一軌道上運行，但卻是一個親近與分歧相交織的矛盾體。白俄羅斯與俄羅斯主要分歧實際上就是一點：就白俄羅斯而言，白俄羅斯是一個獨立的國家，因此與俄羅斯的關係是平等的，「獨立」、「自主」是不可更迭的旗號；而就俄羅斯而言，白俄羅斯雖是一個獨立的國家，但鑑於族源的、文化的、歷史的諸般關係，白俄羅斯是不可、不能捨棄的「弟兄」，竭盡全力要白俄羅斯在政治、軍事、文化和經濟上與俄羅斯協調、合作，甚至共同發展與繁榮。

具體說來，白俄羅斯與俄羅斯的分歧與矛盾集中在兩個方面。一是，信仰、文化、意識形態上的，即首先表現為語言上的文化的「白俄羅斯化」（「非俄羅斯化」）。二是，經濟上的，在兩國的電力、天然氣的供應和農產品的輸出價格上的矛盾，尤其是在天然氣的供應價格上。俄白雙方並無明文規定天然氣的價格，俄方不斷提價，這令盧卡申科甚是不滿，氣氛地說過這樣的話：「在白俄羅斯和俄羅斯的關係中不應該以會計算賬為基礎！」這種矛盾、分歧和爭吵在二〇一四至二〇一七年最為激烈。至於在軍事方面，白俄羅斯與俄羅斯也時常處於朦朧狀態。也許，二〇二〇年七月二十日發生的一件事可以對此加以某種解釋。這一天，在明斯克郊區的一家療養院裡抓捕了三十三名參加過烏克蘭東南部戰事的俄羅斯軍人，指責他們「試圖破壞白俄羅斯的國家穩定」。俄羅斯外交部發言人扎哈羅娃（Maria Zakharova）當即表示：「莫斯科期待被扣押在明斯克的俄羅斯人返回祖國。」當然，這種矛盾並沒有激化，八月七日，普丁在電話中向盧卡申科表示：「應該以兩國合作的相互關係的精神，來對目前出現的情況加以調解。」

除此之外，白俄羅斯在國家的深化發展上也有一個很大的潛在問題，那就是它

車諾比核電廠發生的核子反應爐破裂事故，是首例被國際核事件分級表評為最高第七級事件的特大事故。（iStock／Rob Atherton）

也是受車諾比核災難深重影響的國家。現在，它的百分之二十的領土上仍然殘存著車諾比核輻射的影響，在這些地區仍隨處可見「有核輻射」的警示牌，沒有居民，荒涼一片，狼、野豬和狐狸出沒無常。[1]

綜上所述，也許可得出下面幾個結論：一是，近三十年來，白俄羅斯和俄羅斯是在同一條軌道上運行的。他們在政治、軍事、文化、經濟上的相互需要和依存的關係決定了他們不可能相向而立。這條軌道的特徵不是蘇聯式的，而是新俄羅斯式的，普丁式——一種不講「主義」，專注「自身利益」，「首腦絕對權威」，「手段決定一切」，同時又「不斷回望蘇聯式的治國經驗和方式」的執政和治國之路。（現在，不少學者都在試圖給俄羅斯的發展加上什麼「主義」，這也許是杞人憂天，代他人操勞吧！）

在未來相當長的時間裡，白俄羅斯與俄羅斯將共存，但「俄白聯盟」也只會停留在一個「政治設計」的階層之上。在歐盟國家和美國的施壓和制裁加重的情況下，白俄羅斯會更多地倒向俄羅斯，來自俄羅斯的援助是必不可少的，而俄羅斯也會更深層次地說明白俄羅斯，但白俄羅斯不會放棄「獨立」、「自主」，俄羅斯也不會輕易採取「收回克里米亞」或者是「軍隊解決問題」的方式。這種局面正如二〇一四年烏克蘭發生「顏色革命」之後，盧卡申科對普丁所表示的：「您，弗拉基米爾．弗拉基米羅維奇，應該知道，我們應該肩並肩在一起，除了在一起我們別無出路。如果各自為戰，我們就會像烏克蘭那樣。」

二是，白俄羅斯不會與烏克蘭結盟來反對俄羅斯。對於盧卡申科來說，烏克蘭「顏色革命」的最終結局，是舊日的統治者喪失手中的一切權力。二〇二〇年八月，明斯克的大規模騷亂之後，烏克蘭總統澤倫斯基（Volodymyr Zelenskyy）曾向盧卡申科表示，期望他走烏克蘭的道路。盧卡申科回答得很明確：「不走烏克蘭的道路。」但他同時又說，他也不會徹底倒向俄羅斯。在這種狀況下，舊日的「三位一體」、「神聖的三兄弟」不可能歸回原狀，這所導致的可能的後果是，白俄羅斯的「白俄羅斯化」進程將會加速、深化，白俄羅斯與俄羅斯文化上的間隔之距將會擴大。這種情況事實上在兩國的民間已經出現，比如，對「白俄羅斯」的國名稱呼，白俄羅斯人都用 Беларусь，絕不說 Белоруссия，而俄羅斯只用 Белоруссия，而不會說 Беларусь；俄羅斯人以「雙頭鷹」為俄烏白三國人民的「共同標誌」，而現在在白俄羅斯，無論在什麼地方都看不見這個「雙頭鷹」，國徽也改為舊日立陶宛的國徽。

三是，在目前的局勢下，白俄羅斯內部的反對派，遠不像俄羅斯內部的反對派，既沒有納瓦尼（Alexei Navalny）那樣的「領袖」，也沒有足以強大到威脅盧卡申科權力的力量，此外尚

1 車諾比核事故發生於一九八六年四月二十六日。車諾比電站離基輔一百一十一公里，但離白俄羅斯邊界更近，約十一公里。其影響範圍比廣島原子彈大四百倍。百分之七十的放射性塵埃落在白俄羅斯。據聯合國的計算，白俄羅斯百分之二十三的土地受輻射污染，尤其是在戈梅爾區和莫吉廖夫區。其中百分之二十為農田，百分之二十三為森林。

有俄羅斯力量的影響與維持。而白俄羅斯的地理位置也深刻影響了它在當今國際舞臺上的決策：只能親俄羅斯，也不能親西方。現在，俄白之間沒有設防的邊界，沒有進出關卡的阻隔，就是很好的說明。盧卡申科本人對此似乎十分明白。二〇一七年四月，他說過一段駁斥「白俄羅斯外交政策轉向西方」的話：「我們太瞭解自己的地位了：在西方誰也不需要我們。都說西方『喜歡』我，可從那時起什麼變化也沒有發生。」三年後，白俄羅斯在西方眼中的地位確似乎是沒有發生什麼重大變化。西方在觀望，希望盧卡申科能像烏克蘭的總統們那樣。所以，在二〇二〇年八月的明斯克騷亂之後，歐盟國家表示對盧卡申科和白俄羅斯不實行制裁。

總之，從目前的情況看，白俄羅斯難以說是「唯一現存的蘇聯制的國家」，而是一個與俄羅斯在統一軌道上運行的國家。白俄羅斯人有個普遍的看法：「儘管在歷史和文化上與俄羅斯接近，但白俄羅斯並不就是等同於俄羅斯。」一句話，此白俄羅斯，非彼俄羅斯。有位俄羅斯人在深度遊覽過白俄羅斯後得出了一個結論：「這是一個梳洗打扮過的俄羅斯，一個沒有被天然氣、石油、美元寵壞了的俄羅斯。」這個結論表面看很蘇聯化，但它讓人很有想像，很有趣，也很值得人們深思。

二〇二〇年九月

第十七章
「山地卡拉巴赫」：南高加索的「火藥桶」

自二〇二〇年九月二十七日始，亞美尼亞和亞塞拜然兩國為爭奪「納卡」地區再燃戰火。所謂「納卡」，是個縮寫詞，它的正式名稱是「納戈爾諾-卡拉巴赫」。如果從意義上來說，「納戈爾諾-卡拉巴赫」是「山地卡拉巴赫」的意思。在南高加索的小高加索山脈有個廣闊的地區叫「卡拉巴赫」，一個是「平原卡拉巴赫」，另一個是「山地卡拉巴赫」。東部為「平原卡拉巴赫」，歸屬亞塞拜然，而位於西部的「山地卡拉巴赫」卻插在亞美尼亞和亞塞拜然的中間，是兩國爭奪的地區。

由於民族的不同，信仰的差異，居民訴求的相向，再加上地理位置的特殊與重要，「山地卡拉巴赫」歷來成為兵家必爭之地，大國爭奪利益的博弈場所，當地居民受大國控制和制約的禁地。兩百五十年來，從一這地區出現「卡拉巴赫汗國」時起，「山地卡拉巴赫」一直被架在他人的車上顛簸前行，道路曲折，命運坎坷。

「山地卡拉巴赫」成為亞美尼亞和亞塞拜然兩國爭奪的地區，並進而成為南高加索動蕩不安的根源之地，這是一個歷史進程，它並不始於今日。這個歷史進程充滿了風雲變幻，始終為詭異莫測的大國外交謀略所左右。這個過程至少也有兩百年左右的歷史了，而蘇聯時期亞美尼亞和亞塞拜然兩國的國家建國史以及它們與蘇聯的關係史則是這一進程中的關鍵和核心因素。

在這一進程中，「山地卡拉巴赫」的地理位置起了重大的作用。它位於南高加索的中心地帶，東去亞塞拜然，直到裏海，西至亞美尼亞，直下黑海。在這條通道上有兩股交織在一起的線：其一是這一地區各民族來往（交融與爭鬥）之線；而另一股是來自東方的民族與本地各民族的來往之線（尤其是在汗國麇集此地的時候，陸地絲綢之路曾經過這裡，裏海邊上的傑爾賓特城就是當年絲綢之路上的繁華重鎮）。因此，「山地卡拉巴赫」成為東西方經濟、宗教、文化的交匯、抗爭和對立的場所。

這個地理位置在亞美尼亞、亞塞拜然和「山地卡拉巴赫」三者之間起了特殊的作用，隨之而起的是亞美尼亞和亞塞拜然都把「山地卡拉巴赫」視為應歸屬自己的土地，隨之染指、爭奪的摩擦就時斷時續於整個俄羅斯帝國時期。曲折蔓延於俄羅斯帝國與土耳其、波斯的戰火之中。「山地卡拉巴赫」的這種經濟、宗教、文化的交匯、抗爭和對立，在俄國的十月革命後進入了一個全新的爆發時期。

南高加索是個少數民族眾多、信仰各異、部族風習左右社會生活的地區，蘇維埃政府本以為將南高加索的三個主要民族：亞美尼亞、亞塞拜然和喬治亞組建成一個大的共和國，就可以將這裡紛繁複雜的部族血親復仇，民族世代紛爭的局面加以改觀。但是，中央政府在民族政策方面卻先後搖擺於「民族自決」的聯邦制和「民族自治」的一統天下的決策之中，以致南高加索民主聯邦共和國的建立過程反而促進了南高加索地區民族主義思潮的急劇發展。而這一徵兆就最先暴現於「山地卡拉巴赫」。

一九一八年五月，亞塞拜然民族主義者宣告「亞塞拜然民主共和國」成立，它宣告將自裏海邊的巴庫直至「山地卡拉巴赫」的大片土地歸屬自己。亞美尼亞對此反應強烈，「山地卡拉巴赫」的亞美尼亞人於同年六月召開了第一次卡拉巴赫亞美尼亞人民代表大會，不承認歸屬亞塞拜然，宣告獨立並組建了自己的「獨立的山地卡拉巴赫人民政府」。隨之，亞美尼亞和亞塞拜然之間發生了大規模的流血衝突事件。這次，雙方為爭奪「山地卡拉巴赫」歸屬問題的鬥爭以中央府支援「山地卡拉巴赫」歸屬亞塞拜然而告一段落。

從此時開始到一九二一年上半年，儘管亞美尼亞和亞塞拜然為成為蘇俄共和國的一部分，加速「蘇俄化」，但他們之間對「山地卡拉巴赫」的主權覬覦不僅互不相讓，而且鬥爭日趨激烈。「卡拉巴赫問題」成為布爾什維克面臨的重大民族和外交政策問題。一九二一年七月四日，俄共（布）中央政治局高加索局開會討論這一問題，參加會議的委員們對這個決定有著嚴重的分歧，對於卡拉巴赫是否留在亞塞拜然的問題一半委員贊成，一半委員反對，對於是否就此進行公決的問題，一半委員提出要在整個卡拉巴赫進行，而另一半則主張只在「山地卡拉巴赫」的亞美尼亞人中間進行。當時的民族事務人民委員史達林參加了此次會議，但會上沒有發言，卻在會後表了態，同意「卡拉巴赫留在亞塞拜然境內」。所以，直到次日，高加索局才做出「將卡拉巴赫留在亞塞拜然境內，在其一小部分地區享有廣泛的自治權」。

一九二三年，在「山地卡拉巴赫」建立了「納戈爾諾－卡拉巴赫自治區，歸屬亞塞拜然」。隨之，高加索地區的少數民族地區先後建立了一些「民族自治區」，而這些「民族自治區」都是將兩個民族合併建成一個「民族自治區」，決策者的意圖是，通過這樣的「民族自治區」可以使兩個民族相互制約，在制約中保持該地區的穩定和對中央政府的忠誠。而「納戈爾諾－卡拉巴赫自治區」是一個亞美尼亞單一的民族自治區，因此這個自治區的建立實質上不是為了那裡的亞美尼亞人，而是為了制衡亞美尼亞和亞塞拜然兩個國家、兩個民族。「納戈爾諾－卡拉巴赫自治區」成了中央政府解決兩國矛盾，甚至衝突的緩衝器，穩定南高加索地區局勢和預防地區動亂的工具。中央政府尤其希望，通過這個自治區強化亞塞拜然在南高加索的威望與力量，以便由亞塞拜然，經伊朗，打通通往印度洋的道路。

一九二一年高加索局的這一決定事實上將卡拉巴赫分成了兩部分：亞塞拜然「留住了」平

原卡拉巴赫和納希切萬地區，而亞美尼亞則保留了「山地卡拉巴赫」西部的一條狹長的「走廊地帶」。這就為亞美尼亞和亞塞拜然在以後的歲月中繼續覬覦和爭奪「山地卡拉巴赫」留下了廣闊的空間。所以，高加索局的這一決定不僅決定了「山地卡拉巴赫」當時的處境，而且深刻影響了這一地區未來漫長時間里的歷史進程。高加索局的決定是布爾什維克領導人在「民族自決」還是「民族自治」問題上嚴重分歧的結果，是他們在處理少數民族問題決策上的嚴重失誤。

這種嚴重失誤的後果使亞美尼亞和亞塞拜然爭奪「山地卡拉巴赫」的鬥爭時起時伏。在幾十年的歷史進程中，這種鬥爭逐漸轉化為兩個問題：一是，亞美尼亞的民族主義力量不斷增長，要求修改一九二一年「卡拉巴赫決定」成為一種強勁的思潮，甚至要求將「山地卡拉巴赫」的建制提升為「共和國」級的。二是，蘇聯政府對亞塞拜然在這一問題上的支援也日益強化。當時，蘇維埃領導人的主要思維是：因為南高加索，以致整個高加索地區的「民族自治區」都是按照中央的行政命令劃分的，遵循的是國家利益的需求，並不完全，甚至完全不符合當地民族的歷史傳統。若是滿足了「山地卡拉巴赫」的需求，其他「民族自治區」也會風起雲湧的跟上，那高加索的天下就會大亂了。中央政府站在了亞塞拜然一方，還因為當時在土耳其凱末爾（Mustafa Kemal Atatürk）當政，蘇土關係有了有利於蘇維埃共和國的變化。蘇維埃希望通過亞塞拜然，打通土耳其之路，突破當時國家處於「資本包圍」中的險境。這一進程在六〇年代發展到了激烈的程度。一九六五年，在亞美尼亞首都葉里溫爆發了大規模的抗議集會，要求是

「給卡拉巴赫問題一個公正的決定」。一九六七年，在「山地卡拉巴赫」的首府斯捷潘納克特爆發了流血衝突。

最嚴重的一次「山地卡拉巴赫」衝突發生在一九八八年，那是戈巴契夫執政的時期。這一年的二月二十日，「納戈爾諾-卡拉巴赫自治區」召開非常人民代表大會，向亞塞拜然和亞美尼亞兩國的最高蘇維埃提交請願書，請他們將納戈爾諾-卡拉巴赫自治區從亞塞拜然劃入亞美尼亞。亞塞拜然做出了激烈的反應：在其首都巴庫和一系列城市舉行了大規模的遊行示威，反對將該地區劃給亞美尼亞。第二天，蘇共中央政治局開會討論這一局勢並做出了這樣的決定：「蘇共中央一貫遵循列寧的民族政策原則，考慮到亞美尼亞和亞塞拜然居民的愛國主義和國際主義情感，為此呼籲不要受民族主義分子的蠱惑，應全力鞏固社會主義的偉大遺產——蘇維埃各族人民的友誼。」

但是，蘇共中央的這番好話並沒有起到實質性的作用。亞阿雙方的指責飛速升級，有關雙方血親復仇的傳聞也層層加碼，而在巴庫衛星城市蘇姆蓋特則爆發了亞美尼亞人和亞塞拜然人的大規模血鬥，亞塞拜然政府動用軍隊鎮壓。對此，在斯捷潘納克特和葉里溫，反亞塞拜然的行動也急劇升級。而此時莫斯科的反應卻是極端的無力和遲鈍，除了贊同對流血事件採取嚴厲的鎮壓措施外，只是派兩名中央政治局委員到巴庫和埃裡溫，對兩個加盟共和國的領導人作了各打四十大板的訓話，草草了事。於是，「卡拉巴赫問題」由亞阿雙方的「山地卡拉巴赫」

的土地覬覦之爭，發展成了雙方民族的血鬥復仇，直至地區性的戰爭。而「蘇姆蓋特事件」（Sungait pogrom）[1]也將蘇聯的蘇聯民族政策的嚴重失誤推化到了不可救藥的地步，還預示了南高加索地區民族動亂更可怕的前景和蘇聯大廈將傾的危機前景。

二

到八〇年代末、九〇年代初，亞美尼亞和亞塞拜然之間在「山地卡拉巴赫」地區就頻繁的兵戎相見了。在葉爾欽於一九九一年六月十二日宣布俄羅斯獨立之後，退蘇獨立之風席捲蘇聯的所有加盟共和國，亞塞拜然於八月三十日，亞美尼亞於九月二十三日發布獨立宣言，宣布退出蘇聯獨立。而從九月起，亞美尼亞和亞塞拜然之間的「山地卡拉巴赫」之爭演變成為一場真正意義上的戰爭，被人們稱之為「卡拉巴赫戰爭」。到了年底，莫斯科派來的維持治安和穩定的內務部的軍隊從「山地卡拉巴赫」撤回，該地區的流血衝突隨即演變成了不可抑制的歷史進程。

1 編注：蘇姆蓋特事件，發生於一九八八年二月二十六日至三月一日，一宗針對在亞塞拜然蘇姆蓋特居住的亞美尼亞族的暴力事件，並導致大規模的搶劫和暴動。死亡人數逾兩百人（蘇聯官方數據僅三十二人）。

「山地卡拉巴赫」也不甘於落後，也在一九九一年九月二日宣布「獨立」，與鄰近的紹米揚諾夫區聯合，成立了「卡拉巴赫共和國」。該會議宣告的《獨立宣言》中有一個論據是非常令人深思的：既然「亞塞拜然宣布恢復一九一八至一九二〇年的國家獨立」，卡拉巴赫也就可以。這一宣言指責了亞塞拜然，稱「亞塞拜然所執行的『種族隔離』和『民族歧視』政策在共和國內形成了一種對亞美尼亞人民仇恨和偏見的氣氛，導致了武裝衝突、人員的傷亡、大規模驅逐愛好和平的亞美尼亞村落的居民」。這樣一種把「山地卡拉巴赫」問題完全歸罪於亞塞拜然的宣言，不僅亞塞拜然不可接受，就連莫斯科也不能首肯。西方各國也不敢輕易蹚渾水。於是，「卡拉巴赫共和國」就成了一個「不被承認的共和國」（這種狀態延續至今）。

相反，「卡拉巴赫共和國」成了亞阿兩國流血衝突，甚至戰爭的新的出發點、新的高峰。自一九九一年至一九九四年，亞阿雙方在「山地卡拉巴赫」地區的衝突、流血事件不斷。蘇聯解體後，位於高加索地區的多處武器庫分別被高加索的各個加盟共和國和「民族自治區」瓜分，大量武器也流落到亞美尼亞、亞塞拜然和「不被承認的卡拉巴赫共和國」。「山地卡拉巴赫」衝突迅速演變成為一場真正的大規模戰爭，戰爭的雙方不僅是亞美尼亞和亞塞拜然兩家，整個高加索地區的加盟共和國都被捲進了這場流血的衝突、戰爭。與亞美尼亞一起作戰的有俄羅斯人、白俄羅斯人、烏克蘭的部分士兵，為亞塞拜然助威的是烏茲別克人、吉爾吉斯人、車臣人。由此，「獨聯體」國家實際上在「山地卡拉巴赫」問題上分成了兩派。

一九九二年，歐洲安全與合作組織成立了由俄、美、法三國擔任共同主席的「明斯克小組」，主持雙方進行談判，試圖解決「山地卡拉巴赫」爭鬥。但是，在談判中，亞塞拜然堅持要將該地區繼續留在自己境內，而亞美尼亞則堅決支援「卡拉巴赫共和國」的利益，要將該地區歸屬亞美尼亞。雙方爭執不下，因此明斯克談判沒有取得什麼突破性的進展，而這場「卡拉巴赫戰爭」也就時斷時續。而在其他一些「不被承認的共和國」、高加索地區的一些極端恐怖主義者積極參與這場戰爭的背景下，「山地卡拉巴赫」戰爭變得更為險象環生、變幻莫測。一九九四年，俄羅斯、吉爾吉斯和「獨聯體」國家跨議會大會在比什凱克開會，對亞阿雙方進行斡旋，五月五日，簽署了《比什凱克協議》（Bishkek Protocol），「呼籲衝突雙方聽取理智的聲音，在五月八至九日的午夜停火」，「在最近幾天裡，簽署可靠的、有法律保障的協議來保證這一停火，要考慮一種能不再發生軍事和敵對行動的機制，從占領的土地上撤軍，恢復交通運輸，讓逃亡者返回家園，並繼續談判進程」。

《比什凱克協議》給了「山地卡拉巴赫」一個表面上的和平，而事實上，會議的參與者也都不相信這一停火能持久，因為各方在「山地卡拉巴赫」問題上都有各自的利益和需求。「山地卡拉巴赫」的停火，亞美尼亞和亞塞拜然的軍事衝突的消弭似乎並不是各方都需要的。「山地卡拉巴赫」成了高懸在南高加索上空的一把利劍，它可能隨時會掉落下來傷及所有的人，也有可能利劍的高懸會使南高加索的局勢變得分外微妙詭異，而在這種微妙詭異中，利益的潛規則會對「山地卡拉巴赫」的歷史進程起更為左右、決定的作用。

在《比什凱克協定議》之後的一段停而不和的狀態下，雙方繼續了一場相互遷移對方居民的「驅逐」行動。在進入新的世紀後，「山地卡拉巴赫」問題聚焦於「不被承認的卡拉巴赫共和國」，因為這個「共和國」自宣布成立以來，實際上仍處於亞塞拜然的控制之下，只有西部有一條狹長的「走廊」與亞美尼亞接壤，受亞美尼亞的控制。因此，在這一「走廊」地區，衝突再現，並逐步升級就成為週期性的現象。二〇一四年八月，一架亞美尼亞的直升飛機在該地區被擊落，於是，亞美尼亞和亞塞拜然發生了軍事衝突。二〇一六年四月初，

「納戈爾諾－卡拉巴赫」位於南高加索內陸。此地是南高加索隨時都可爆發的「火藥桶」。（iStock／akoppo）

該地區再次發生更為嚴重的軍事衝突：亞塞拜然宣稱，亞美尼亞軍隊炮轟亞塞拜然，而亞美尼亞也宣稱，亞塞拜然利用坦克大炮飛機進攻自己的領土。二〇二〇年七月十二日，在「卡拉巴赫共和國」的「走廊」地區再次發生流血事件……

在新舊世紀交替的三十年中，狹小的「不被承認的卡拉巴赫共和國」所引起的卻是熊熊大火，這火所殃及的不僅是亞美尼亞和亞塞拜然兩國，而且演變成了一場地區性戰爭。對於這個「卡拉巴赫問題」，或者確言之，這個「山地卡拉巴赫」問題，如果僅從僅僅百年來的歷史加以考察，似乎還不能充分揭示它的實質和預判它的未來。也許，歷史之線還延伸至更遙遠的歲月。

三

從十八世紀開始，「卡拉巴赫」地區就是俄羅斯帝國和波斯、土耳其激烈爭奪的地區。各方爭奪的焦點就在於要把裏海邊上的巴庫據為己有，一是因為巴庫地區的極其豐富的油田蘊藏著不可估量的石油；另一是巴庫的戰略地位十分重要，它背靠大高加索山脈的崇山峻嶺，面對廣闊的裏海。歷來都是土耳其、波斯登陸高加索的橋頭堡，也是沙皇們擴展南疆勢在必奪的灘頭要地。只要占領了巴庫，從喬治亞直至黑海邊的巴統，就有了一條無法攻破的戰略線。而卡拉巴赫就恰恰位於從巴庫直至巴統這條戰略線的中央位置。

葉卡捷琳娜二世臣服了巴庫汗國，開拓了通往卡拉巴赫之路。而到了亞歷山大一世時，卡拉巴赫汗國就「臣服」了俄羅斯帝國。一八六八年，卡拉巴赫就成為俄羅斯帝國的一個新建制——實行督軍管制的「伊莉莎白省」。從此，卡拉巴赫地區就成為「裏海的巴庫-黑海的巴統」戰略線上的不可捨棄的防地、俄羅斯帝國南高加索邊疆的不可逾越的堡壘。儘管如此，波斯和土耳其的經濟、宗教、文化的影響在這一地仍很深厚，尤其是居民的成分和宗教信仰。在「山地卡拉巴赫」，原先居住的是亞美尼亞人，而在「平原卡拉巴赫」則主要居住的是亞塞拜然人。近百年來，尤其是「不被承認的卡拉巴赫共和國」成立以來，亞塞拜然在自己實際控制下的「卡拉巴赫共和國」採取了一系列措施，逐漸減少該地的亞美尼亞居民，逐漸增加亞塞拜然居民。而亞美尼亞則在自己的境內和在「卡拉巴赫共和國」，大量驅逐亞塞拜然人。這種居民成分的大幅度變化成了亞阿雙方爭奪「山地卡拉巴赫」的焦點。

至於信仰，那在「山地卡拉巴赫」是個更為嚴重的問題。由於歷史上長期依附於波斯、土耳其，這裡的居民信奉伊斯蘭教，而亞塞拜然人則接受的是與俄羅斯東正教接近的基督教。在蘇聯時期，受「蘇聯化」民族政策的影響，近三十年來，新俄羅斯國家的國際地位降升急劇變化和經濟發展的蹣跚，以及處理南高加索地區民族關係政策的利益變化，都給雙方居民信仰上的差異添上了更多的不和因素。至於文化，亞阿雙方都強調自己有著不同於對方悠久、深厚的文化傳統，而這些文化是不可融為一體的。

也許，「山地卡拉巴赫」問題是在這一地區各帝國利益爭奪和衝撞的歷史遺產，而這遺產的沉重現在不得不讓接受這種遺產的人付出沉重的代價。

「山地卡拉巴赫」的經濟、政治和軍事意義，在歷史進程中表現為「裏海巴庫－黑海巴統」的戰略線的爭奪，各帝國在這一地區利益的摩擦和較量，而在當下，這條戰略線有了更重要的時代意義。西方國家和俄羅斯的對峙曾一度集中在北約東擴的那條線上，而現在這條對峙線正在逐漸南移，由歐洲中部地區逐漸向南偏移，各大國對黑海戰略圈的爭奪，對前景誘人的裏海石油的縱橫捭闔，對伊朗、土耳其這一地區複雜多變形勢的關注與決策，讓裏海－黑海之線除了原有的戰略意義外，更加重了其在國際經濟發展和國際問題爭端中舉足輕重的意義。

「山地卡拉巴赫」表面上是亞美尼亞和亞塞拜然領土上的鬥爭和較量，實際上它不僅牽涉到了該地區的相關國家和民族的切身利益，而且決定著更為廣泛地區的安全與穩定，甚至與國際舞臺上諸多重大問題的爭鬥與謀略密切相連。一百多年來，各方都試圖以武力解決「山地卡拉巴赫」問題，但越是訴諸於戰爭，問題就愈益積重難返。民族的、軍事的、經濟的、信仰的、文化的，所有的問題都在利益爭奪的範圍圈中交織成了一個「戈耳狄俄斯之結」[2]，難以解開。

2　編注：戈耳狄俄斯之結（Gordian Knot），是亞歷山大大帝時代的傳說故事。繩結的製作者為戈耳狄俄斯，據說他結了一個繩結外面沒有繩頭的結，難以解開。

「山地卡拉巴赫」問題現在成了南高加索一個隨時都可爆發的「火藥桶」。從歷史進程來看，它隨時都處於爆發狀態，一時的停火不足以抑制住這個「火藥桶」。「山地卡拉巴赫」問題需要一種全新的解決辦法，近年來俄羅斯國家安全會議副主席梅德韋傑夫就呼籲不能用戰爭的辦法來解決，要從理智中尋找新出路。

二〇二〇年十月

第十八章
「史達林問題」：烏俄翻不過去的歷史一頁

二〇二〇年，烏克蘭檢察院宣稱要對前蘇聯領導人史達林和貝利亞進行審判，理由是他們在一九四四年將克里米亞的韃靼人以及其他一些民族強行遷徙他鄉。一時間，俄羅斯媒體紛紛發文評說，這種「審判」是一場「鬧劇」，其目的是改寫蘇聯時期的烏克蘭史，挑唆克里米亞韃靼人反對俄羅斯，譴責「烏克蘭的政治精英墮落成了滑稽表演的醜角」。而烏克蘭當局堅持重申，「審判史達林和貝利亞」不是「鬧劇，而是真實的案件」。

在二〇二〇年末，烏克蘭和俄羅斯已經為在烏克蘭使用什麼抗新冠病毒的疫苗爭吵得不可開交。在烏克蘭的「頓巴斯自治共和國」開始使用俄羅斯的疫苗時，基輔當局一再宣稱「烏克蘭不需要俄羅斯的疫苗」，將從美國進口等等。烏俄關係再度驟然緊張，而「審判史達林和貝利亞」則使這種緊張升級。

蘇聯解體後，烏克蘭和俄羅斯的關係發生了實質性的變化，「史達林問題」成為雙方間不斷政治較量的砝碼。對於烏克蘭來講，所謂「史達林問題」集中在三個方面：一是，克里米亞的歸屬問題；二是，三〇年代烏克蘭的大饑荒問題；三是，一九四四年蘇聯當局將克里米亞韃靼人及其他一些民族強行遷出他們的原居住地問題。在這三個問題上，烏克蘭和俄羅斯當局的看法和態度是相向而立的。烏克蘭當局認為，克里米亞是烏克蘭不可分割的土地，三〇年代的大饑荒是莫斯科執政者人為故意造成的，強行遷移原居民是不人道的民族歧視和迫害；俄羅斯當局則堅持，克里米亞自古就是屬於俄羅斯的，大饑荒是天災，不是人禍，強行遷移是當時的國內外局勢所造成，為了國家安全不得不採取的措施。

討回這三個問題上的「公道」與「正義」，就成了獨立後的烏克蘭領導人盡力以求的事。在波洛申科總統在位期間，烏克蘭第一次出現了要對史達林進行「審判」之舉，原由就是一九四四年對克里米亞韃靼人的強行遷徙。但是，這次「審判」最後不了了之。到了尤申科（Viktor Yushchenko）總統期間，烏克蘭出現了第二次對史達林的「審判」，這次「審判」的理由是三〇年代的烏克蘭大饑荒。在這兩次「審判」中，除了史達林外，貝利亞、卡岡諾維奇、波斯迪舍夫（Pavel Postyshev）等蘇聯和烏克蘭領導人都被列在了「受審者」的名單之中。和第一次「審判」一樣，最終都以被指控者已經「死亡」為由而草草收場。

二〇一四年三月十六日，俄羅斯以「公民投票方式」收回了克里米亞半島。自此之後，烏克蘭政府和俄羅斯政府在克里米亞的歸屬問題上爭鬥愈益激烈，對克里米亞的歸屬，俄羅斯拒不退讓，而烏克蘭政府則不斷譴責俄羅斯對克里米亞的「入侵」和「破壞烏克蘭領土的完整」。在烏克蘭的「聲討」和「譴責」中，「審判史達林」再度成為基輔對抗莫斯科的一個重要手段。二〇一五年，「審判史達林」重上基輔政治家們的議事日程。二〇一七年，烏克蘭檢察院正式「起訴」史達林和貝利亞。克里米亞韃靼人被強行遷徙之事成為最主要的指控。而到了二〇二〇年的年底，在基輔的政治舞臺上，「審判史達林和貝利亞」就在緊鑼密鼓地按照烏克蘭的法律進行，而「強行遷徙克里米亞韃靼人」則成為唯一的原由。

為什麼「強行遷徙克里米亞韃靼人」成為烏克蘭當前對史達林和貝利亞（也是對蘇聯和俄羅斯）的最嚴重指控？這也許是有兩個原因決定的。一是，「強行遷徙」是個歷史事實；二是，強行遷徙克里米亞韃靼人一事是烏克蘭對抗俄羅斯的重要手段。

第一個問題，「強行遷徙」是史達林執政時期的一項極其重要的國策。按照史達林的決策，「強行遷徙」是從蘇聯邊界的安全和國家安全的角度出發的。「強行遷徙」，這是一個源於希臘文的俄語詞 **Депортация**，意即「驅逐」、「放逐」、「流放」，也就是「驅逐出境」。蘇聯政府最早於上個世紀三〇年代中期開始執行這項政策，考慮的是：將當局認為的「不忠誠於蘇聯」的「其他民族的公民」從原居住地強行遷至政府指定的「特別居留地」去，以保證列寧格勒和莫斯科這樣的大城市、邊界以及鄰近邊界地區的國家安全。從一九三五年三月中旬，蘇聯政府採取一系列措施清理列寧格勒周邊的「社會危險分子」、「不可靠分子」、「其他民族的公民」開始，到希特勒入侵之前，蘇聯西部、西北部邊境地區都執行了這一「清理」政策。「不忠誠於蘇聯」的原居住地居民被強行遷徙至烏拉爾、西西伯利亞、東西伯利亞、遠東地區、哈薩克和烏茲別克等地的遠離城鎮和荒無人煙地區的「特別居留地」。在這一政策下，蘇聯政府有了一份「特別居留地」居民不得許可不能入內的重要城市名單，這些城市被稱之為「嚴格機密城市」；「特別居留地居民」不得當地駐軍司令的許可，不可擅離的種種限制等。

這一時期的「強行遷徙」有著明顯的備戰和預防入侵的目的。從一九四〇年二月到一九四一年六月，「強行遷徙」加速在西部的德國方向全面展開，蘇聯境內的德意志族、波蘭族的居民以及被蘇聯當局認為有可能成為「德國第五縱隊」的非俄羅斯民族都成了「強行遷徙」的對象。希特勒突然入侵蘇聯之後，「強行遷徙」急速推進，清理蘇聯境內的德意志人並消滅他們的自治區成為蘇聯對抗希特勒入侵的重大軍事和政治行動。整個戰爭期間，「強行遷移」繼續執行，而其始點和肇源是一九四一年八月二十八日蘇聯最高蘇維埃主席團的《遷徙窩瓦河沿岸地區德意志人》的命令。

從一九四三年開始，蘇聯紅軍與德國軍隊在北高加索和克里米亞半島鏖戰不斷。隨著蘇軍的勝利，德軍從這些地區的撤離，新的一輪「強行遷徙」也隨之而來。蘇聯最高蘇維埃連續發布命令，先後對這些地區的六個少數民族實行大規模的、全面的強行遷徙。蘇聯最高蘇維埃為此所發布的一系列命令中所陳述的「強行遷徙」的理由，用詞都是一樣的：這些人「背叛祖國，參加德國人組織的部隊，與紅軍作戰，將忠貞的蘇聯公民出賣給德國人，給德國軍隊指路，而在占領者被趕走之後，為匪作亂，嚴重抗拒蘇維埃政權機構的經濟恢復，襲擊集體農莊並對周邊群眾實施恐怖活動……」

這就涉及到了第二個問題，克里米亞的韃靼人被強行遷徙，而這個韃靼族與蘇聯、蘇聯時期的烏克蘭以及現在的俄羅斯和烏克蘭都有著及其微妙的、說不清並難以解讀的關係。

在六個被強行遷徙的民族中，克里米亞的韃靼人是其中之一，而他們是這次行動中最後一個被採取「清理」行動的民族。一九四四年五月十日，負責「清理」的領導人貝利亞給史達林呈遞了一份報告，其中寫道：「考慮到克里米亞韃靼人背叛蘇聯人民的行動，此外，讓克里米亞韃靼人繼續居住在蘇聯的邊疆地區也是不適宜的，請求將克里米亞韃靼人全部遷出克里米亞。」這次「強行遷徙」在兩天內完成。根據蘇聯的官方材料，總計遷出了十九萬一千零一十四人，分別遷往烏茲別克、烏拉爾和俄羅斯北部的幾個邊緣地區。一九四五年六月三十日，蘇聯最高蘇維埃主席團頒布命令，取消韃靼人的「克里米亞自治州」，改建為俄羅斯聯邦下屬的「克里米亞州」。

如果說，三〇年代初開始的「清理」是一種備戰和預防入侵為目的，那這次「清理」是「懲罰性質」的，是對德國占領期間「幫助德國人」、「背叛蘇聯」的民族的懲罰、鎮壓。前一期的「清理」是與三〇年代的「大清洗」交織在一起進行的，而後期的「強行遷徙」又與經濟的恢復、民心的安撫以及蘇聯的重建相重疊。但是，無論是備戰和預防入侵時期的「清理」，還是戰爭初期和戰後的「強行遷徙」、「驅逐出境」，都有著極其複雜的時代條件、交錯難解的社會背景。領袖決策的英明與失誤、政府行動的得失與成敗、人心的向背和離合，似乎都是在同一軌道上運行的。綜觀蘇聯十來年中的民族清理和強行遷徙政策和行動，蘇聯領導人在大國的民族政策上有嚴重失誤也是迴避不了的：那些真正幫助德國法西斯的人、那些真正不忠於蘇聯人是存在的，對他們進行懲罰是一個政府應該做的事，但是把整個民族都當成「蘇聯叛徒」、「德國的第五縱隊」、「潛藏的敵人」，就越出了「懲罰」的範圍了。尤其是後期對六個少數民族的強行遷徙，更是蘇聯領導的嚴重失誤。

所以，史達林去世後，自赫魯雪夫起、經勃列日涅夫，都在採取措施消除「強行遷徙」所帶來的嚴重後果：恢復這些民族的名譽，安排他們返回故地重建家園。在赫魯雪夫時期，六個被強行遷徙的民族中的五個被恢復了名譽，有了蘇聯公民證。但是，克里米亞韃靼人的問題一直沒有得到解決。一九八九年十一月十四日，蘇聯最高蘇維埃頒布了一項法令，宣告強行遷徙整個整個民族的行動是非法的、犯罪的行為。但是，直到蘇聯解體，克里米亞韃靼人的被強行遷徙問題始終沒有列入蘇聯領導人的議事日程。新俄羅斯聯邦初始，一九九一年四月二十一日，俄羅斯聯邦最高蘇維埃通過了《為被鎮壓的民族恢復名譽》的法律。由於克里米亞半島在一九五六年已經劃屬烏克蘭管轄，所以，俄羅斯聯邦的這一法令對當時屬於烏克蘭的克里米亞沒有法律作用，因此，克里米亞韃靼人被強行遷徙的事再度擱置了下來。

普丁執政後，在處理俄羅斯與烏克蘭的關係上，採取了與自赫魯雪夫至葉爾欽的截然相反的政策：不承認一九五六年的克里米亞歸屬烏克蘭是正確的，決心將克里米亞重新收回俄羅斯，普丁的這一決策在二〇一四年三月得以實現。將克里米亞重新併入俄羅斯疆土政策得以實現，有一系列因素，而普丁在解決「韃靼人被強行遷徙」這一難題的決策和措施，顯然起了很大的作用。二〇一四年四月二十一日，普丁簽署了《關於為亞美尼亞、保加爾、希臘、克里米亞韃靼和德意志各族人民恢復名譽以及國家支持他們復興和發展措施》的總統令。這份命令一開始就指出簽發此令的目的：「為恢復歷史的公正，消除從克里米亞自治共和國土地上非法強行遷徙亞美尼亞、保加爾、希臘、義大利、克里米亞韃靼和德意志族人以及侵犯他們權利的後果。」普丁的命令還指出：這些人「遭受到了非法的強行遷徙和按民族及其他特徵的政治鎮壓」。普丁要求的「復興」和「發展」是社會經濟、民族文化和精神上的。

此令之後的五月十六日，普丁回見了克里米亞韃靼人的代表，在與他們的對話中肯定了：「八〇年代末，在蘇聯通過了相關的文件，而在俄羅斯聯邦一九九一年則通過了為被鎮壓民族恢復名譽的法律。」這表明普丁承認了一九八九年十一月十四日和俄羅斯聯邦初期的法令中有關「強行遷徙」是「非法的、犯罪的」定論。在對話中，普丁重申：「一九四四年的五月十八至二十日，內務人民委員部的部隊實施了一項慘無人道的行動——將全部韃靼族遷出克里米亞。」普丁在四、五月份簽署這份命令並與克里米亞人的代表對話，這顯然是有意選擇的，因為這一年的這一月正是克里米亞韃靼人被強行遷徙七十週年。因此，普丁的這份總統令爭取到了克里米亞韃靼人對俄羅斯重新將克里米亞併入俄羅斯版圖的大力支援。而在這一重大事件中，普丁解決克里米亞韃靼人被強行遷徙的決策與措施以及時機的選擇，普丁與克里米亞韃靼人的和解態度與關係這些問題顯然沒有得到媒體和研究者的充分關注。

也幾乎就在烏克蘭檢察院宣布要立案「審判史達林和貝利亞」的同一期間，普丁在二〇二〇年十二月十七日的線上視頻記者會上再次提到了「強行遷徙」的問題：「對一些民族的強行遷徙是在偉大衛國戰爭之後。這是一個極為尖銳的問題，我們盡力不願再次去談及它。然而，這畢竟是我國歷史上發生過的事……我在這裡不能對這所發生的一切做出評價。顯然，這些民族中有人，首先用麵包和鹽歡迎了占領者的人，他們遭到了這樣的鎮壓，這些人是在占領者進入的地方。怎麼，這樣的人沒有嗎？叛徒是到處都有的。然而，在那時也有為自己祖國的利益而英勇戰鬥，直至最後一口氣、流盡最後一滴血的人。而這些民族的這些人也遭到了鎮壓。」

普丁的這些話對積重難返的這段歷史往事做出了兩面的分析。對他來說，過往歷史事件是不能用絕對正確或是絕對錯誤來評說的，而對於蘇聯領導人的決策與執政的功過，也是不能做出絕對的是非判斷的。從二〇一五年起，普丁就在評價史達林問題（也就是評說蘇聯歷史上）持一種中間的立場，即不絕對否定史達林，也不把史達林送上絕對神聖的頂峰。他認為，史達林是他那個時代的產物，因此他身上也集中了那個時代的正確與錯誤，英明與失誤，勝利與失敗，鐵血與安撫。普丁的這種中間立場，歸結起來就是：在嚴厲譴責「強行遷徙」這樣極端鎮壓措施時，同時既強力主張「不能將史達林『妖魔化』，也不主張史達林的『絕對神聖化』」。這個立場，二〇一七年六月十六日，普丁在回答美國導演奧利佛・史東（Oliver Stone）的問題時說得十分清楚；「史達林是他那個時代的產物，對他的評價可能是不同的——從妖魔化到承認他與納粹鬥爭的功勳。」普丁還說：「當今俄羅斯的身上就有著昔日史達林主義的某些印痕，就是證明。我們大家自身都有著某些昔日的印痕。那又怎樣呢？俄羅斯不是發生了根本性的變化了嗎。不錯，確實在意識中有某些遺存。但是，這並不意味我們就應該忘記史達林主義的一切令人心驚害怕的事，而這些事是與集中營和消滅數百萬自己同胞相聯繫的。」

普丁的這番話說明，在蘇聯數十年的歷史進程中，成就與問題，勝利與失敗，英明與失誤，輝煌與陰影，團結與離心，計畫與無序，是千絲萬縷地、冰凍三尺非一日之寒地交織在一起的。對於這樣一個龐大、複雜的國家的歷史，是不能僅用史達林的「妖魔化」或是「神聖化」來闡釋和解決問題的。

普丁的這些話也是當今俄羅斯對蘇聯歷史，也就是「史達林問題」的基本認識，是他決策俄羅斯當今國內外政策的出發點，也是他處理俄羅斯聯邦與前蘇聯加盟共和國，尤其是烏克蘭外交關係的前提條件。

自二〇一四年三月以後，烏克蘭當局就一直在「史達林問題」上，與俄羅斯在兩國關係上，尤其是在克里米亞的歸屬問題上大做文章，而以「強行遷徙克里米亞韃靼人」為核心為矛盾，與俄羅斯不斷較量。但對於普丁和俄羅斯政府來講，烏克蘭解決「史達林問題」的「審判史達林」不過是一場「鬧劇」，似乎並不把這「鬧劇」看得很重。

這次，烏克蘭當局的「審判」行動顯然也不可能從俄羅斯奪回克里米亞。對於普丁來說，克里米亞領土的歸屬和克里米亞韃靼人的被強行遷徙是兩回事。蘇聯時期的強行遷徙可以「恢復公正和正義」，但是作為領土的克里米亞絕不捨棄。普丁就此問題說了句狠話：「克里米亞問題永不再議！」

不過，儘管如此，在未來一段時期內，「史達林問題」，也就是「蘇聯問題」仍然是烏克蘭和俄羅斯翻不過去的歷史一頁。

二〇二〇年十二月

第十九章
獨立和自由是風：歷史上的西烏克蘭問題

一個民族如果沒有獨立和自由，也就沒有邊界，或者根本談不上邊界問題，即使它有被封的、被賜予的「王國」、「公國」或者「自治省的」空頭銜。

從一七七二年起，儘管波蘭和俄羅斯帝國的烏克蘭及白俄羅斯接壤，但它們中間便是沒有邊界問題的。然而，一條陰影般的「邊界」線卻又無時無刻不橫亙在它們中間，在波蘭它被稱之為「東部邊界」，而在沙俄、蘇聯則被稱之為「西部邊界」——「西烏克蘭和西白俄羅斯」。隨著大國權勢的變遷、政局的分合交替、主義的興衰變幻，這條線儘管東去西移，幽靈般遊蕩，但卻始終是這一地區政局變幻莫測的中心，並且是各實力大國爭奪的對象。

吞併或放棄，放棄再吞併，這是大國宰割小國的不變規律，而隨著帝王的意願和大國的利益，任意改變「邊界」則是通常解決爭奪的最佳手段。大國總是以為強權和吞併可以解決一切問題，自然也包括邊界問題，然而，圍繞「西烏克蘭和西白俄羅斯」這條「邊界」線，不僅大國的爭奪從沒有停止過，而且那些生存於這條線兩邊的民族也被無窮盡地捲進了利益和權勢的殘酷較量之中。

作為一種現實政治的概念，「西烏克蘭和西白俄羅斯問題」是上個世紀初年才最終明確顯現出來的。十月革命後，民族的獨立、自由和自治瞬間成了時代的風潮。這風潮席捲波蘭、烏克蘭和一系列「沒有邊界」的小國家。蘇維埃政府於一九一八年八月二十九日頒布法令，宣布「由前俄羅斯帝國與普魯士和奧匈帝國政府締結的，涉及瓜分波蘭的條約，因其與民族自決的原則，與承認波蘭人民的不可剝奪的自主和統一的俄羅斯人民的革命法制意識相違背，由本法令予以徹底廢除」。但對於烏克蘭，蘇維埃政府絕對不允許離開俄羅斯而獨立。於是，一種歷史上從未出現過的情況在波蘭和烏克蘭幾乎同時出現。

在波蘭，爭取波蘭復國的運動風起雲湧。包括畢蘇斯基在內的波蘭人的復國主張是：恢復波蘭對西烏克蘭和西白俄羅斯的權益，組成一個包括立陶宛、白俄羅斯和西烏克蘭在內的聯邦國家——「大波蘭國」。而在烏克蘭，烏克蘭民族運動組織——「烏克蘭中央拉達」也發出了獨立和自由的呼號。「中央拉達」在自己的一份宣言中提出了烏克蘭的國土和邊界問題，要求將「居住著多數居民為烏克蘭人的土地都屬於烏克蘭共和國」，即是要求將「西烏克蘭」歸屬己有。

因此，波蘭和烏克蘭實質上都提出了與蘇維埃俄國的邊界問題——「西烏克蘭和西白俄羅斯問題」。這在表面上是波蘭與蘇俄、烏克蘭與蘇俄之爭，但實質上是這地區兩大對抗勢力——德奧與蘇俄都不肯放棄對這一地區的控制。蘇俄受饑荒、瘟疫和經濟危機所困，為了儘早結束戰爭，正在布列斯特-立陶夫斯克和德奧談判，準備單獨媾和。而德奧提出的強硬條件中最主要的就是要蘇俄放棄西烏克蘭和西白俄羅斯地區。一開始蘇維埃政府持強硬態度，在談判桌上的決策是：「烏克蘭作為俄羅斯聯邦的一個組成部分，無論其國家法律地位如何，絕對不可改變的一個事實是，烏克蘭的領土與俄國不可分割。」而在談判桌外，蘇俄則試圖儘快以武力占領西烏克蘭和西白俄羅斯。一九一八年二月四日，托洛斯基向列寧報告，蘇俄軍隊已經開進基輔，「烏克蘭蘇維埃中央執行委員會及其哈爾科夫人民書記處被宣布為烏克蘭的最高權力機關。」烏克蘭「中央拉達」被擊垮，紅軍在向西烏克蘭和西白俄羅斯進發。面對這種情況，德國軍隊隨即對蘇俄的西線發動全線進攻。蘇俄再無力承受戰爭重壓，一九一八年三月，被迫接受《布列斯特和約》，從而喪失了對西烏克蘭和西白俄羅斯的控制權。

於一九一八年十一月執掌了波蘭國家最高權力的畢蘇斯基十分不滿意大國的這種安排。一九二〇年四月十七日，畢蘇斯基下令進軍基輔，並宣布承認彼得留拉領導的「烏克蘭最高政權」。這激怒了列寧，他指責波蘭的軍事行動是在法國、英國和整個協約國的操縱下「扼殺蘇維埃俄國的新的嘗試」。他這樣說：「波蘭的進攻是當年要把整個國際資產階級聯合起來的那個舊計畫的殘片。」四月二十九日的中央政治局會議不僅向工人和士兵，而且向所有的俄羅斯公民呼籲：絕不允許波蘭地主將自己的意志強加於俄羅斯人民。列寧斷言：「只要我們集中了一切力量並且做出了一切犧牲，毫無疑問，這一次我們也一定會取得勝利。」於是，蘇俄紅軍兵發西線，蘇波戰爭爆發。為了這場戰爭，那些被視為「敵對力量」的沙俄軍官重新披掛上陣，走上了蘇波戰爭的前線。時年二十七歲的圖哈切夫斯基將軍此時正「賦閒」在家，有他給革命軍事委員會主席托洛斯基的信件為證：「懇請您說明我擺脫失業的處境。我在西南方面軍司令部閒待了近三個星期，而無事可做已有兩個月。我既不能搞清遲遲不做安排的原因，又得不到新的任命。我在將近兩年的時間里指揮過各個集團軍，如果多少有一點功勞的話，那麼請讓我在實際工作中發揮自己的作用，如果在前線無法安排，就請安排在運輸部門或是軍事人民委員部工作。」於是，他適逢其時，擔當了蘇波戰爭前線的指揮員。

七月，蘇俄的軍隊在圖哈切夫斯基將軍的指揮下節節勝利，最後集結於俄波邊境。也就在這時，協約國出面調停，英國外交大臣寇松提出了一條臨時停火線：從北部的格羅德諾往比亞韋斯托克的東部，經布里斯特－列托夫斯克，再沿布格河南下，至索科維－普熱梅希爾，向前延伸至喀爾巴阡山北麓，附帶條件是將加利西亞割讓給蘇維埃俄國。這就是後來被稱為「寇松線」的「西烏克蘭和西白俄羅斯」邊界線。但是，蘇維埃政府拒絕了這一建議，認為乘勝越過波蘭的邊境是蘇維埃的利益所在，是俄羅斯的無產階級應承擔的國際主義義務。一九二〇年七月二日，圖哈切夫斯基發布命令：「我們的刀尖上攜帶著給勞動人類的幸福與和平。向西前進！」蘇俄軍隊終於逼近華沙，以為可一舉奪城。然而，這一次卻沒有像列寧所許諾的那樣取得勝利，而是蘇俄軍隊最終兵敗華沙城下。

無論從波蘭還是從蘇俄方面來講，蘇波戰爭的爆發都有一大堆理由，但是實質都是為了爭奪「西烏克蘭和西白俄羅斯」這片領土。就波蘭而言，是為了「民族的獨立和自由」，就蘇俄而言，是為了無產階級革命和國際主義的利益。然而，在他們各自打出的旗號中，有一種旗號卻是共同的，那就是波蘭的「大波蘭主義」和蘇俄的「大俄羅斯主義」。畢蘇斯基之意並不完全在這「東部邊界」，他要建立一個「大波蘭國」，而蘇俄也只是要把這「西部邊界」當成一道堅實的壁壘和防線：進，可以將無產階級革命推進到歐洲去，退，可以擋資產階級風暴於國門之外。就像這時托洛斯基寫給中央的密電上所說的，至少「在這種情況下，與西部邊境毗鄰的各白衛小國可以暫時為我們構築一道『屏障』」。由此，也許可以看出是一種民族沙文主義醞釀，並誘發了這場戰爭。也許還可以看出，民族沙文主義是不分大國小國的，民族激情和愛國主義一旦越過了界限，就會成為民族沙文主義。

至於蘇俄的兵敗也有一系列因素，但其中最令人深思的是蘇俄的領導人犯了兩個致命性錯誤。一是他們把俄國革命的前途寄託於世界革命，認為越過了波蘭，前面就是德國、法國和整個歐洲；只要拿下了波蘭，無產階級革命在歐洲的勝利就是指日可待的事。所以，他們在下令兵發波蘭的同時，還組建了以一個長期生活在俄國的波蘭人瑪爾赫萊夫斯基（Julian

Marchlewski）為首的「波蘭革命軍事委員會」，以便紅軍攻下華沙後，該委員會能立即行使波蘭國家的最高權力；二是他們進而認為，蘇俄既然代表無產階級的利益，既然高舉的是國際主義的旗子，那自己的軍隊就一定會受到波蘭人民的歡迎和支援。然而，當蘇俄紅軍一進入波蘭的領土，他們就被當地居民視為入侵者，到處受到阻擊，這就像不久前畢蘇斯基的軍隊進入烏克蘭，以為當地人民一定會把他們作為解放者來歡迎，而結果是適得其反。在蘇波戰爭爆發以前，托洛斯基已經敏銳地感到蘇俄推行的世界革命政策遭到了重創，向列寧建議改弦更張。一九一八年八月五日，他在給俄共（布）中央的密電中承認，「不管怎麼說，歐洲革命似乎是推遲了」，「現在形勢發生了急劇變化，對於這一事實必須有清醒的認識」。因此，他建議把俄國革命的方向轉向亞洲，「考慮有必要推動亞洲革命。」列寧的決策也在醞釀著變化。但是，「大波蘭民族沙文主義」的進攻，引發起蘇俄以民族沙文主義對民族沙文主義的熱潮，同時又再次燃起了他們對歐洲無產階級革命的希望之火。

一九二〇年十月，蘇波戰爭的結果是蘇維埃俄國不得不接受了《里加和約》（Peace of Riga）。根據這一條約，蘇波的邊界將以「寇松線」來劃分，並且還要將「寇松線」以東十三．五萬平方公里的土地割讓給波蘭。從此，在將近二十年的時間里，西烏克蘭和西白俄羅斯歸屬波蘭管轄。

然而，這西烏克蘭和西白俄羅斯地區並不太平。到了上個世紀三〇年代末期，隨著希特勒德國向東方的戰爭擴張，西烏克蘭和西白俄羅斯又一次成為德國和蘇聯爭奪的焦點地區。一九三九年是個難忘的年分，德國和蘇聯兩個大國勢力的較量使這一地區再次成為「危樓」，風雨飄搖。德蘇雙方都對獨立的、統一的波蘭感到憂心忡忡，於是開始了頻繁的接觸。一九三九年八月二十一日，希特勒在給史達林的電報中說得十分露骨：「德國和波蘭之間的緊張關係已變得不可容忍。波蘭這樣對待一個大國，以至隨時都可爆發一場危機。無論如何，德國將從現在起採用一切手段反對這些無理要求以保護本國利益。」希特勒所說的「一切手段」就是瓜分波蘭。一九三九年八月二十三日，德蘇簽訂互不侵犯條約，在其關於邊界劃分的祕密協定書中，詳細劃分了「在原波蘭的國家領土上，兩國利益之間的邊界線走向」。

一九三九年九月一日，希特勒的軍隊入侵波蘭。波蘭政府和民眾進行了力量懸殊的抵抗。九月二十七日，德國外長里賓特洛甫在會談中對史達林說過這樣的話：「在一九三九年八月二十三日的莫斯科會談期間，建立獨立的波蘭計畫成了公開的事情。好像從那時起，蘇聯政府也傾向於明確瓜分波蘭的想法。德國政府明白這一觀點，決定實現準確劃界。德國政府認為，獨立的波蘭可能會成為經常不安定的策源地。德國和蘇聯在這一問題上也想到了一處。」史達林隨後的表態是：「很清楚，獨立而不完整的波蘭將永遠是歐洲不安定的因素。」最後雙方都同意的辦法是「對波蘭實行瓜分」。唯一的爭議是，史達林不同意將波蘭人一分為二的分界法，而是要求德國收走所有的波蘭人。用史達林的話來說就是：「最後將民族誌上屬於波蘭的領土留在一家手中，即留在德國人手中。德國在那裡可以按照自己的願望行事。從德蘇長遠的、友好關係的立場上看，這非常有益。」最後的結果是，雙方都同意按四條河流（皮薩河－那累夫河－維斯瓦河－桑河）劃分德蘇邊界。一九三九年九月二十八日，簽訂《蘇德友好邊界條約》，其中把這條分界線稱為「兩國在前波蘭國家領土上的利益界線」。條約規定，這是「最終的界線」，並明確指出，雙方可在各自的前波蘭領土上進行「必要的國家重建」。而在祕密附加議定書中，雙方還同意：「雙方不允許波蘭在自己的領土上從事任何在別國領土上進行的宣傳活動。雙方將消除自己領土上進行宣傳的類似萌芽，並將互相通報為此而採取的合理措施。」當然，這種瓜分是以正大光明的理由進行的：「蘇聯政府和德國政府在前波蘭國家瓦解後，把恢復該領土上的和平與秩序、保障居住在那裡的各民族享有符合其民族特性的和平生活，視為自己緊迫的任務。」

德國方面多次暗示蘇聯也應出兵波蘭。蘇聯政府沒有表態，但在白俄羅斯和烏克蘭兩條戰線上卻立即集結軍隊，準備出兵波蘭。九月十七日午夜二時，史達林通知舒倫堡（Friedrich-Werner Graf von der Schulenburg），蘇軍將在清晨六時開進波蘭。蘇聯政府還給波蘭駐莫斯科大使格熱波夫斯基（Wacław Grzybowski）一份照會，說由於波蘭政府已不復存在，蘇軍將開進波蘭，以「保護那裡的西烏克蘭居民和西白俄羅斯居民」。根據傳統的做法，蘇聯兵進西烏克蘭和西白俄羅斯地區的同時，也就把蘇聯準備的「政權機構」帶進了被占領的地區。九月十五日，貝利亞在給烏克蘭和白俄羅斯內務人民委員部的訓令中就明確提到：「隨著我軍的推進和占領一些城市，將成立臨時局（臨時政權機構），該局由內務人民委員部業務組領導人組成。」西烏克蘭和西白俄羅斯地區總計有十九萬平方公里，六百多萬烏克蘭人，三百多萬白俄羅斯人，由於蘇軍的進入，蘇聯的邊界在這一方向上向西推進了二百五十至三百五十公里。波蘭政府流亡國外。蘇德共同占領了波蘭後，雙方的軍隊在邊界城市——布列斯特、格羅德諾和平斯克等地舉行了聯合勝利閱兵式。

西烏克蘭和西白俄羅斯在二十年後歸屬蘇聯是由大國領導人的意志和決策，是由祕密條約和武裝占領所實現的。此外，史達林也不願意，這塊好不容易得來的土地由烏克蘭和白俄羅斯地方政權來控制。他在和里賓特洛甫談判時，曾經說過這樣的話：「烏克蘭人是極其惡劣的民族主義者，他們從來不會放棄這塊土地。」但是，總得有個最合理的、最正大光明的說法，而在那個時代「自願加入蘇聯」的辦法似乎是最正統的、最讓人信服的途徑。一九三九年十月一日，聯共（布）中央成立了以日丹諾夫為首的專門委員會，負責處理西烏克蘭和西白俄羅斯「加入」蘇聯的問題。他的委員會在那裡軟硬兼施地做了許多工作，結果，十月二十六日和二十八日，西烏克蘭和西白俄羅斯人民議會宣布建立蘇維埃政權，並要求加入蘇聯。十一月一日和二日，蘇聯最高蘇維埃決定將上述兩地區併入蘇聯，並且寫進了蘇聯的憲法。

在蘇軍進駐西烏克蘭和西白俄羅斯地區的前夜，貝利亞就下令對該地區的波蘭軍官及其家屬進行逮捕和鎮壓。一九三九年十二月十四日，烏克蘭內務人民委員謝羅夫（Ivan Serov）就向貝利亞報告了戰績：「西烏克蘭各州逮捕五百七十人。一九三九年十二月十日前，逮捕各種反革命組織參與者四百八十七人。共逮捕波蘭軍官一千零五十七人。」一九四〇年三月初，貝利亞向史達林請求：「命令蘇聯內務人民委員部以特別程序審理。一、戰俘營中關押的一萬四千七百名原波蘭軍官、官吏、地主、員警、偵察兵、憲兵、潛藏特務和監獄的案件。二、烏克蘭和白俄羅斯西部各州監獄裡關押的一萬一千名各種反革命組織和破壞活動組織成員、原地主、工廠主、原波軍軍官、官吏和投敵變節分子的案件。對他們採用最高懲治手段——槍斃。」聯共（中央）政治局隨即討論並承認了貝利亞的建議。這就造成了後來的駭人聽聞的「卡廷事件」[1]和對波蘭軍官等家屬的大規模強行遷徙工作。

在第二次世界大戰中，西烏克蘭和西白俄羅斯地區先是落入希特勒德國之手，後又隨著紅軍的大反攻轉為蘇聯所控制。但是，西烏克蘭和西白俄羅斯地區一直是德國和蘇聯所爭奪的勢力範圍。大戰臨近結束，波蘭的重新復國已經是歷史趨勢，不可阻擋。於是，重新劃分蘇波國界也就成了勝利者一方（蘇、英、美）利益所繫的地區，並成為他們外交談判中的重點之一。波蘭的獨立和自由，西烏克蘭和西白俄羅斯的權益和歸屬問題成了大國談判桌上的籌碼。不過，這次是勝利者的大國「分割德國」的問題，但是，英美為了協調對德的聯合軍事行動，在波蘇邊界和西烏克蘭以及西白俄羅斯邊界問題上對蘇聯做出了某種讓步。在一九四三年十二月一日晚間的德黑蘭圓桌會議上，美英蘇三大國領導人終於具體談到了蘇波國界的問題。羅斯福說：「我希望，蘇聯政府能同波蘭政府開始談判，並恢復外交關係。」邱吉爾說：「我想提一下我曾經援引過的關於三根火柴的實例。這三根火柴，一根代表德國，另一根代表波蘭，而第三根代表蘇聯。所有這三根火柴都應向西移動，以便解決盟國所面臨的一項主要任務——保證蘇聯西部邊界的安全。」史達林的回答是反脣相譏和十分堅定的：「俄國對同波蘭保持良好關係問題的關心，同其他大國相比，不是更少，而是更多，因為波蘭是俄國的鄰國」，「烏克蘭人的土地必須歸烏克蘭，白俄羅斯人的土地必須歸白俄羅斯，那就是說，在我們和波蘭之間，蘇聯憲法規定的一九三九年的邊界必須存在。蘇聯堅持有關這條邊界線的規定，並認為這是正確的。」後來，邱吉爾提出了邊界線的具體劃法：「波蘭國家和人民的生存基地應位於所謂的『寇松線』和奧得河線之間，包括東普魯士和奧珀倫地方。」史達林當即回答：「在波羅的海，俄國沒有不凍港。所以，俄國人需要不凍港柯尼斯堡、梅梅爾以及東普魯士地區的相關部分。何況從歷史上看，這歷來是斯拉夫人的土地。假如英國人同意把上述領土移交給我們，我們就同意邱吉爾提出的公式。」

1　編注：又稱卡廷大屠殺（Katyn massacre），一九四〇年四月到五月，蘇聯祕密警察機關內務人民委員部在蘇聯共產黨中央政治局的批准下，對蘇聯入侵波蘭時俘虜的波蘭戰俘、知識分子、警察及其他公務員進行有組織的大屠殺，具體發生地點在卡廷森林的科澤利斯克戰俘營。此事件受難離世者估計有兩萬多人。

德黑蘭會晤的最後結果是，基本上同意了蘇波國界這類大國和小國關係的解決辦法和結果，在戰爭行將結束的時候，以大國的利益為準則安排了世界未來的格局和關係。不過，在《德黑蘭宣言》上卻是用最漂亮的、最公正的文字來表述這種安排的：「我們和我們的外交顧問們一起研究了未來的問題。我們將力求所有國家——大國和小國的合作和積極參加，這些國家同我們三國一樣，將心力和才智獻給消除暴政和奴役、壓迫和偏執的任務。我們將歡迎他們在他們願意的時候加入世界民主國家大家庭。」

二戰臨近結束時，在一九四五年二月的雅爾達會議上，蘇聯提出了劃分蘇波邊界，也就是解決「西烏克蘭和西白俄羅斯」問題的具體建議：「第一，認為『寇松線』應成為波蘭東部的邊界線，並在某些地區做出有利於波蘭的五至八公里的外移。第二，認為波蘭西部邊界應從什切青市（屬於波蘭人）沿奧得河向南，再沿尼斯河西行。」這一方案的實質，就是蘇聯可以在自己的西部邊界讓出一些地區給波蘭，波蘭的西部國界向西移，即是用德國的東部土地來補償波蘭，尤其是要取得不凍港柯尼斯堡及其附近地區。對於這一方案，羅斯福和邱吉爾都只同意第一點，對俄國要取得柯尼斯堡也沒有異議，而對第二點表示保留意見，用邱吉爾的形象的話來說，就是：「如果波蘭鵝因飽餐德國的豐盛佳餚，致使消化不良而被撐死，那就未必妥當。」經過幾番討價還價，雅爾達會議最後的公報對蘇波間的國界是這樣寫的：「三國政府首腦認為，波蘭東部邊界應當沿寇松線劃分，在某些地段做出有利於波蘭的五至八公里外移。承認波蘭北部和西部的領土應有實際的增加。他們認為，所增領土的範圍，將在必要時徵詢新的波蘭臨時民族統一政府的意見，然後，波蘭西部邊界的最終確定將留待和會解決。」

二戰結束後，蘇聯取得了它實際上想取得的西烏克蘭和西白俄羅斯的領土，並且取得了不凍港柯尼斯堡，並將其改名為「加里寧格勒」，它成了蘇聯領土上唯一的一塊「飛地」。從此，在蘇聯版圖上，西烏克蘭地區包括：利沃夫州的北部、伊萬諾-弗蘭科夫斯克州、沃倫州和羅夫諾州；西白俄羅斯地區包括：北布列斯特州、格羅德諾州、維捷布斯克州的西部和明斯克州。這種情況持續到蘇聯解體。

歷史上，西烏克蘭和西白俄羅斯問題是個死結。因為它涉及的不僅是蘇波邊界問題，而且涉及波蘭本身以及各強權國家、各大國在這一地區的爭奪和勢力範圍的劃分。一九四五年二月六日，在雅爾達會議第三次會議上，三大國首腦表達過幾乎同樣的看法。羅斯福說：「在五個世紀裡，波蘭問題都使全世界感到頭痛。」邱吉爾說：「應當設法使波蘭問題不再讓世人感到頭痛。」史達林說：「應當務必做到這一點。」在蘇波關係中，關鍵就是西烏克蘭和西白俄羅斯領土問題。所有的大國都想解這個結，並從中獲取自己的利益，而結果總是這個結越解越死。問題就在於，火中取栗的解結人總是把本國的利益、民族的利益、強權的利益放在首位。使問題變得無比複雜的還有一點，那就是解結人還總是要打著拯救他民族、給他民族以獨立、自由、幸福與和平的旗號，我最民主、最自由、最公正、最有希望的旗號，並且總是以強權和武力作為最佳和最後的解決手段。

小國無邊界和邊界問題，小國的政治家們貌似有代表和主宰國家與民族命運的權力，在政治舞臺上也貌似有弄雲作霧的姿態，但實質上決策和決定問題的是站在他們身後的大國領袖及他們的強權和操縱。雖說民族、文化、宗教的差異可以導致摩擦和衝突、「冷戰」和熱戰，但其中起決定性作用的還應是大國的權益和為這種權益所進行的爭鬥、較量、密謀以及他們在帷幄中給出的既成方案。獨立和自由是風。無論哪個國家、哪個民族，每當出現獨立、自由和自治問題時，總不是空穴來風。從歷史上看，西烏克蘭和西白俄羅斯從來就不是空穴，因此當今從這一地區刮出的風也就著實令人深思。

二〇〇五年四月